中国软实力战略

CHINA'S SOFT POWER STRATEGY

郭树勇◎著

时事出版社

图书在版编目（CIP）数据

中国软实力战略/郭树勇著．—北京：时事出版社，2012.1
.ISBN 978-7-80232-493-0

Ⅰ.①中… Ⅱ.①郭… Ⅲ.①综合国力-研究-中国
Ⅳ.①D6

中国版本图书馆 CIP 数据核字（2011）第 243783 号

出版发行：时事出版社
地　　址：北京市海淀区巨山村 375 号
邮　　编：100093
发行热线：(010)82546061 82546062
读者服务部：(010)61157595
传　　真：(010)68418647
电子邮箱：shishichubanshe@sina.com
网　　址：www.shishishe.com
印　　刷：北京百善印刷厂

开本：787×1092 1/16 印张：17.25 字数：220 千字
2012 年 2 月第 1 版 2012 年 6 月第 2 次印刷
定价：52.00 元

目 录

第一章 大国的社会性成长规律*

一、国际政治的社会性与社会化

国际政治与国内政治之间的根本性不同在于，国际政治发生在一个没有中央政府的场景里，不存在一个超越单个主权国家之上的机构能够拥有权威可以立法和解决国际争端；国家之间可以缔结条约，但没有高高在上的国际权力可以保证各国履行条约，处罚违反条约的行为。[①] 无政府状态的假定最初来自诸如霍布斯之类的经典现实主义学者，在他

---

* 本章的大部分内容曾以其他形式发表过。将它收录在本书的第一章，起到承上启下的作用，为中国的社会性成长研究提供理论基础和研究背景的支持。

① Robert Art and Robert Jervis, *International Politics: Enduring Concepts and Contemporary Issues*, Third Edition, HarperCollins Publishers, Inc., p. 1.

们看来，正是因为国家之间没有信用和仲裁可言，没有保证国际合作的国际机制。因此，国家要维持自身的生存与安全，最好的而且唯一的办法就是加强自身的力量，把自保作为主要的生存之道，战争状态一度成为了无政府状态的同义语。后来的现实主义学者如摩根索特别是华尔兹在演绎其现实主义的科学理论时，都把无政府状态作为国际政治研究的基本和唯一的假定。如果这样理解无政府状态的话，国家之间无社会性可言，权力斗争和物质性竞争成为了国际政治的主旋律。

难道国际政治中的合作永远是次要矛盾的次要方面吗？难道国际政治中没有社会性吗？难道主权国家的最高法则就是自保和自私吗？难道国家利益之外就没有国际利益和全球利益吗？国际之间的规范关系包括制度化的关系能否对国家行为产生重要的制约？人类社会难道是没有进步性吗？

上述一连串问题其实基本上可以归结为一个问题：国际政治中有没有社会性？国内政治显然有社会性的，国内政治中，任何个人都有明确的社会分工，个人无法离开社会而生存，道德、法律以及国家政府机构来保证个人的人身安全与财产安全。个人的行为方式不在于个人的利益与理想，而在于社会对他的要求和规范，只要这个人是社会人，甚至利益与理想的内容与方向也是由社会规范所规定的。人的本质不是他自己，而在于他的社会性。即人天生具有合群性，社会性更能体现人的本质。“人的本质并不是单个人所固有的抽象物。在其现实性上，它是一切社会关系的总和。”① 马克思继承并且超越了亚里士多德的天才论断，认为“人即使不像亚里士多德说的那样，天生是政治动物，无论如何也天生是社会动物”。②

① 《马克思恩格斯选集》第1卷，人民出版社，1995年版，第56页。

② 《马克思恩格斯全集》第23卷，人民社会出版社，1972年版，第363页。

国际政治中是否具有社会性呢?

回答是肯定的。但是，国际政治的社会性不能完全比照国内政治的社会性来定义。在国际政治中，社会性是指主权国家在政治、安全与文化上的相互依赖性，以及对于共同价值、共同制度和共同命运的真正尊重。我们既不能以某个封建国家没有建立民主现代制度为理由，就否定这个国家没有“文明社会”，也不能以国际政治中没有出现一个中央政府来否定国际政治中没有社会性。国际政治社会性的最明显表现就是国际社会的存在及发展。国际政治具有社会性，至少可以从以下几个方面进行理解。

首先，主权国家之间缔结成某种社会契约。在马基雅弗利、霍布斯、黑格尔等推崇国家主义的思想家看来，国家就是最高的理性，是自由的最高体现，国家之间不能够也不应该达成某种社会契约，国际无政府状态因而也是天经地义的存在。但是，一方面，世界主义的思潮从来没有停止过，企图建立世界政府或者欧洲合众国或者康德的“主权国家的自由联盟”，都在追求一种超越主权国家之上的国际社会契约，虽然历经多次失败，但毕竟在走向一种现实化了的可能性，特别在欧洲联盟的成立中我们似乎看到了 19 世纪以来世界主义在欧洲实现的希望。另一方面，国际关系发展的一个不争现象是，主权国家之间从来就在一种契约环境中生存与发展，冲突与合作。19 世纪中期，欧洲有关各国就开始对于莱茵河、易北河等国际河流的管理达成了国际协定，19 世纪与 20 世纪之交，更多的国际条约发生在交通、运输、电信、邮政、公共卫生、经济贸易、战争与和平等许多领域。1919 年出现的国际联盟、1945 年诞生的联合国，以及 1994 年出现的世界贸易组织均形成了对主要主权国家的契约关系，这些国家都愿意让渡很大程度上的重要国家权力，并保证遵守国际条约，接受有关国际机构的强制性制裁。联合国的维持和平功能，联合国安全理事会常任理事国的安全功能，以及世界贸易组织的个别职能，都出现了类似国内社会契约保证方面的强制作用，这意味着即使在国际政治中，在全球性的国际公共领域，社会契约的达成既是可能的也是现实的。

其次，主权国家之间形成了某种较为稳定的国际秩序。社会性的一个基本特征在于其秩序性。虽然秩序性与社会性不能完全等同，但有着密切的联系。当行为体对其他行为体的行为保持有可信的预期时，一定有一种社会性在起作用，而这种状态可以称之为有序状态。在国内政治中，由于中央政府的强制力，这种行为可预期性更加明显，而在国际政治中，由于缺乏世界政府，国际秩序更多地需要战略克制、国际道德与国际条约的遵守，这种可预期性就小得多，但是这两种秩序都是社会秩序，都本质上反映了人类的“首属群体”性①，都表明了人类社会中的共同生活方面。秩序是对于社会性的要求，但是不同的社会性对于秩序的条件要求又是不同的，用布尔的话说，“在国家之间与在个人之间，实现有序状态的条件是不同”，② 对于国内政治来说，实现国内秩序必须要有中央权威的力量。因为一方面，个人在自我安全的保护方面远不及国际政治中的国家；另一方面，个人的生命非常短暂，比较容易进行冒险行为和非理性行为，必须有一种强制的政府力量来威慑个体或者部分群体的非理性行为。而在国际政治中，至少在目前的世界历史中，完全可以在没有世界政府的条件下实现国际秩序，即使没有大国的主导性治理，没有严格意义上的国际协调，主权国家都会遵守主权国家建立时的基本国际规则而自行其是。17 世纪有威斯特伐利亚秩序、18 世纪有乌特勒支秩序、19 世纪有维也纳秩序、20 世纪有凡尔赛秩序、华盛顿

① ［美］查理斯·库利：《人类本性与社会秩序》，包凡一、王源译，华夏出版社，1999 年版，第 24 页。

② ［英］赫德利·布尔：《国际关系中的社会与无政府状态》，引自［美］詹姆斯·德·代元主编：《国际关系理论批判》，秦治来译，浙江人民出版社，2003 年版，第 85 页。

秩序、雅尔塔秩序等等，这些都是大的国际秩序，不同的时段还有很多小的秩序，每个秩序都是有关国家从国际谈判、大国会议和国际斗争中得来的，是国际条约明确规定的，而由一定的国际权力机制加以保证的。当然，由于不同的秩序是由国际社会性或者公益性程度不同的条约规定的，其生命力和国际影响力也不一样，其结果也不可能是一样的。当然，我们必须正视一个现实，主权国家的秩序是主权国家的外交实践本身建构起来的，这种外交实践体现了人类的进步性，反映了多数主权国家对于历史发展的呼吁，也与代表人类社会前进方面的各国国内社会发展方向并行不悖，因此，国际政治中的秩序建构虽然与国内政治有着形式上的不同，但都体现了人类社会的要求，是人的社会性在不同层次上的反映。

第三，主权国家之间具有天生而且日益增长的相互依赖性。国际政治中的社会性的最明显体现就是主权国家之间具有相互依赖性。这种相互依赖性是天生的，因为主权国家的建立从其本源上讲意味着，任何一个民族国家的成立，都不再依赖于国家之上的权威的统治，但是也不是完全根据自身的强大与否决定其生存问题，主权意味着平等权，即在国际政治中，每一个主权国家都是平等的，都在确保自身生存合理性的同时也承认其他主权国家的生存权利。这样的一种相互承认权，就是一种最基本的相互依赖性。洛克可能是最早在政治哲学领域阐明这种相互依赖性的思想家之一，洛克反对霍布斯关于国家与社会起源的学说，认为自然法旨在“约束所有的人不侵犯他人的权利，不互相侵害，使大家都遵守旨在维护和平和保卫全人类”，[1] 这种社会本质性就是相互依赖性：各国间大致形成了最低限度的互信度和共识，遵从一种“我活也让别人活”的原则，主权制度由此建立起来，相互间

① ［英］洛克：《政府论》下篇，叶启芳、瞿菊农译，商务印书馆，1996 年版，第 7 页。

承认对方有一定的领土作为专属辖区，以拥有一种“生存与自由的权利”。[①] 如果说洛克的思想论证了主权国家天生相互依赖性的来源的话，那么，对于国际政治中日益增长的相互依赖性的洞察者则是格老秀斯，他认为主权国家具有共同的规则与制度，其最经典的国际行动是“国家之间的经济与社会交往”，[②] 这无疑都是对主权国家的社会本质性的另一种正确判断。然而，马克思比格老秀斯的高明之处是马克思看到了，主权国家的相互依赖性在于民族国家发展的本质要求，在于世界生产力与世界关系的本质要求，是全球化的本质。世界交往、贸易与生产力的扩展，“消灭了以往自然形成的各国的孤立状态”，“使每一个文明国家以及这些国家中的每一个人的需要的满足都依赖于整个世界”，“各文明国家里发生的一切必然影响到其余各国”，总之，“过去那种地方的和民族的自给自足和闭关自守状态，被各民族的各方面的互相往来和各方面的互相依赖所代替了”。[③] 马克思所预言的全球化浪潮终于在第二次世界大战之后产生了更为本质性的影响，人们普遍认识到“世界进入了一个相互依赖的时代”，不仅在能源、金融、市场、生产诸方面相互依赖，而且在安全与社会交往方面也相互依赖，不仅西方发达国家在技术与贸易方面相互依赖，而且与发展中国家之间也相互依赖。复合相互依赖出现在国际交往最为密集和频繁的地区，成为国际政治社会性最突出的表现。

第四，主权国家之间具有某种体现共同价值观念的国际政治文化。文化是社会的灵魂，是社会性的最高体现之一。没有文化的社会是不存在的，同样，没有社会也没有文化。如果一个社会中的基本价值架构或规范的内化程度越高，这个社会的社会性或

① 郭树勇：《建构主义与国际政治》，长征出版社，2001 年版，第 143 页。

② ［英］赫德利·布尔：《无政府社会——世界政治秩序研究》第二版，张小明译，世界知识出版社，2003 年版，第 21 页。

③ 《马克思恩格斯选集》第 1 卷，人民出版社，1995 年版，第 114 页、234 页、276 页。

者同质性就越高。如果一个社会出现了意识形态或者主流文化价值的缺位，那么，这个国家或者社会就处于危险状态和动荡状态，社会性就较低。同样道理，国际政治中的主权国家之间的社会交往的一个重要标准和条件就是是否有共同的国际政治观念，是否有关于国际政治的共同理想，是否有关于国际冲突与合作的一致的理念。什么是国际政治文化呢？它不是政治学中的政治文化概论的简单延伸，不少国际政治社会学家意识到了国际政治文化的问题，[①] 我们认为，国际政治文化是国际社会发展到某一阶段所达到的，对国际关系、国际政治、国际秩序、国际道义、战争与和平、生存与发展、国际交往、国际权威与国际治理等一系列关乎人类社会生存与发展的基本问题所拥有的最低限度的共识，从形式上讲，它包括绝大部分国家所遵循的全球性国际制度、联合国国际法基本准则以及有关国际政治运作的理论认知、观念信仰、基本态度和价值认同，等等。[②] 国际政治文化也有一个生成与发展，不断丰富、不断扩大、不断内化的过程。以国际法为例，近代国际法主要是 16 世纪和 17 世纪西欧基督教文明的产物，是由英国、荷兰、法国、德国等欧洲国家的外交习惯与条约形成发展起来的，但到了 19 世纪就开始大量吸纳欧洲以外的基督教国家的法律成果，20 世纪 20 年代以后，“世界各大文化及各主要法律体系”、非基督教和非欧洲文化和文明对国际法的贡献增加，[③] 目前的国际法体系基本上是一个各主权国家面对共同的国际问题不断

---

① ［英］赫德利·布尔：《无政府社会——世界政治秩序研究》第二版，张小明译，世界知识出版社，2003 年版，第 253—254 页。另外，针对国际政治中的共同政治文化现象，罗斯诺等人提出了“全球文化”的概念，罗马俱乐部提出了“全球文明”的概念，俞新天先生提到了“民族文化中心主义”、“跨文化相对主义”、“经验性全球最低限度道德论”、“普遍价值论”、“文化国际主义”、“国际文化”的概念，蔡拓先生也提倡一种全球文化。

② 郭树勇：《建构主义与国际政治》，第 310 页。

③ 詹宁斯、瓦茨修订：《奥本海国际法》第一卷，第一分册，王铁崖等译，中国大百科全书出版社，1995 年版，第 48—49 页。

创新的全球法律体系。

第五，国际政治不是无国际治理的领域。国际政治中，之所以国际关系处于一种相对稳定的秩序之中，有着许多的原因，一种原因是往往存在着国际政治文化和国际制度，还有一个重要的原因是那些制度治理或者文化治理的背后，总有着重要的国际力量在发挥作用。这些国际力量最根本的是大国。另外，还有一些重要的多边性国际组织与国际运动。最后，还有日益活跃着的国际非政府组织。这里有必要重视大国在国际治理中的作用。在很长的时期内，人们往往看到了大国在国际政治中的破坏作用，而忽视了在国际政治中的积极作用。大国固然有着正义的大国与非正义的大国之分，也有着资本主义大国与社会主义大国之分，但是一个客观的现实是，国际政治中的战争与和平往往是由大国来负责的，破坏和平的往往是大国，而结束战争保证和平的也是大国。在一个单极国际体系里，超级大国在国际事务上往往具有最大的发言权，当然并不意味着它可以为所欲为，最大的发言权表明它在国际治理方面有着最大的责任。从历史上看，一个时期内的世界经济与政治的发展状况，与这个时期内的最大国家的政治经济状况有着密切的联系。这是因为，最大国家的国内政治与经济必然以某种形式反映到国际行为上来，比如国际经济援助、意识形态的国际示范效应、国际会议的召集情况、国际安全情况等等。值得注意的是，大国在国际治理方面的特殊责任与功能，并不能想当然地认为，大国的治理模式就是权力治理与单边主义，相反，一个大国在国际政治中被承认的时候，往往就是这个国家最愿意奉行多边主义、重视国际合作的时候。

社会性与社会化都是社会学的基本概念，在国际政治社会学中，社会性与社会化同样是相互联系的一对重要概念，如果说国际政治的社会性是不断增强的过程，那么这种过程在某些具体的领域就称之为社会化。国际核不扩散制度的存在本身表明，大国之间具有一定的社会性，各大国都在不扩散核武器方面拥有共同的利益，都必须采取合作的态度。但是，这种制度在创立之初只有三四个核大国，目前越来越多的国家加入进去。又如非殖民化，非殖民化是国际政治中的一种积极的社会化行为，是反殖民主义原则和非殖民主义原则在世界各国逐渐普及的过程，最早反对殖民主义原则的大国可能是美国，随后就是苏联等一系列主张民族自决的国家。1960 年第十五届联大通过了《关于给予殖民地国家和人民独立的宣言》，这是这场国际社会化进程中的一个重要的里程碑。1985 年，联大反殖民主义特别会议召开，为这场运动的最终胜利而进行全球动员；1992 年纳米比亚宣告独立，意味着反殖民化这个国际社会化取得了最后的胜利。社会性虽然与社会化密切相关，但两者在含义上有着重要的差别。社会性所包含的内容更为广泛，它涉及到主权国家在社会交往过程中的相互依赖性，不但是文化交流，还包括商品交换、服务往来、社会网络和国际示范效应等等，而社会化则是有着特定含义的社会进程。那么，什么是社会化呢？

社会化是社会学的重要概念，据统计早在 100 年前社会学家们就开始研究社会化问题，19 世纪末欧美的社会学家们已经对社会化进行了深入的研究，但是真正的社会化研究大发展的时期是 20 世纪三四十年代。自那时起到目前的半个多世纪的时间内，学界主要沿着三种路向研究社会化：一种认为社会化实际上是文化的内化，以美国社会学家奥格本为代表；一种认为社会化是个体成长的过程，以美国社会学家库利和米德为代表；一种认为社会化是使人“变得具有社会性”，能够了解并符合社会角色的过程，以美国社会学萨金特和帕森斯为代表。社会化其实是这三种视角下的综合过程，即“社会文化得以积累和延续，社会结构得以维持和发展，人的个性得以形成和完善”的过程。[①]

---

① 郑杭生：《社会学概论新修》，中国人民大学出版社，1994 年版，第 107 页；侯力、左伟清：《新编社会学》，华南理工大学出版社，2002 年版，第 63—65 页。

个体为什么要有社会化？这是因为人除了具有自然性、物质性或者生物性之外，还有社会性，人的社会性的基本方面是文化的存在，“人本身在一定意义上是文化的产物，成长和生活在某种文化主导的模架内，必须遵循这种文化所规定的途径和方法去学习和掌握相应的价值观念、行为规范和行为模式，以及相应的生活和工作技能，并且随着文化的变迁适时调整自己的行为和观念，才能成为一个合格的社会成员”。[①] 社会化是“个人成长的过程”，不是人的自然成长，而是人的人格或性格的发育过程，后者是社会化的过程。[②] 即有两个维度，一是从单位角度来看，就是将社会的规范内化形成自身行为准则从而成为社会人的过程，社会化是“人类的行为不断被社会互动所形塑的过程。它使个体能够发展自己及其潜能，能够学习并做出调适”。[③] 需要指出的是，社会化不是被动的，也有个体的主动性，社会化的施动者也被建构和学习。初级社会化是文化学习最集中的阶段，而次级社会化的有关机构则是社会互动，帮助个体“学习组成其文化模式的价值观、规范和信仰”。二是从体系或者社会角度来看，就是把社会的主流文化传播到个人，达到教化的作用，使之成为一个符合社会规范的人的过程。在后一个方面的社会化的过程，不仅是文化传播的过程，还包含着个体之间的互动、社会结构的运行以及社会文化的期待等等因素的共同作用。

个体在社会化的同时，也存在着反社会化的现象，这种现象其实就是个体实施的与社会的主流规范相背离的行为趋向，这种趋向不是随意的、不连续的，而是某种程度上对社会化的对抗，

---

① 孙立平主编：《社会学导论》，首都经济贸易大学出版社，2003 年版，第 88—89 页。

② Kurt Danziger，*Socialization*，Harmondsworth：Penguin，1976，p. 13. 转引自朱力等著：《社会学原理》，社会科学文献出版社，2003 年版，第 60 页。

③ ［英］安东尼·吉登斯：《社会学》第四版，赵旭东等译，北京大学出版社，2003 年版，第 37 页。

似乎是在创造一种对立的社会行为模式。社会逆反心理在一定时期内是这种行为的心理基础，但是逆社会化的动因却可能包括其他复杂的社会内容，特别是个体在进行了再社会化之后的时期（成年之后的社会化时期），逆社会化就增加了许多个体利益的考虑，因此，表现为逆社会化有可能发展为一个个体或者集合了的个体与社会主流利益与文化的冲突。逆社会化的进程有几个结果：一是在一定时期的斗争之后被融入社会主流运动之中，被社会化进程所同化；二是引起更多的社会同情，产生更大范围的社会示范效应，并引起大规模的社会冲突，并有可能推动逆社会化转换为主流社会化；三是在社会化与逆社会化的斗争之中，诞生一种新的社会文化。最后一种与黑格尔所说的"正、反、合"的逻辑思路相统一，也符合马克思的社会冲突思想和辩证唯物主义思想。

在一个社会里实施社会化和出现逆社会化现象，均要具备各种条件。社会化的过程中，就行为体而言，要有一定的适应时期，要有较强的学习能力，要有社会沟通能力主要是语言能力，以及正确的战略判断与思维的能力，而就行为体所处的社会环境而言，行为体必须具有初级教育场景、二级教育场景、同龄群体、工作单位以及大众传播等各种条件。[①] 也就是说，社会化既是一个主观努力的进程，也是客观社会互动的进程，既有科学的方面，也有艺术的领域。社会化的受动者必须把培养社会沟通能力（以语言为主）放在一个重要的位置，同时也要刻意创造一个有利的社会环境；而社会化的施动者则应该考虑到受动者的判断、学习、沟通能力，积极配合在大众传播等方面将新的社会规范输入到更多的社会行为体观念之中。而逆社会化的社会心理虽然普遍存在，个体性的逆社会化行为也很多（违法与犯罪），但上升为一种集体性的社会行动，对于行为体的个体实力与权威、领导能力、宣传

① 侯力、左伟清：《新编社会学》，华南理工大学出版社，2002 年版，第 68—725 页。

能力都有较高的要求，而对于社会环境来说，当一个社会不平衡发展较为严重时，社会的政治基础与经济基础十分薄弱并且矛盾层出不穷，社会分裂成为可能并向极化方向发展时，逆社会化运动才成为一种社会浪潮。

国际政治的社会化，有广义与狭义之分。广义的国际政治社会化包括各种由于经济全球化与贸易关系而形成的各种相互依赖的社会关系。基欧汉提出的“复合相互依赖”现象本身就是一个很好的概念，不仅体现了一种经济交换过程，也是一种社会沟通过程。国际政治中的复合相互依赖有三个特征：一是多渠道的社会联系，包括政府间的非正式联系和正式的官方安排，非政府间的非正式联系，跨国性组织（如跨国银行、跨国公司）的内部联系；二是国际间关系的议事日程多元化，并非所有问题都服从于军事安全问题，国内事务与国际事务的传统区分界线日益模糊；三是在复合相互依赖地区内部，军事力量不再作为解决社会争端的唯一手段。基欧汉的本意旨在强调权力政治在国际政治中的缺陷，“鼓励人们探索区分世界政治的范围与领域”，却不料指出了国际政治中的社会化趋势。基欧汉用心良苦地使用的“非权力性因素”，其实构成了国际政治新兴社会化力量的社会基础，他所说的复合相互依赖，特别是第一项，即本质上反映了国际政治的社会性发展，民族国家之间形成了一种多渠道的联系。这种联系网络就是一种社会网络。经济与社会密不可分，从基欧汉的经济相互依赖到复合相互依赖，反映了经济基础变化后并发展到一定的历史阶段，必然推动国际政治社会化运动的规律。这也难怪，经济学本质上属于大社会学的范畴。基欧汉等人奉行的国际政治经济学作为一门学科，与国际政治社会学有着千丝万缕的联系。要真正、全面、深入地研究国际政治社会学和国际政治社会化现象，就必须结合国际经济的研究，必须深入到国际政治经济学的肥沃土壤中去。不过限于篇幅，本书主要研究狭义上的国际政治社会化。

狭义上的国际社会化主要是指不同的民族国家由于足够的交往，形成了某种国际政治文化，而这种文化反过来由发源地向周边其他国家扩大传播，这个过程就是社会化的过程。国际政治的社会化有几个含义：一是指众多的民族国家加入到一种国际制度文化中去；二是一种新兴的主流国际政治文化不断地为更多的国家所接受；三是国家间的政治交往中强权政治的色彩越来越少，不断地由霍布斯文化向洛克文化甚至康德文化过渡，故而体现出一种人类社会的进步性。从世界历史发展的角度看，国际政治社会化造就了国际体系的出现，推动了国际社会的形成，创造了当今大大小小的若干安全共同体，必将在未来催生世界社会。因此，国际政治社会化是人类历史进步在国际政治层面上的基本表现。这种社会化的基础力量虽然是主权国家之间的经济与政治斗争，但从发展方向和其核心特质方面，却体现了国际政治文化的演进。

国际政治社会化的进程不是一帆风顺的理念演绎，而是充满了曲折和自我否定的历史过程。国际政治文化的形成、传播与创新的过程中充满着文明冲突、商业战争与外交斗争，我们在认识长期趋势上社会化占据主导地位，国际合作是未来的国际政治发展主流的同时，不能忽视反社会化或者攻击社会化力量在国际政治中的存在及其重要性。注重社会心理学研究的国际政治学者认为，所有人类社会中都存在攻击社会化现象，个体在成长的过程中，学习社会习惯之后总会有挫折感，并把这种挫折感导致的恐惧、憎恨和暴力攻击行动引向其他社会成员，这种反社会化不但反映了个体利益与集体利益的冲突，也反映了个体的特定文化体系与主流的文化体系的冲突。[①] 这种现象我们不妨称之为国际政治

---

① Stephen M. Walt, "Revolution and War", *World Politics*, April 1992, pp. 325—360. 转引自［美］詹姆斯·多尔蒂、小罗伯特·普法尔茨格拉夫：《争论中的国际关系理论》第五版，阎学通、陈寒溪等译，世界知识出版社，2003 年版，第 257 页。

的逆社会化。

国际政治在其发展的每一个阶段都有强烈的逆社会化表现，这与国内政治有着巨大的不同。国内政治中的逆社会化进程很难持久，很难形成一种强大的否定性力量，这是因为有着强有力的中央政府及其法律体系的制裁。而国际政治不同，国际治理的力量虽然日益强大，但是国家利益仍然是国际政治中的最基本的行为准则，超国家性的国际仲裁机构不大可能可以像世界政府那样确保国际道德和国际法的全球实施。国际政治社会化的主要条件是主导国家的合法性意识，国际关系的均衡发展，国际制度环境的良性存在以及国家间的社会交往质量与数量、速度的足够性。如果主导国家的合法性意识不是太强，体现这个时代的国际政治文化或国际精神就很难在大国的协助下向世界扩展，其他的条件情况也是如此。与此相对应，当国际政治社会化的条件不足时，逆社会化的可能性就出现了。在国际政治层面，逆社会化有着相当大的力量与特征：第一，主权国家从其本源上追求一种国际行动自由，独立自主战略意识往往与国际主义路线相冲突，任何主权国家都是希望借助自身的力量获得生存与发展的条件，除非万不得已。第二，国际政治发展的原有前提是不同的文明世界，在这个文明世界里，权力的较量比较容易操作和反复，而文明的融合与冲突则是十分漫长的过程。国际政治文化的发展其实就是异质文明同质化的进程，这种进程并不为各文明世界所一致认同，主张文明多样性的国际力量反对诞生一种国际政治文化，尤其是这种政治文化容易异化为某种大国的国际意识形态时，社会化更是难以推进。第三，大国对于国际权力与资源的争夺，往往体现为一定的国际理念的对抗，表现为社会化与逆社会化的斗争。一方面，使人们误认为社会化就是某一种力量的政治理念的输出，就是西方化或者东方化，从而对于国际政治社会化的存在与否本身以及它的进步性认识不清；另一方面，人们也容易把国际政治中的社会化本质与某一个或几个大国的意识形态战略混淆起来。其实，国际政治的社会化不是任何一个大国的意志，但却是由这些大国的政治斗争形成的国际合力交互作用的结果，当然那些具有进步和战略眼光的大国的外交理念最接近于国际政治文化的发展方向；第四，国际政治中的逆社会化就其世界历史的现实过程而言，强烈地体现了资本主义与社会主义的意识形态斗争，这种斗争从本质上推动了国际政治文化的发展，但无疑把国际政治文化在最近两个世纪的演进复杂化了。无论资本主义国家还是社会主义国家，都是主权国家，都是民族国家，也都有可能成为逆社会化的力量。苏联一度采取所谓的“社会主义大家庭”理论和“有限主权论”，实现对部分社会主义国家内部事务的干涉，企图建立一种帝国式的社会主义国家集团，显然是背离了国际关系的基本准则和《联合国宪章》，是一个时期内逆社会化的主要力量。而美国等西方国家在某些领域内推动新殖民主义，企图以西方文化与价值观念干涉一些发展中国家的国内文化发展，并且在中亚国家掀起一波又一波的“白色革命”、“橙色革命”、“绿色革命”，这也是一种有悖国际法准则的逆社会化浪潮；第五，国际政治中的逆社会化与社会化都是推动世界历史的杠杆，而且在不同的时代背景下可以相互转化，但是逆社会化往往表现为恶的杠杆，并且要付出巨大的交往成本。当逆社会化所提倡的国际理念反映了一个时代的本质，而且这个时代正在到来时，就会转化成为一种主流的国际政治文化，同样，一个主流的社会理念在新的国际环境下也可能丧失其存在的条件，成为逆社会化的基本理念。比如，“一个民族，一个国家”的国际理念，在反对封建主义、反对帝国主义、特别是反对世界殖民体系统治的时代，对于推动民族解放和国际关系民主化都起到了巨大作用，是国际政治社会化的基本信条。但是在世界性的殖民体系已经瓦解、和平与发展成为时代主题的新时代条件下，不分条件地继续宣扬“民族自决”，就会导致民族分离主义和极端民族主义，甚至成为现代恐怖主义的温床，成为一种逆社会化的意识形态。逆社会化由于不符合一个时代的主流国际文化，因此，会被大部分主权国家所拒绝，可能会增加其与其他国家的交往成本，不利于开展国际交往和国际合作，其经贸发展与国家实力的增长也会受到巨大影响。因此，一个成长中的大国的理性选择是，加入到国际社会化浪潮中去，而不是国际逆社会化运动中去。

二、国际政治的社会化对国际关系的影响

国际政治社会化是世界生产力发展的逻辑必然，是世界生产关系的重要体现，是社会实践活动在国际政治层面的主流趋势，是推动人类社会进步的基本力量之一，它产生了一系列的社会后果。

1. 造就了国际体系的出现

在国际政治社会学中，国际体系是一个绕不过去的概念，它是国际社会的基础和必经阶段。从世界历史的角度看，人类社会在封建社会时代之后的国际交往能力不断增加，这种日益增加的交往能力将不同的帝国与城邦国家联系起来。最初的国际体系的形成区域，是在“前国际体系的生产力和贸易最为充分发展，人口数量和集中程度达到使新型单位得以形成的地方演化而来的”。[①] 尽管不同的国际政治社会学家把国际体系定义得不同，但是，均承认在国际体系出现之初，国际交往的物质能力与社会能力的提

① ［英］巴里·布赞、理查德·利特尔：《世界历史中的国际体系——国际关系研究的再构建》，刘德斌等译，高等教育出版社，2004 年版，第 145—147 页。

高起了决定性的作用，对于后者来说，“最显著的是多种语言的使用与通用语言、书写、‘世界宗教’、货币和信贷制度、贸易移民社群和外交的各种初始形式导致的国际体系中互动能力的增强”。[①] 从本源上看，体系这个词是从自然科学那里借用来的，到了社会学中主要指行为体互动过程中而形成的一种持续的、结构化了的模式，或者说是一种互动结构，但这种结构本质上是机械的、功能性的。国际体系一般是指“关于国家互动的一种较为机械的和现实主义的观念，这种观念认为各国互动的基础在于物质力量的不同”。[②] 早在 17 世纪中叶，德意志著名法学家普芬道夫（Samuel von Pufendorf）给了国际体系（a states system）一个较为经典的定义：“由若干密切相连但仍然保持各自主权身份的国家构成的一个整体。”[③] 可见，国际体系是在国际政治社会化进程早期的一种普遍社会现象，国家之间的互动的基本出发点是维护自身的国家利益，特别是领域完整与政治独立，更好地确保自身的存在。在自身力量不足以强大的情况下，要适当地承认其他国家的力量，由于对于其他国家的畏惧而不得不考虑其他国家对于自身行动的后果的反应。国家力量的克制不是从道义出发，从共同的理念出发，而是从自身生存与发展的严酷现实出发的一种战略姿态。国家之间的互动基本上是一种机械性的、低层次的互动。当这种互动形成了一定的模式时，互动结构便成为了一种国际体系，国际体系的基础主要是强权加以相互间的承认与考虑。但是，这种承认与考虑远没有形成一种共同的价值观。其原因在于：一是国家间的交往没有足够地频繁与有力；二是经济的相互依赖没有为一

① ［英］巴里·布赞、理查德·利特尔：《世界历史中的国际体系——国际关系研究的再构建》，刘德斌等译，高等教育出版社，2004 年版，第 146 页。

② Barry Buzan and Ana Gonzalez-pelaez, “International Community after Iraq”, *International Affairs* 81, January 2005, p. 33.

③ Derek McKay and H. M. Scott, *The Rise of The Great Powers* 1648—1815, London and New York: Longman Group Limited, 1983, p. 1.

种制度化的社会网络创造时机，而这正是国际社会得以形成的基本条件。

人类社会发展的需求，要求国际体系进一步向国际社会发展。这种需求主要表现在以下几个方面：一是安全与秩序需求；二是世界生产力发展需求；三是互惠的需求。在国际体系内，一种暂时的秩序形成了，但是各国都希望这种秩序进一步机制化才能降低国防成本，使各国享受到更多的安全；世界生产力的发展以及各国对外贸易的拓展，要求国家之间在对外交往过程中形成某种交往规则，减少交换成本；在主权制度的影响下，各国愈加意识到主权国家的存在与发展必须是互惠的、共处的状态。这种状态要求进一步减少各个国家的特殊性要求，重视共同的理念培养。

总之，这三种需求推动着国际社会性的发展，导致了国际社会在某些区域的出现。可见，国际社会的形成是人类又一次大规模的组织活动，是一个重大的理性契约性行为，是国际交往发展到一定历史时期的必然产物，也是国际体系进一步国际社会化的产物。

2. 国际政治社会化导致了国际社会的出现

什么是国际社会呢？英国国际社会学派的主要代表人物布尔曾经花了大量的篇幅进行了界定。他认为，国际体系可以在没有国际社会的情况下存在，但国际社会的形成必须有国际体系的存在作为前提。在古代世界里，土耳其、中国、日本等国家虽然有了与欧洲诸国的交往，但这种交往只能形成国际体系，而无法达至国际社会的程度，国际交往停滞在一般程度上的经贸交往的水平，两类国家之间并不相互确认“相互间存在着共同的利益或共同的价值观念”。因此，国际社会在一定的共同文化价值观念存在的国际体系条件下存在，如 16、17 世纪的基督教国际社会，以及 18、19 世纪的欧洲国际社会。布尔总结道："如果一群国家意识到它们具有共同利益和价值观念，从而组成一个社会，也就是说，这些国家认为它们相互之间的关系受到一套共同规则的制约，而且它们一起构建共同的制度，那么国家社会（或者国际社会）就出现了。"① 可以看出，布尔关于国际社会的界定有几个特点：一是国际社会是国际体系的继续与发展；二是国际社会必须以共同的价值观为支撑；三是国际社会要有理性的契约或者制度安排；四是国际社会的行为主体是国家。布尔后来再一次坚持了这种界定，他认为："一群国家不是简单地形成了一种国际体系，体系内的每一个国家在行动时都必然考虑到其他国家的反应，而且还通过对话和共识建立起共同规则和制度来指导彼此间的关系，并且在维持这种制度安排中实现共同的利益。"② 这个国家群体其实就形成了所谓的国际社会。布尔的这种界定，具有较强的说服力，体现了英国学派对于国际社会的深刻研究，有助于我们认识国际社会的形成与发展，也说明国际政治社会学中的共同文化具有核心作用。

1648 年威斯特伐利亚和约标志着欧洲国际社会的完全形成。一个全球性国际社会的最终形成不是在第一次世界大战之后，而是在第二次世界之后，因为主权制度与以主权制度文化为核心的国际政治文化冲破了殖民体系，向全球新兴的民族国家扩展了。目前，核不扩散、国际环境保护、世界贸易组织的规则等等，进一步说明国际社会的成熟。布赞等人把国际政治社会化的主要力量分为三种：一是军事政治力量；二是经济交往；三是跨文化的

① ［英］赫德利·布尔：《无政府社会——世界政治秩序研究》第二版，张小明译，世界知识出版社，2003 年版，第 10—11 页。

② Hedley Bull and Adam Watson, ed., *The Expansion of International Society*, Oxford: Oxford University Press, 1984, p. 1.

移民。这三种力量是无法完全分辨出来的。“现代社会的互动主要是通过外交和国际法的途径来实现的”，但是，这一过程主要依靠了战争交往方式以及不平等的条约体系，其中伴随了大使馆的普遍建立和外交制度向全球的扩展。从理论上讲，5 个民族国家组成的国际体系，需要有 20 个大使馆，而 50 个国家，则需要 2450 个大使馆；200 个国家，则需要 39000 个大使馆，民族国家数量的急增，意味着外交制度与主权制度文化在全球内的普及。跨文化的移民在国际社会化的过程中作用也很突出。据伍德拉夫估计，1851 年至 1960 年，约有 4000 万欧洲人来到了美洲和加拿大，650 万欧洲人到了南美洲，250 万欧洲人到了澳大利亚和新西兰，100 多万欧洲人到了非洲。[①] 这些欧洲人把欧洲的诸如均势、民主政治、民族主义、主权观念等主要政治文化观念与国际思想带到了新世界，为这些新兴地区的国家成长和对外事务的原则提供了强大的社会文化基础。

3. 国际政治社会化在世界诞生了许多的安全共同体

安全共同体是国际共同体的一种。在国际政治社会学的谱系里，国家、国际体系、国际社会、国际共同体是一个从低到高的顺序，国际共同体是国际社会的高级阶段。但是，这并不意味着在任何语境里共同体高于社会。在学术发展史上，特别是在德国社会学中，共同体恰恰是前社会的一种组织形式。在许多古典的德国社会学家看来，共同体是指“一种有机的、前现代的小规模社会联系纽带，尤其表现为小团体与部落”。[②] 社会学大师马克斯·韦伯倾向于将社会与共同体的差异抽象到观念与感觉上来。

---

① ［英］巴里·布赞、理查德·利特尔：《世界历史中的国际体系——国际关系研究的再构建》，刘德斌等译，高等教育出版社，2004 年版，第 279—280 页。

② Barry Buzan and Ana Gonzalez-pelaez, “International Community after Iraq”, *International Affairs* 81, January 2005, p. 33.

在他看来，"如果而且只要社会行为取向的基础，是参与者主观感受到的（感情的或传统的）共同属于一个整体的感觉，这时的社会关系，就应当是'共同体'"，而"如果而且只要社会行为取向的基础，是理性（价值理性或目的理性）驱动的利益平衡，或者理性驱动的利益联系，这时的社会关系，就应当称为'社会'"，[①] 显然，按照这个标准，国际政治领域中的社会已经是一个不争的现实了，当今国际政治中的各个主权国家之间的关系特别是经贸关系甚至一部分政治外交关系，是以理性交换为基础的，国际社会状态是当前国际政治的基本社会形式。但是，国际社会离国际共同体的状态还有差距。什么是国际共同体？国际政治社会学认为，国际共同体"不是一种乌托邦式的世界共同体，而是由主权国家组成的一种在安全上已达到较高的互信程度的国际社会高级形式"。这个定义吸取了半个世纪以来国际关系理论学术界的一些最新成果，首先，国际共同体是国际关系行为体之间的一种社会建构（建构主义）；其次，国际共同体的主要成员是主权国家，而不是任何超国家或次国家成员（现实主义与新自由制度主义）；第三，共同体的形成过程，也就是成员国的集体认同发生转换的过程（建构主义）；第四，共同体的形成或存在又是一种客观现象，可作因果关系研究（科学行为主义）；第五，共同体不只有一个模式，而应有多种实现途径（后现代主义）。[②] 在全球层面而言，并不是所有的国家都能把"共同命运"或者"地球村"的概念上升到观念认同的水平，并不是所有地区都能够把放弃武力作为解决区域内国际争端的手段，并不总是在国家利益的天平上始终给予国际利益和国际利他主义以一个恰当的位置。不过，可喜的是，尽管全球意义上的国际共同体没有形成，尽管一些地区的国际共

① 马克斯·韦伯：《社会学的基本概念》，上海人民出版社，2000 年版，第 62 页。

② 郭树勇：《建构主义与国际政治》，第 208 页。

同体难以在多个领域同时建设，但是，国际共同体在某些地区的安全领域却基本上建成了，而且对于促进地区内的合作与和平，推动世界发展与秩序都发挥了重要作用。目前至少有 8 个安全共同体，美加安全共同体、北约、美以安全共同体、南美洲安全共同体、东盟、瑞典—挪威安全共同体。[①] 在当今以及可以预见的未来，国际政治社会化的主要政治形式仍然是国际社会与安全共同体，安全共同体是地区一体化发展的基本形式。目前安全共同体的发展有多种途径：一种是直接建立模式，这种情况往往是在外在的“共同安全威胁”的压迫之上建立的，而且经过了长期的联盟维系，比如东盟就是如此；第二种是经济共同体的成熟发展导致的安全共同体，欧盟的共同防务就是如此；第三种就是共同的利益与文化导致的安全共同体，比如美国与以色列的安全共同体。

4. 国际政治社会化必将催生世界社会的到来

我们不同意英国学派的一般观点。什么是世界社会？笼统地讲，世界社会就是包含那些非国家行动体的世界活动领域。[②] “尽管主流的认同感仍处于不断碎化过程中，但是我们可以说，至少某些建立一种世界社会所需要的重要基础已经产生了……一个西方化世界社会的主要基础之一是人类平等的规则被广泛承认，而这一普遍的规则是在各殖民地非殖民化之后才慢慢形成的。对于人生来平等思想的普遍接受是人类历史上一个崭新的开始。现代国家在获得平等的主权之后，另一个必要的条件就是这些国家的人民也获得平等的地位。”除此之外，当今世界社会的另外一些初始性特征包括国际非政府间组织的形成以及道维斯文化的出现，

---

① 郭树勇：《建构主义与国际政治》，第 210—212 页。

② Barry Buzan and Ana Gonzalez-pelaez, “International Community after Iraq”, *International Affairs* 81, January 2005, p. 35.

前者促进了全球民权政治的发展，后者则通过全球通用英语的传播、全球性商业文化的形成以及全球共有消费与娱乐文化的盛行而成为全球社会的重要标志。[①] 中国学者也基本认同世界社会是比国际社会和国际共同体“更高级”的国际关系形态的看法，它指的是由“各种各样存在于当代世界舞台上的角色在相互作用中构成的活动空间，是一种泛泛的世界共同体概念”。[②]

国际政治社会化以上的影响是长时段的，从当代国际关系的角度来看，它对国际政治的影响也是深刻、明显和多方面的。首先，国际政治中国家间的社会互动、社会沟通和国际合作越来越居于议事日程的首位，和平与发展越来越成为一种紧迫的需要和日益加强的可能。军事斗争依然必不可少，权力的平衡与对抗仍然是国际政治的日常现象，但是由于“复合相互依赖”在国际社会中更多的地区和领域内增长，国家间政治行动更多地表现为双边合作与多边合作。其次，全球国际社会在日益生成的同时，地区性国际社会有了更快的发展，区域共同体以经济合作或者安全合作的形式有了更加实质的发展，在地缘经济、文化同质性、国际共识和国家利益等条件较好的区域内，成为一个又一个的“合作岛”。第三，国家的对外行为受了国际规范和国际条约的限制。国家合作的领域多了，签署的条约也多了，每一个国家都处在一个“不断叠加的条约网格”中，这种网格化的国际义务一方面为国际间政治带来了新的空间，另一方面也对国家的对外行为施加了具体入微的限制。第四，国际间的斗争与合作将大量地表现为文化上的斗争与合作，反映了国际政治文化的社会化、逆社会化，异化与内化之间的各种矛盾，“文明的冲突”与“文明的合作”成为国际政治的基本内容之一。第五，南北矛盾与南北合作成为国

---

① ［英］巴里·布赞、理查德·利特尔：《世界历史中的国际体系——国际关系研究的再构建》，刘德斌等译，高等教育出版社，2004年版，第299—300页。

② 王逸舟：《西方国际政治学：历史与理论》，上海人民出版社，1998年版，第375页。

际政治的基本矛盾。南北国家之间经济基础不同，意识形态往往不同，国际地位悬殊，利益冲突性强，是国际社会不和谐、世界秩序不合理的主要来源，只有解决了这个根本性矛盾，才能最终消除国际恐怖主义这个国际社会最主要的敌人，才能为和平与发展准备良好的社会环境。第六，大国成长在继续加强综合国力提升的同时，需要更多地注重国际社会的种种影响因素，社会性成长成为大国崛起与国际地位护持的基本模式。

三、大国的社会性成长规律及其对软实力战略的要求

大国成长具有双重性，即物质性与社会性。国家是人的集合体，是一种社会形式。人既具有生物性，又具有社会性。生物性是人生存的基础，社会性则是人发展的归宿。国家的生物性或者物质性较作为个体的人而言程度更深，但国家也是由有理想和社会归宿感的人组成，国家成长的过程也有道德与法律的力量。国家成长是物质性与社会性的统一体。如果说物质性成长是强国之路的话，那么社会性成长就是立国之本。大国的社会性成长是社会化了的大国成长。国家社会化的过程，就是这个民族国家接受主权国际社会的基本规范与法律准则的过程，也就是国际政治文化内化的过程。大国的社会性成长是指大国的发展必须以主流的国际规范、国际法等国际政治文化为依据，从维持和建立反映时代要求的世界秩序为出发点，将履行国际规范与国际责任界定为国家重要利益，运用合法的国际交往手段谋取综合国力，建立良好的国际形象与国际威望，进而成长为国际社会主要成员的过程。

大国的社会性成长离不开物质性成长，但又高于物质性成长。没有经济增长、科技进步和军事强大等硬实力的增长，没有工业化与科学技术的进步，近代大国的成长就没有了基本的物质基础。

在近代人类社会发育并成长的条件下，工业实力是工业社会大国成长的基本道路。军事强大与战争胜利是大国成长的基本标志。即使在后工业化时代的今天，任何一个中等发达国家或者较强大的发展中大国发展为一个世界性大国，必须有着工业化的物质实力的增长。大国的物质性增长好比是一个国家骨架下的血肉之驱，有了它这个国家才有可能站起来，才有可能在国际政治中有立足之地。但是社会性成长是立国之本。国家站起来之后，必须按照一定的准则与其他大国进行交往，必须以一定的形象与世界交朋友，这种准则和形象塑造就是一种大国的社会性成长的过程。以为单有拳头就可以打天下，光有精锐武装就可能征服世界，其结果就会落得像希特勒一样的下场。如果说物质性增长塑造的是一个国家的骨架与血肉之躯的话，社会性成长塑造的则是这个国家的精神、文化与灵魂。这种精神与文化代表了这个国家的社会面貌和良好国际形象，它向世界宣告：我是国际社会中的合格一员，我能够给世界带来更多的贡献包括安全、文明与和平，我的理念可以使国际社会更加进步与和谐，我的成长本身代表了国际社会发展的方向与希望。

我们曾经对近代以来西方大国崛起战略成功规律进行过初步的总结，认为在国际社会环境中的大国成长是物质性成长与社会性成长的统一，随着国际政治社会性的日益增强，大国成长越来越体现为一种社会性成长。具体地讲，大国成长以物质性成长为基础，物质性成长以合秩序性发展为方向；近代国际关系史表明，大国的社会性成长要求对暴力进行一定的合法性限制，国际社会化程度越高的区域越容易对战争进行合法性限制，多边战争成为大国合法性战争的一种重要现象；大国形象塑造是大国之间争夺软实力优势的重要领域，以危机管理为核心的区域或全球有效治理开始居于国际政治的重要议程，大国要不断地担负超越狭隘国家利益之上的国际特殊责任；时代进步对大国社会性成长提出了越来越高的要求。当代国际关系史表明，大国成长对战争施加的合法性限制强度越来越高，和平间隔期越来越长，大国成功成长前夕对战争的合法性限制程度最高，第二次世界大战之后社会性成长大国形象门槛大为提高；由于社会性力量在各大国崛起的历史长河中不能经常以形象的形式为观察者所感知，其与国家实力的很大部分的联系是构成性而非因果性的，且受到决策者决策偏好与解释偏好的影响，因此，大国社会性成长的规律较物质性成长规律更为隐藏。

大国的社会性成长规律对一个成长中的大国提出了诸多要求，其最大的要求就是要改变关于大国成长的物质主义思维，纠正过于单一的现实主义逻辑，在外交理念中增加合作共赢、理性进步的成分，采取多种政策措施，增强国家的软实力，特别是与国际社会化相联系的那部分国际影响力，这既是一种观念革命，也是一种战略调整。

调整和丰富现有的大国成长思维，特别是克服相对主义和现实主义的思维是至关重要的。大国的兴衰是国际政治演化的重要动力，也是基本现象，由于世界政治过程中出现明显的生命周期现象和世纪性规律，人们一般认为国际政治不是进步的，而是重复的现象。华尔兹的国际政治理论正是基于这个现象与假定展开的，但是，如果国际政治是一种类似于自然界的重复性现象，那么，国际社会的进步性就不能反映到国际政治中来，国际关系的民主化、人类社会的进步以及国际政治文明（包括以联合国为代表的国际组织、以国际法为代表的国际政治文化、以众多国际人权条约为代表的国际道德体系）的发展，就是一种远离国际政治的政治现象，国内社会的政治民主化、经济市场化和文化多元化就是与国际政治毫不相干的社会存在，人类社会就不是一个有机的整体。显然，世界政治是进步的，国际政治也是一种从低级向高级不断发展的过程，只不过这种过程进化得非常迟缓罢了。特别是在国际政治的社会性猛烈增强的 20 世纪 70 年代之前，强权政治绝对地统治国际关系法则三四个世纪的大部分时期，国际政治的进步性体现得不甚明显。但是，一旦这种社会性以一种不寻常的速度增长到一定的程度，国际政治的面貌就会焕然一新。

软实力战略是一种新型的国家对外战略，它不是技术层面的权宜之计，而是一种成长方式的战略转变。我们既然承认国际政治是有社会性的，是有社会化现象的，而且是向着更加和平、合作、发展、和谐的方向发展的，就必须考虑在进步性较为明显的国际政治环境中大国的行为逻辑的变化。国家不仅将注重硬实力（有人称为硬实力），还要注重软实力，软实力的增长属于大国社会性成长的范畴。但是，国家的社会性成长的内容远不止软实力增长。我们知道，大国的社会性成长有几个基本特征：第一，大国的成长方式要符合国际政治文化的要求，即要遵守以主权原则为核心的现代国际法的基本内容；第二，大国把追求软权力或软实力而不是物质利益作为基本的战略目标；第三，大国的具体的国际交往手段主要是合法的手段，而不是违反国际法的或者违反国际社会意志的手段。和平主义在和平与发展的时代更容易被接受为一个国家合法性成长的基本体现，但是这里的合法手段较为宽泛，不仅包括和平手段，也包括战争手段，但战争必须是合法性战争；第四，大国成长必须处理好与世界秩序的关系，因而一般应该为合秩序性成长，当然并不排除在融入秩序的同时去改造秩序；第五，大国的社会性成长要有自己的国际文明贡献。这些特征直接或间接地对国家成长提出了理想主义的要求，即不仅要提高国家的硬实力，还要发展软实力。

第二章 软实力战略是中国迈向世界大国的历史使命

一、大国成长方式的哲学思维转换

一个良好的外交战略是在现实主义与理想主义之间取得某种平衡，一个理性的外交哲学也同样需要现实主义思维与理想主义精神的适当交融。外交哲学的根本价值在于服务于一个国家的长远国家利益，为该国中长期（50年左右）的对外关系实践，提供全局性的行动框架和思想指导。在21世纪里，中国作为一个后起的崛起中大国，一个全面融入国际社会的成员，一个有志于在未来世界负责任的世界大国候选者，尤其需要一种明确、合理而成熟的外交哲学。就该外交哲学的理论基础而言，现实主义思维固然是基础，但理想主义精神也不可或缺，任何一种话语霸权的出现，若不及时加以遏制都有可能损害中国的国家利益，阻挡中国向国际社会的融入进程。现实主义与理想主义的平衡问题似乎一直是建构中国外交哲学的基本考虑之一。

20世纪后半叶的中国外交，充满着光荣与梦想，是近代化以来中国外交最伟大的时期；50年的风雨洗礼，外交理论也日臻成熟，不断走出“革命外交”的阴影和封闭思想的禁锢。然而，进一步适应、满足自身国力的强大和国际身份、国际地位提升的迅速变化的需要，中国外交无论在具体实践上，还是在哲学构建上，均需进一步完善自身，切实做到理想主义与现实主义的良性平衡。其中，两个方面的“话语霸权”倾向需要防范：一是要防范不可控制的“理想主义冲动”。这里的理想主义，主要不是指本体论意义上的理想主义，而是指一种价值伐讨的“十字军精神”的世界主义、普世主义倾向，其根源是费正清先生曾言的“中国中心主义”，我们不妨称之为“左倾”理想主义，它的表现是比较外显的，其在过去近百年里则表现为强烈的“革命外交”思想，在目前很有可能以因中国国力上升、民族自豪感的上扬而产生出一种过分的民族主义，并以一种世界主义的形式表现出来。在20世纪五六十年代，“左倾”理想主义曾以其特有的方式在中国建立了话语霸权。二是提防现实主义的话语霸权。现实主义的话语霸权，是指一种过分扩张的现实主义思维定势，其极端的表现是，一切从现实主义（而不是从现实）出发，一切从利己主义的国家利益出发，一切从谋取相对优势的相对主义逻辑出发，对那些受益份额较小的国际合作兴趣不大，对没有眼前收益的利他主义国际合作倡议抱有疑心，对于那些损害国家利益的人类道义性工程敬而远之等等。这实际上将现实主义奉为最高且唯一的思维模式，给予了现实主义以无限的话语霸权，反而不利于“现实主义”原则的真正贯彻。

目前，中国外交哲学的前途，系于能够多大程度上认识到理想主义或现实主义话语霸权的出现对中国长远国家利益的侵害。在新世纪里，我们有理由相信，对外交哲学的最大威胁，不是来自理想主义的扩张，而是来自现实主义的独断。由于我们对“革命外交”的长时段深刻反思，以及对于我们经济建设的全力关注，我们往往容易辨识和警惕“左倾”理想主义的重新抬头。然而，由于民族政治文化的长期影响，以及几百年近代社会中的种种挫折，加之国家独立后维护国家主权的坎坷历程，我们很容易陷入现实主义思维定势而自顾不暇，达致“不识庐山真面目，只缘身在此山中”的情势。警惕现实主义的话语霸权，不是不要现实主义，而是基于中国迈向世界大国的远大前程的最根本国家利益，在坚持现实主义基本原则的前提下，防止在国际关系与外交理论中出现现实主义思维定势的无限扩张。“弱国无外交”的常识，“落后就要挨打”的观念，“要想得到国际社会的承认，必须提高经济实力和军事能力”的逻辑，“经济实力上去了，自然就会提高国际威望”的信念，“国际上谁的拳头大谁说了算数”的道理……不一而足，都是千真万确的现实主义思维，它可以在过去把中国从分裂和软弱之中抢救出来，在目前扶持着中国的发展和强大，而且在未来，它仍将成为推动中国进一步崛起的最基本理念之一。

然而，它并不足以将中国从地区性大国拥立到世界大国的宝座上去。因为，“世界大国”从来不是一个计算理性的产物，它不仅仅与经济指标、军事实力和科技水平相联系，它还是一个道义、精神和威望的载体。布热津斯基曾说过，世界大国地位的维持必须有四个缺一不可的因素，即军事上的超强优势、经济上的火车头作用、科技上的领先地位和巨大的文化感召力，这里的文化感召力实际上包括一些用利益和权力等因素无法衡量的精神力量和道德信念。这种精神力量必须有普世性，必须符合人类文明进步的最新发展价值，必须超越民族私利而弘扬人类关怀。环顾世界，我们不难发现，有的国家，即使经济实力可以遥遥居先，科技水平可以迅速提高，军事能力可以急剧膨胀，但它仍然不能成为一个潜在的世界大国，原因很明显，它陷入了某种现实主义的过分扩张之中。世界大国这个身份不全是物质构成，还要有精神构成，不是自封的口号，而是国际认同的结果；不全是工具理性的内容，还含有价值理性的成分。美国有些政治家不是将日本、俄罗斯、德国、印度等国，而是将中国作为新世纪最有可能构成对美国主导地位挑战的“潜在对手”，其主要原因是，只有中国除了具有高速发展的经济、雄厚的军事实力、举世闻名的智力资源和科技潜力之外，还拥有有可能为中国未来的世界大国身份提供某种理念资源的文化底蕴。但是，我们果真能够如美国人害怕的那样，依着往日的现实主义逻辑和中华文化，在经济足够强大后，顺其自然地成为一个世界大国吗？否。中华文化为中国成长为世界大国提供了可能性，但如果我们不在日常生活和外交实践中规避过分的现实主义思维，这种可能性能否化为现实性还有很大疑问。

杜维明先生曾言及，未来儒家文化能否从东亚文化发展成为世界文化，关键取决于它能否成功实现传统文化与现代性的接轨，以及与世界文化的有效对话。而这一切，从宏观的视角要求必须将中华文化实现现代化，使之与兴起中的全球文化相适应甚至充分代表后者，从微观的具体领域则提醒在当下的外交思维和外交实践中树立一种新的观念，即在坚持现实主义的同时，适当限制现实主义的过分影响。过分的权力诉求，过分功利主义的态度，忽视利他主义的应有地位，缺乏与国际社会相适应的符号认同，崛起的只能是一个旧时代的、以权力为中轴的“单向度大国”，而不是新时代的集权力、权威、威望和文化统摄力于一身的“世界大国”。

从历史上看，大多崛起中的新兴大国，都是在现实主义基础之上十分强调理想主义的。18世纪八九十年代的革命后法国，是唯一真正对英国霸权构成挑战的新兴大国，法国不但拥有过硬的军事力量，打败了几次全欧性的反法同盟，而且还奉行了理想主义外交，如废除“君主秘密外交”，宣布“普遍和平和正义原则”为法国对外政策的最高原则，还提出了“不干涉他国政治”的原则，这些原则超出了以实力竞争和权力政治为中轴的现实主义思维，更多地体现了人类追求正义、真诚、合法的理想。19 世纪初期正值拿破仑帝国在欧洲建立霸权之际，英国正在开始谋求其第二次欧洲霸权，除了以实力及均势政策对付法国外，还提出了一系列与新生的国际关系价值观念相符的口号与制度倡议，如废除奴隶贸易，支持国际河流的自由通行制度，反对以神圣的名义干涉他国内政。著名的“欧洲协调”维罗纳会议上，英国坚决反对法、俄、奥、普四大国干涉革命之中的西班牙内政，采取了有别于“旧世界”的外交立场，开始努力“唤起新世界来校正旧世界的平衡”，表现出鲜明的理想主义特色。至于 20 世纪初的新兴的全球性大国美国，则以“威尔逊主义”为集中体现，来宣扬其“公开外交”、“公海航行自由”、“民主和平”、“民族自决”等理想主义信条，“威尔逊主义”也以其强烈的理想主义立场而几乎成为理想主义的代名词。

历史昭示，一个有志于成为全球性大国的崛起中大国，在坚持贯彻现实主义的同时，某种程度上需要理想主义的张扬，特别是要在外交哲学中体现出、反映出人类社会文明进步的新理念，体现世界正义、公正、进步和民主的精神，以获取国际社会和世界人民的认同感和敬仰感，为自己成为一个负责任、有权威的世界大国准备道义和身份基础。哲学升华时代精神，外交哲学概莫能外。21 世纪的世界政治，同时体现着三种时代的交融，即强权政治日渐式微的时代，相互依存大行其道的时代，集体认同曙光初露的时代。从国际关系理论的严格意义上讲，强权政治的时代最盛行的逻辑是现实主义的逻辑：每个民族国家奉行理性利己主义；为获取国家利益可以不惜使用一切手段，包括战争甚至核战争；道义、伦理和国际法都是实力政策的陪衬；各国之间是一种“你之所失为我所得”的零和关系，追求一种相对主义的逻辑；任何国家都致力于“显示权力、增加权力和追求权力”，国际政治就是权力政治（强权政治）等等。这些逻辑曾经支配着几个世纪国际关系话语，自然也沉淀为一种世界性的政治文化。强权政治的鼎盛期是20世纪以前的数百年，目前还基本上主导着国际政治的大部分领域，但毕竟风光今不如昔。十月革命对“秘密外交”的终止、“威尔逊主义”对“民族自决原则”的高扬、《联合国宪章》对集体安全的践行、特别是冷战的和平终结，一次又一次淡化着强权政治的统治。同样，国际关系中的现实主义思维也不断从独断的水平上后退。

20世纪70年代，新制度自由主义的代表人物就喊出了那句震聋发聩的话：“我们处在一个相互依存的时代。”它标志着，国际关系已进入了一个不同于以往数百年奉行强权政治的新时代。其特征是：经济全球化已冲破了国界，把世界各国经济紧紧地联结为一体；其逻辑要求是，主导着追求相对获益的相对主义逻辑要让出一大部分地盘，给各国共做一块大蛋糕以追求绝对获益的绝对主义逻辑。20年后，冷战和平地结束。它是世界格局转换史上首次以和平方式进行，彻底打破了现实主义格局转换机制是战争的神话。奉行现实主义思维的学者无论如何不理解，苏联为什么要签署“于己不利”的《中导条约》，自愿从东欧撤军，允许两德重新统一，解散强大的华约组织？建构主义学者回答说，这是因为，国际关系已经进入了一个“强调集体认同的时代”。

一个相互依存的时代，一个强调集体认同的时代，对国际关系与外交理念的要求当然不同于以往的强权政治时代。在相互依存的时代里，一个国家不能奉行孤立主义政策，不能顽固坚持零和游戏式的相对主义逻辑，不能拒绝国际社会中的社会化和制度化，必须融入国际社会，使自身与国际惯例接轨，加入各种国际制度进行国际合作，并且更加有效地实现自我，谋求合理的国家利益。而一个强调集体认同的时代，则要求国际社会中的国家将人类作为一个命运共同体，不是处处以自私的民族国家利益为最高目标，而在某种程度上要摆脱利己主义思维的影响，以“人类利益优先”的原则，更加以合作、利他的精神去面对目前正在威胁人类整体生存环境的“全球性问题”。换言之，强调集体认同的时代要求适当收敛民族主义考虑、工具理性思维，从人类关怀、价值理性的角度进行国际合作和外交工作，进一步限制现实主义的过分影响。

我们正处于一个相互依存的时代，我们同样处于一个强调集体认同的时代，这要求我们不能单纯以相对主义、物质主义的思维去对待国际政治，必须以新的战略思维把握国家实力的增长，软实力战略要摆上更加重要的国家发展议事日程。因此，我们有理由给予现实主义以适当限制，为理想主义开辟空间。

二、中华崛起的历史、空间与模式

这是一个中华崛起的世纪。

要先研究中华崛起的世纪性意义，首先要研究一下中国崛起的历史性或称时代性。“时代”这个词儿，是列宁的创造。革命导师用它敲开了马克思主义国际关系理论体系的大门，而三代中国领导人则用它重新界定了各个时期的战略。和平崛起根本上也源于一种时代判断，这种时代判断不管内容是什么，都要正视人类历史的进步性。用最简单的话说，我们得承认，在远古的时代用大棒随意杀人是正义的，而现在不行了；在近代一度搞贩运奴隶是正义的，而现在不行；马克思所描述的西方大国崛起过程中所使用的“商业战争”、“殖民战争”，我们今天这些后进大国都无缘问津，赶不上了那个时代了。在核时代之前，大国还可以用常规武器较量一番，现在也不行了。朝鲜战争是最后一场大国间战争，那次战争的一方美国，虽然急于取得第二次世界大战后的第一场胜利，但还是没有使用核武器。美国人不敢使用核武器，不是因为害怕中国，而是因为害怕历史。这个时代的历史，已不是过去时代的历史了。从国际制度的角度看，迄今为止的国际关系史可划分为三个时代：一是强主权制度下大国武装共处竞争的时代；二是弱主权制度下大国和平共处竞争的时代；三是人权制度下人类共同体内共处与竞争的时代。第一时代肇始于“三十年战争”及其威斯特伐利亚和会，衰微于第一次世界大战，而终结于第二次世界大战。这个时代的特征是把大国间的战争作为维护安全、实现利益的主要手段，大国兴衰、格局转换、秩序初定每每伴随战争，根据乔治·莫德尔斯基的研究，没有一次大国崛起不是通过战争手段来实现的，不管战争对象是衰落的霸权国，还是兴起的挑战国。战争形式往往是总体战。第二时代出现于 20 世纪 50 年代的冷战高峰及其第一次美苏缓和，高涨于冷战结束后的今天，并将延伸到 21 世纪的中后期或 22 世纪初期。这个时代的特征是大国之间开始把和平共处、和平竞争作为一种原则，维护安全的手段从总体战争向有限战争转换，战争对象不再是其他大国，而是一些小国，大国之间维持一种威慑或冷战状态。华约消失与苏联解体，世界格局转换第一次以非战争的形式完成，大国和平衰落成为现实，大国和平崛起的逻辑基本出现。第三时代只是一种理想类型，但其雏形已经出现在欧盟、北美等区域，在这些相互依赖与集体认同高度发展的共同体内，主权制度逐渐让位于人权制度，战争不再作为一种解决国际争端的外交手段。未来的第三时代，国家虽然还存在，但有着更加强大的全球治理体制，大国崛起与衰落只是“世界国家”或全球治理体制中的代表权竞争而已。上述三个时代中，大国和平崛起理论只能出现在第二个时代，在第三个时代它又会失去现有的含义。因此，我们只能把第二个时代与弱主权制度作为我们研究中国社会性成长的时代背景与逻辑起点。

中国的崛起就是在这个大的时代背景下开始了。中华崛起的原点不是 21 世纪，至少追溯到 20 世纪初。21 世纪的中华崛起与 20 世纪不同。两者虽然方向一样，但对于世界秩序的影响有着较大的不同。从时空定位的角度观之，20 世纪的中华，就崛起而言，主要有三个阶段。

第一阶段是中华民国的成立到第二次世界大战的爆发。这一时期，中华的崛起是中国通过革命（辛亥革命）获得了现代性，通过战争（一次大战）获得了独立与主权，中华帝国从 U 形曲线跌入谷底之后的回升，其意义在于中华帝国在避免了土耳其帝国式的分裂之后，加入了世界民族国家体系，用现在的话说，就是到了“国际社会大家庭”。但是一个伤痕累累的巨人来到刚刚从强权政治母体中脱胎而来的“国际社会”，其艰难之处可以设想。就这一阶段而言，中华崛起虽然也是当时中国人的梦想与实践口号，但它毕竟是“东亚病夫”，与当时的东亚强国日本有较大距离，在国际事务中没有什么发言权，与世界秩序的关系，就是中国入了“世”（国际联盟可算是其最新的象征），却无力改变“世”之格局。在世界舞台上，代表东亚发言的是日本人，而不是中国人。中国拳头所及之处就是自己的国界线以及国界线以内，中日关系是这个时期的重中之重，良好的中美关系成为中国改变自身困境的基本国际依托。解决满州问题、山东问题、关税问题、租界问题成为中华崛起的前沿问题。这一个阶段，日本崛起压过了中华崛起。中华崛起的地理范围主要是东亚一隅。

第二阶段的中华崛起，可以视为第二次世界大战到冷战结束的时期。在这一时期，中国的综合国力得到了极大的改变，中国人民通过抗日战争赢得了世界人民的尊敬，成为世界秩序的标志性组织——联合国的常任理事国，成为“大国一致原则”的执法者，成为了新的世界秩序的主要成员。中国在国际事务中有了一定的发言权，成为能够改变格局的国家行为体。但是，在这个时期，中国对于世界格局，只是被委任的成分多一些，决定世界事务的首先是美国这个“村长”，其次才是美苏共管体制，最后才数得上中国代表的第三世界力量。因此，中华崛起虽然推动了世界多极化，但这种多极化首先是美苏各自阵营中的分裂形成的，而不是第三世界做工作的结果。中国其本意并不在于分裂这个两元权力体制。从软权力的维度上讲，中国不像第一阶段那样融入性地改善世界秩序，而是挑战现行不合理的世界秩序，不过挑战国之列，首先是苏联，其次才是中国。中华崛起的标志性事件除了战时的开罗会议以及战后的台湾经济成功之外，就是朝鲜战争、亚非会议、二十七届联大、对越自卫反击战。后四大事件都推动了世界格局的变化，有的是力量上的，有的是制度上的，有的是观念认同上的。值得注意的是，在这一阶段，代表东亚的力量不是日本而是中国，中国不仅代表了东亚，还在某种程度上代表了亚非拉以及整个第三世界。中国的远征军到过印度、缅甸，中国军队跨过“三八”线，中国的援助到过阿尔巴尼亚，中国的反侵略力量直指越南首府，中国外交官活跃在日内瓦，中国的红卫兵在世界各地驻外使馆大力宣传毛泽东思想。因此，中华崛起的空间基本上在东亚（包括东北亚与东南亚），但具备了一定的全球性。

中华崛起的第三阶段，始于冷战的结束，它与新世纪的到来连成了一体，具有相对意义上的“新世纪”概念。20 世纪 90 年代以及整个 21 世纪是中华崛起的主体时段。这个时期的特点是：中国在继续维持“大国一致原则”的主要执法者身份的同时，成为了世界秩序建构方面仅次于美国的主要力量，进入了与世界唯一的超级大国——美国外交折冲的前沿。未来的亚洲秩序是什么样的？未来的世界秩序是什么样的，美国首先要想到中国，而不是过去的日本或者苏联。中华崛起的手段不再是前两个阶段的革命与战争，而是和平发展，因为这个阶段的世界再也经不起两个大国间的大规模军事行动，世界进入了一个真正的大国和平共处的时代。这个时代的到来不仅仅是世界人民的良好愿望，也是经济全球化与相互依赖的必然结果，核武器问题也是其中一个关键性因素，和平发展成为核不扩散时代后起大国崛起的必经之路。和平发展主要是指中国通过提升经济实力而发展自身综合国力，最后“不战而屈人之兵”，崛起为一个世界大国。中国的经济力量已经进入世界主要大国之列，虽然就人均收入和人均国民生产总值等指标来说，中国与美、欧尚有很大的差距，但就世界政治心理而言，中国外贸发展速度、外汇储备、国民生产总值总量以及巨大的国内市场而言，中国是一个名副其实的经济大国了。中国考察船的南极游弋，中国海军的首次访美，中国第一代宇航员杨利伟的太空遨游，中国石油公司在中东、非洲与拉美的运营，无不昭示中国人的崭新形象。目前，中国立足于东亚，稳定在周边，其眼光与影响已强烈地具有世界性的特征，中华崛起的空间较以前两个时段大大拓展了。

中华崛起的世界性，可以从下述角度观之：第一，全球化时代，国家和地区问题逐步全球化了，全球问题渗入地区事务乃至国家事务，任何大国的行为包括大国的成长都具有全球性；第二，本来中国就是一个具有全球影响的地区性大国，中国在联合国与WTO等全球性国际组织中的重要地位赋予了中华崛起的世界性；第三，中国是最大的社会主义国家、最大的发展中国家、亚洲地区唯一合法的核大国、经济实力占世界前几位的大国、军队数量与领土面积也居世界前列。中国的正常发展或者说和平发展，本身代表了世界格局潜在的、微妙的变化；第四，中国的消费取向与市场扩展都具有全球性，中国的问题也具有全球性，因此，中国解决自身问题的过程离不开国际社会的良好环境，也必然涉及国际事务的变化。比如中国石油消费问题，中国要解决这个生存与发展问题，要求中国开拓世界市场，也会影响到各石油大国之间的竞争与合作。而中国市场通道的畅通无阻，意味着中国国家利益早已超出了传统的边界，进入了全球任何与中国利益有关的地区。因此，中华崛起第三时期的空间不限于东亚，具有了世界性。

然而，忘记了中华崛起的区域性，会是一个致命的错误。中华崛起的前两个时段都与区域性有关。中华崛起的关键不在于世界性，而在于地区性。世界性的矛盾与美国有关，地区性的矛盾与美国、日本有关。看似是中美的问题，实质上是中日关系。中华崛起第一期的重要问题在于满洲问题与山东问题，根本在于中日问题，当时日本崛起压倒了中华崛起；第二期的重要问题在于朝鲜问题与台湾问题，根本也在于日本问题，但中华崛起压倒了日本崛起；目前的第三期崛起中，朝鲜问题、台湾问题还是重要问题，又加上了南海冲突问题与东盟合作问题，其实还主要是中日关系。处理中日关系，仍然是中华崛起的关键性问题。中华崛起的主要注意力在于东亚（包括东北亚与东南亚），而不在于世界，尽管它的任何实质性变化都在影响着世界，影响着世界秩序。

关于当下的中华崛起模式，笔者认为有三点值得特别注意：第一，和平发展是中国崛起大战略的基本原则，它对中国外交具有指导性；第二，目前是地区崛起与大国崛起同时进行的时代。“中崛日落”或者“中落日崛”的零和局面，可作为一种政治愿望，在全球以地区为单位对抗的新时代，加之美国因素的影响，可能性不是很大。中国的崛起只有依托地区崛起，才能真正解决自身崛起问题。但是，中日的合作不是无条件的。日本要充分尊重中国“五大国共治”体制的创始地位，充分尊重中国祖国统一的主权愿望，充分尊重中国人民的历史感情，才能共同携手未来，在缔建“东亚共同体”的地区崛起中实现共同崛起；第三，中华崛起不仅仅是中国的事情，也是全体华人的事情。中国的统一、中国的经济发展、华人经济圈的建设、华语的普及、中国文化的世界化，都是全体华人的事业。在这方面，海峡两岸关系的跨越式发展是至关重要的。同样道理，任何分裂祖国或者支持分裂的举动均不利于中华的崛起，因此，“台独”成了全球华人的敌人，也是中华崛起的罪人。

三、和平发展的逻辑起点及战略要求

和平发展是令人耳目一新的战略理念，其实质是运用软实力战略达到社会性成长的战略目标。和平发展是中国式的软崛起，既体现了中国和平主义的传统，具有鲜明的中国特色，又符合中国社会性成长的时代需求。和平发展或和平崛起讲什么？顾其名，即可思其义。即中国力争在未来的几十年里和平地成为地区性大国和负责任的世界大国，避免过去几个世纪强权政治图景中大国依靠武力崛起的老路，完成国家崛起与中华民族伟大复兴的战略性任务，这既体现了中国的战略诉求，也反映了其他大国的根本利益。中国要和平地进入世界性大国的行列。

和平发展虽然是中国的产品，但也有一定的普世性。我们若把它加工好了，完全可以将它出口。就像过去的游击战思想一样，成为拉丁美洲革命的军事模式。只要具备一定的社会市场，就可以出口。这就涉及一个理念的普遍适用性问题。但它的出口对象不是任何国家，而是中等以上的国家，最好是前六、七位的国家。也就是说，能够讲和平崛起的国家，世界上不多，用较为学术化的语言讲，就是那些“能够进入国际体系的强国”；用邓小平同志的话，就是“必须是多极体系中的一极”；用基辛格的话说，就是中国、印度、日本、巴西、德国、法国、英国。这些国家要实现其“成长为领袖国家”的目标，如果能够通过武力之外的手段实现，那么，这种进程可以称为和平崛起。和平崛起有三个层面：第一个层面是体系层面，和平崛起必须具有一个相匹配的国际体系制度环境，如果这个体系的总体逻辑是强权与战争，那么大国就不可能和平地崛起；第二个层面是国家层面，崛起大国必须奉行和平竞争的大战略，为此还要把自身融入到国际制度网络之中，在获取合作利益的同时增加自身行为的确定性与透明度，以制度约束自身行动；第三个层面是介于体系与国家之间，是一种互动层面，新兴大国要在与其他大国或国际行为体的互动中形成一种良好、和平的国际形象。

中国提出和平发展的理念是一种软实力的展示，代表了一种新型的国际关系思维和外交哲学。传统现实主义者不相信和平发展或者和平崛起。过去的国际关系理论主导范式是现实主义。在传统现实主义者看来，不可能实现和平崛起。对中国和平崛起持疑义的学者，集中谈论的就是历史经验问题。历史上没有和平崛起的先例。在一个丛林法则的世界里，如何和平崛起？在500年的世界政治周期史上，哪个国家不是依靠实力，更具体地说依靠武力成为当时名震寰宇的霸主的呢？摩根索根本不相信国际制度的作用，权力是一个国家提高实力与确保安全的基本策略。新现实主义代表人物华尔兹坚持认为，无政府状态不会发生质的变化，国际政治只是重复现象，不需考虑时代变化的因素。E. H·卡尔、A. F. K·奥甘斯基、R·吉尔平这些“开明人士”，虽然承认国际体系和平转换的某种可能性，提出了和平转换的一些具体条件，如卡尔提出，“要在乌托邦式的共同权利情感与现实主义观念下的力量动态均衡调整机制之间建立一种平衡”；奥甘斯基提出，要使崛起中的大国对所期望获得的权力和现有的国际秩序均感满意，达到权力与满意之间的平衡。但是，无论是卡尔还是奥甘斯基，都认为国际体系和平转换非常之难，在现有的条件下没有可能。卡尔认为，“只要国家坚持充当自己道路上的仲裁者，就不存在

（国际体系）和平变迁的国际程序”。奥甘斯基认为，由于美国等国难以阻挡中国和俄罗斯的现代化，未来权力转换的前景很可能是险象丛生，战争危机四伏。吉尔平则认为霸权战争仍将是国际体系转换的基本机制，和平并非国际社会的最高价值追求，况且，“在一个共同价值观和共同利益缺位的情况下，和平变迁的机制成功的机会微乎其微”。这说明，从传统的现实主义立场出发研究和平崛起，无疑是徒劳无益之举，只有从制度主义的角度才有可能真正地理解并分析这个课题。

和平崛起为什么现在才提出呢？这是因为国际关系发展到今天，才出现了大国和平共处与和平竞争的时代条件与大国崛起的国家条件。后者是指，能够从一个发展中大国上升为世界大国的众多大国中，被认为条件最全面、速度最快、影响最大的国家，莫非中国。另外，西方普遍认为中国崛起会引发霸权战争，频频制造“中国威胁”论调，故和平崛起成为中国化解威胁的一种政治立场。这里暂不谈国家条件。时代性是和平崛起的逻辑起点。

对照前文所指的时代，和平崛起的第一个层面是体系层面，体现了根本性国际制度及其制度内化的进程，和平崛起不能离开主权国际制度，但这种主权制度已经经常地被人权制度以及其他国际契约所限制或削弱了的主权制度，这种时代或根本性制度背景是由经济全球化、经济相互依赖以及核武器等因素所规定了的。第二个层面是国家层面，也就讲到要采取什么样的国家战略问题，在时代因素与体系逻辑的影响下，国家必须理性地融入到具体的国际制度中去，参与国际制度的创设、修订与合理化，一方面实现时代条件下非掠夺性的财富与权力增长之路，另一方面体现为制度和平的追求。第三个层面是互动层面，其实也就是我们平常所说的国际关系层面，国际关系就是国家间互动关系，好心不一定办好事，不一定别人领情，一个国家的和平战略不一定有和平的结果，这就是说在体系结构与单位战略之间，还要推进国家的良性互动，形成一定范围内有利的国际集体认同，若有条件将大国间认同制度化，上升到地区或世界秩序层面，以确保和平崛起的社会环境。第三个层面是第一、二层面的中介，它受到时代与制度的限制与影响，也能够改变时代与制度的内容。因此，理解和平崛起必须完整地把握这三个层面，必须考虑时代与制度因素。在时代层面上，当前时代不是所谓的“大国武装共处竞争”的第一时代，那个时代是现实主义理念主导下的强权政治时代，不可能存在和平崛起的逻辑。因此，坚持现实主义立场的理论家从来对和平崛起持悲观态度。当前一些朋友之所以不赞同和平崛起，也可能是由于受了现实主义特别是较为传统的现实主义大师们的影响。制度是研究大国和平崛起理论的逻辑起点，没有制度就没有大国实力在全球化条件下的足够增强，就没有对权力使用方式的限制，就避免不了不确定性而导致的安全困境，就没有大国之间的集体认同和（安全）共同体。

和平崛起的逻辑起点是相互依存与集体认同时代的到来。不少中国学者反对和平崛起，其中一个重要的原因是这些学者坚持基本的现实主义立场，认为战争与权力斗争是大国崛起的历史常态。而另外赞同的学者则认为，从现实主义学派中寻找和平崛起的注释，无疑是缘木求鱼，必须另辟蹊径。这个“蹊径”就是时代与制度。那么，何为制度呢？制度对于和平崛起到底有何意义呢？制度的定义千差万别，但主要有两类：一是采取理性主义立场研究合作条件与运行方式，把制度定义为“包含了一系列持续而有联系的规则，而不论是正式的还是非正式的，这些规则都规定了行为体的角色、约束着行为体的行为并塑造出行为体的预期”；二是采取社会学的方法，强调非个人的社会力量的作用，把制度作为“不能进行利益计算的文化习俗、规范和价值观”。大国和平崛起的制度道路因此也至少有两条：一是新制度主义的具体国际制度通过成本核算、互惠合作形成的契约和平；二是旧制度主义的惯例国际制度通过集体认同形成的共同体和平。在国际关系理论中，前者是基欧汉代表的新自由制度主义，后者是温特与拉格代表的建构主义。国际关系理论中，新旧制度主义曾在20世纪80年代中后期至90年代初发生了一次论战。它们都关注国际政治生活中的规范、制度、规则、国际法、国际组织等因素及其对于国家行为的影响和对于国际秩序、国际和平的意义，但是在哲学基础、研究方法诸方面有所不同。首先，两者的哲学基础不同，新自由主义坚持的是功利主义哲学，强调个体的理性自私，所以，有时也称为理性主义；而旧制度主义遵循的则是理念主义哲学，与格老秀斯（Hugo Grotius）的理想主义、康德的先验哲学以及维特根斯坦（Ludwig Wittgenstein）、塞尔（John Searle）的语言哲学有着密切的联系等。其次，在国际关系研究的经历不同，新制度主义研究在国际关系中加以应用只是20世纪80年代的事情，基欧汉等学者将科斯的新制度经济学关于企业理论、交易成本理论和博弈论引入国际制度研究，遂形成了新自由制度主义；而旧制度主义在国关研究中的经历要早得多，早在20世纪60年代英国国际社会学派的早期代表人物曼宁在《国际社会的本质》一文中，就进行了旧制度主义的有关研究，20世纪70年代布尔的《无政府社会》更是把旧制度主义推向高潮，詹姆斯在20世纪80年代则依靠《国际社会》等重要文章，继续将旧制度主义发扬光大，最后发展到建构主义。第三，研究制度的进路和对国际秩序的理解不同，新制度主义接受的是霍布斯、洛克等契约论者对国际体系的看法，研究制度的前提是国际体系内各主权国家之间本质上是冲突的、自私的，制度主要是对最大限度地获取国家利益的民族国家施加外在的约束，故制度研究主要围绕“无政府状态下如何进行国际合作”；而旧制度主义更多地受到格老秀斯的影响，其研究前提是主权国家之间存在着较强的社会秩序和规范方面的整合力，社会性而不是冲突性是国际政治生活的本质，故它关注的主要是，主权国家组成的国际社会（而不是国际体系）对于国际秩序的作用。第四，研究制度的方法不同，新制度主义采取了经济学方法；而旧制度主义主要采取了社会学方法。新制度主义常常从国际政治中的个体出发研究制度，故被认为属于方法论个体主义；旧制度主义往往强调国际规范、国际法对于国家行为体的影响，因此与方法论整体主义有着更密切的联系。第五，研究对象的侧重点不同，新制度主义主要关注制度、规范对于国家行为体的外在影响，以及制度与行为的因果性关系；旧制度主义不但关注制度、规范对国家行为体的外在影响和因果性关系，而且更加关注制度对国家行为体的内在影响和构成性关系，即制度影响着国家认同与利益，国家也建构制度。第六，研究的涉及面不同，新制度主义主要关注各种特定问题领域的机制，如环境制度、安全制度、经济制度、海洋制度等等；旧制度主义则主要关注普遍意义上的文化规范和国际社会化约定，这种制度往往对整个国际社会的所有国家都适用。第七，本体论立场不同，新制度主义坚持的是介于物质本体论与观念本体论之间的一种本体论立场，虽然强调制度能够独立于物质力量而发挥作用，但只承认制度对行为体的因果性影响，实质上并不认可制度对于国际关系的本体地位，最终滑回了新现实主义的物质主义；旧制度主义则坚持观念本体论或社会本体论，认为制度、规范、规则、文化本身就是一种存在，而且构成性地决定着国际关系的本质。新旧制度主义之争，其实就是新自由主义与建构主义之争，也是国际关系中的基本方法论之争。

制度为突破国际关系旧思维、转换大国成长方式，提供了一种学理上的可能性。新制度主义者眼中的和平发展或者和平崛起，很大程度上代表了当今国际社会对于中国社会性成长的要求，但不是全部。新制度主义有其独特的国际制度和平理论。它承认现实主义关于行为体理性自私与世界无政府状态的两项假定基础上，具体国际制度对于合作与和平的促进作用的研究成果。它认为“理性自私的模型并非一定预示着，在无序状态下，倾轧在自助的国家行为体间关系中占据主导地位。相反，……如果每个理性自私的国家（凭借各种各样的制度和规则）监督相互彼此的行为，且它们中间的足够多数愿意在他人的合作的条件下采取合作态度，那么他们有可能调整行为以减少这种倾轧现象”。这种制度和平理论借助了博弈论和理性选择理论。它认为，世界政治中严格意义上的“囚犯两难”是不存在的，但近似的世界“政治市场不灵”在某些领域某些时期普遍存在，由于缺乏强有力的外部约束条件，国家间不信任感和欺诈行为较为常见。欺诈或称背信弃义，加大了国际合作的交易成本。然而，通过减少国际欺诈改变世界政治“囚犯两难”的任务可以由国际制度来完成，因为它的建立可以给国家带来一定程度的外部约束条件，即有助于形成制约欺诈行为的“契约环境”。首先，一个持续的国际制度可以促使特定国家间的多次博弈（重复交易行为）的发生和信息量的增加，有利于惩治背信弃义的欺诈行为。其次，制度体系能够把不同领域的国家间交往联系起来，某个领域采取欺诈的受害国会在其他领域加以报复或采取不合作态度。再次，一系列国际制度能够增加合作协定参与国需要的各种信息，从而使得国家间密切了解和监督成为可能。最后，国际制度可以降低单个协定制定的交易成本。可见，国际制度的建立很大程度上是利用了成员国的理性预期选择的结果，正是由于世界政治中的协议和契约长远看来对于成员国有利可图，大家才愿意主动让渡一部分利益甚至主权，以获得更大的利益回报或避免太大的利益损害。一旦加入各种制度网络，国家就会形成某种制度的路径依赖，难以承受脱离制度的机会成本，从而形成了关于国际合作的稳定预期。一个全面融入国际制度网络的国家，往往被认为对国际社会威胁最小的国家，这个国家的经济增长、国力变化都纳入了制度控制的轨道，也纳入了世界秩序与格局的运行轨道。这种增长或崛起，往往是和平崛起。

新制度主义者在两个很重要的方面为和平崛起提供了思路。这两种思路实质上都体现了一种多边主义战略，它区分为两个方面：一是不以战争谋崛起；二是崛起过程无战争。不以战争谋崛起，指的是通过合作方式谋求相对获益的问题。在第一时代，大部分国家要崛起首先是领土扩张，而后是商业战争，然后是殖民掠夺。英国、法国、美国、俄国、德国无不走这条崛起道路，各国奉行“你之所得为我之所失”的零和游戏规则，竞相争夺一块谁也不愿主动做大的蛋糕。但是在第二时代，像中国这样的后起国家已经没有扩张与吞并的国际条件，在美国霸权、核武器和相互依赖的条件下，大国崛起只能走相对主义的道路，大家理性地合作起来把蛋糕做大之后再和平地分掉，中国尽管不能分一大块，但也通过谈判分得尽可能合理的一块，中国的崛起过程就是从共同利益中一块块拼凑并增长实力的过程。因此，和平崛起这个大战略中，就必须包含多边主义战略，即要积极地融入到各种各样的具体的国际制度中去。崛起过程无战争，是指中国要想实现崛起期间不会引发战争，就必须通过国际制度的方式限制自身行为，自觉接受国际社会的制度约束与监督。中国有必要在国际制度框架内进行国际合作，也有必要在国际制度框架内进行国际斗争。比如中国与美国在联合国关于中东问题、台湾问题、人权问题的斗争，在世界贸易组织体制下与日、美、欧关于贸易出口方面的斗争，这些斗争与合作是中国崛起的基本行为方式，但并不会引发国际社会的误解，因为制度框架及其信息供应使得国家之间行为判定具有可控性。而一旦某国退出或拒绝加入一项重要的国际制度，国际社会就赋予其行为以重要的威胁，如 1936 年希特勒退出《凡尔赛和约》，2002 年朝鲜退出国际原子能机构。总之，中国在崛起过程中要与主流国际制度接轨，要以合作者而不是挑战者的姿态获得自身力量的持续、健康、可控性发展。这种可控性其实就是制度意义上的可控性，即在多边主义与双边主义框架下的有序发展。新制度主义的和平理论，对和平崛起与多边主义战略有着很大的启示，但毕竟仍有一定的局限，因为它强调了国家行为体在利益与属性不变的情况下的制度作用，其实制度还能使行为体改变偏好，而偏好的变化又会引发另一种意义上的和平。

仅仅理性选择意义上的制度并不能给我们带来和平发展，和平发展的现实性是新制度哲学与旧制度哲学的结合，后者主要是由建构主义来完成的。建构主义是对新制度主义的重要补充，两者共同形成了和平发展的哲学和理论基础。建构主义是一种旧制度主义。旧的不一定过时，旧制度主义反而成了最新的国际关系理论之一。建构主义在当下的中国掀起了一场“本体论”革命。任何一种国际理论，都有其和平的命题。建构主义的和平理论，不妨称之为“共同体和平论”。倡导共同体和平，就是赞成行为体认同或偏好的变化对国际和平的促进作用，不过这种认同变化的方向是最终形成集体认同。什么是集体认同？就是各个有关国家彼此认为是一家人，不以武力作为解决彼此间国际争端的手段，这种集体认同的体制形式就是共同体。共同体内的和平，不再是现实主义强权压制下的无奈选择，也不再是新自由制度主义收益成本比较下的理性取舍，而是建立在对非武力手段解决相互争端之集体认同与互信的坚实基础之上。那么，这种安全上的共同体是如何形成呢？首先要有经济合作需求、外来威胁、技术进步等因素的基础性推动；其次要有权力结构、社会学习特别是国际制度的功能溢出效用；最后关键的就是成员国要力求避免“互信陷阱”。建构主义认为，解决互信困境的最好出路在于长期良性互动实践及其形成的坚定的集体认同。1965 年，法国退出北约军事一体化机构，从新自由制度主义与现实主义看来，它无疑是一场灾难，但实际上它拥有的数百枚核武器并没有使北约其他国家为此心惊胆战，因为法、英、美等国已建立起一种较高程度的战略互信和集体认同。这说明，增强大国间互信是培育集体认同的最佳道路。建构主义的共同体和平理论，给和平崛起战略提供了不少启发。第一，实施和平崛起战略就是要实施伙伴战略。伙伴关系是国际关系中最好的角色认同关系，是达到彼此高度信任的战略关系。从某种程度上讲，伙伴战略就是和平崛起战略。如果和平崛起是当今中国的大战略的话，那么，伙伴战略就是它的另一种表现形式。中国倘若不能与主要大国真正地建立起伙伴关系，就不能和平崛起，因为没有一个领袖国家会容忍自己的敌人成为一个世界性强国，也不愿意看到一个有可能成为潜在敌人的竞争对手取代自己的大国地位，除非这个崛起大国是自己的战略伙伴，正如世界范围内英国对于美国，欧洲范围内法国对于德国一样。中国的伙伴战略与和平崛起战略都是正确的，但不能半途而废。1996 年，中国与各大国掀起了一股伙伴关系建设浪潮，对于优化对外关系，推动大国间良性互动，特别是密切中美、中俄、中法关系起到了重要作用。不过，国际关系史上伙伴关系的建立，往往要经过两国甚至多国长期的斗争、危机甚至战争才能形成，这种形成要有深厚的民间社会互动与精英互动，且首先经历一个持久的制度化过程，因此，伙伴关系的确立并不容易。今日的英美伙伴关系、英法伙伴关系、德法伙伴关系都有了五十年甚至百年的历史。这告诫我们，伙伴战略、和平崛起战略不是权宜之计，一定要有耐心和心理准备。而且，在实施战略的过程中，也有可能要经历一定数量的危机。然而，那些真正建立起伙伴关系的国家，正是它们正确战略选择建立起来的较为成熟的互动、理解与互信，推动它们渡过了艰难的危机时刻，美英委内瑞拉危机、法英法绍达危机莫不如此。要贯彻以互信为根本的新安全观。和平崛起理论本身就是一种新安全观，即非现实主义的安全观。遵照传统的安全观，即武力扩张、权力至上、势力均衡、以暴易暴、军备竞赛，那么，新兴大国的崛起必然是一种战争崛起。中国政府提倡的新安全观无疑是非常正确的，它的主要内容就是互信、互利、平等、协作，其中，互信为根本，互利为基础，平等为前提，协作为途径。互信，就是要求中国与各大国经常就各自安全防务政策以及重大行动展开对话与相互通报；协作，是指以和平谈判的方式解决争端，并就共同关心的安全问题进行广泛深入的合作，防止战争和冲突于未然。如果说互利与平等更多地体现了新自由制度主义的理性主义合作精神，那么，互信与协作正是建构主义的社会互动与集体认同追求。

无论是新制度主义，还是旧制度主义，都是中国和平发展道路的理论基础，都要求中国在社会性成长的进程中采取一种软实力战略，把制度建设与国际认同培育等方面作为软实力战略的基本内容。新制度主义与建构主义两种视角不可分割，相互促进。

首先，认同制度化和制度内化是制度发挥作用的基本方面。一方面，国家间的共识与认同往往是两国友好的重要社会基础，但是如果不将它上升到国际制度的层面，不管这种制度是双边的还是多边的，两国的合作就不能实质地向前推进，就不能实现较为具体的国家利益。比如，拿破仑战争前以及战争后的欧洲，大陆上的普、法、俄、奥等主要大国都坚持一种正统原则，希望维持君主统治，但如果没有结束战争之后的维也纳会议，没有会议形成的一整套条约、规则与制度，这种大国间的集体认同就不能具体实现，各国的利益也不能实现，法国的重新崛起也不能够得到条约的保障。另一方面，一种制度的建立，如果仅是精英谈判与秘密外交的结果，没有经过成熟的社会互动和集体认同，那么这种制度就是脆弱的，它最可能面临两种命运：一种命运是制度半途夭折；另外一种命运是制度不断为各方接受并内化为行为规范。前者的代表是国联盟约，这个盟约其实只代表了西方少数战胜国特别是英法的单方面意志，包含了许多反苏、反德的内容，不能体现大战后整体意义上的大国间集体认同，因此，在美、苏、德等大国的缺席下，国联这个新兴的国际制度很快就被德、意、日法西斯的军国主义所埋葬。类似的有代表性的国际制度还有共产国际，由于这项制度不能真正地为东欧与亚洲社会主义国家所拥护，最后也只好因缺乏合法性而关门大吉。后一种命运的代表是威斯特伐利亚和约建立起来的主权制度，这项基本国际制度在均势制度、外交制度等其他辅助制度的配合下，尤其在各主要大国的精心维护下，逐渐内化为一种国际间的行为准则，成为一种根本的国际政治文化，成为当今国际政治的基石。类似的代表还有北约。北约本来是美加与西欧盟国缔建的一个军事性国际组织，但由于这项国际制度不断适应新形势，增加新成员，丰富新规定，其精神、风格与规范已经深深地内化到欧美众多大国之中，它们并没有因华约解散、冷战结束而失去其存在价值，反而在冷战之后保存下来，并在冷战后的欧洲安全甚至世界安全中扮演重要的角色。北约东扩与南扩，某种意义上就是安全领域集体认同不断扩展的过程，也是北约不断提高国际安全治理水平与影响的过程。因此，制度的内化是制度持续发展并发挥更大作用的重要前提。

其次，构建理性意义上的制度也直接或间接地促进价值理性意义上的制度，造成了国际间互信、集体认同的形成。安全组织和非安全组织会促进相互间信任的发展，不但安全组织的规范束缚、监督机制久而久之会使成员国产生一种互不使用武力的预期和互信，而且经济组织的出现也会因加强相互间的沟通和利益联系，而产生一种功能性的和平效应。国际制度还往往充当地区政治精英推动一体化的重要舞台。以欧共体为例，它很大程度缘于战后初期的欧洲煤钢联营、欧洲原子能联营以及欧洲经济共同体等经济性国际制度的功能性作用及其“扩展”或“外溢”效应，正是从长期的经济、军事等领域的合作实践和某种“非安全化”的话语实践中，成员国之间才形成了长期的信任与认同感，反过来彼此间产生了一种和平变迁的可依赖预期。沃尔夫就认为，20

世纪 90 年代前后，欧盟形成的一个主要因素是成员国之间军事政策与军事行动的透明度和信任增进度的极大提高，而这又是“北约几十年合作的产物”，不论是企图成立“北大西洋合作理事会”，还是建设“和平伙伴关系计划”，无论是筹划“欧亚合作伙伴委员会”，还是决定北约东扩，这些安全共同体的扩展，都是建立在北约这个实实在在的国际安全制度基础上的。

两种制度主义是相互补充、相砺相长的关系。它们都强调国际政治是人与人的互动，而不是单纯的机枪与大炮的拼凑与对比；它们都相信世界是进步的，世界政治也是进步的；都主张中国今天要成就事业，得搞多边主义，而不是搞“单干”；都主张中国不要“当头”，不要充当一种“反叛者”，要与国际社会接轨；都不主张以强权政治与武力扩张的方式来实现大国的崛起，因而对于和平崛起有着同样的乐观主义情绪。只有两种制度联合“作战”，才能足够地解释和平崛起。没有新制度主义，就像没有了商人一样，国际市场上就缺少了交换理性和制度合作，中国崛起即没有可能通过国际间有制度保障的生产、贸易与金融合作来实现自身经济增长。没有建构主义，就像没有友情与朋友一样，那样的话，国际社会上就缺少了交往理性与集体认同，中国的制度融入与改制过程不仅缺乏社会互动的基础，而且在实现自身利益到一定程度就会冒着逐渐演变成竞争对手的风险。只有经济依赖是不够的，这有历史先例。第一次世界大战前，英、德、法三国的经济依赖关系很强，甚至强过今天，但当时面临着两种前途，要么增进互信，形成共识，塑造安全共同体，要么进行经济战，把对方的资财作为“扣押的人质”，不断升级为更加危险的经济冲突与军事斗争。历史选择了后者，但把前者留给了未来。我们正在走向未来。第一次世界大战前的悲剧但愿不会再演，也越来越难以重演了，因为这已是一个和平发展有其可能性的新时代了。

第三章 中国崛起与世界秩序

大国社会性成长的一个基本要求是大国要合秩序性成长，因此，实施中国软实力战略的首要选择就是采取一种合秩序性发展的策略，不但在制订战略方针如此，在制订一些具体的外交政策时也需要符合这个原则，从而使中国的崛起变得不那么令人感到突然，要在现有的世界秩序之内不是采取激进的方式而是合作与变革的方式实现大国成长。冷战之后中国崛起的话题，就国际层面而言，与“中国威胁论”的纷至沓来有着直接的关系。就国内层面而言，则涉及中国的战略目标及其实施方式。两个层面有一个共同的前提，中国崛起与世界秩序关系的实质是什么？换言之，中国要和平发展，如何去面对喜忧参半的世界秩序？

一、中国崛起与世界秩序的关系可能性及当前特点

国际关系理论的最新发展表明，对一种重要国际现象特别是体现着时代本质的国际现象的全面深入透视，不能离开权力、制度与认同的三维研究，因为国际政治经济文化的一体化发展赋予了典型性国际现象以多元的属性。由此而论，中国崛起不但是中国综合国力的上升，中国制度创新的过程，也是中国实现文化现代化，参与国际政治文化与国际法律体系重构的过程。[①] 世界秩序也是如此，自威斯特伐利亚以来的任何世界秩序都是权力秩序、制度秩序与大国集体认同秩序的三位一体。[②] 因此，中国崛起与世界秩序的关系，就是在权力格局的落实、制度的保持与重构以及世界性意识形态与大国认同体系的建设方面，如何实现对接的问题。

大国的兴衰，带动了国际权力变迁，带动了国际制度创新，带动了国际文化转换，从而推动世界秩序的兴衰。英国、法国、荷兰等主权国家群体的崛起缔造了威斯特伐利亚秩序；拿破仑法国的崛起导致了维也纳秩序的形成；德国统一与崛起使维也纳秩序开始崩溃，凡尔赛体系一半是针对德国的进一步崛起的；美国的崛起与日本的崛起是华盛顿体系形成的标志；雅尔塔秩序则完全是苏美崛起后的秩序。由此看来，大国的崛起总是伴随着世界秩序的变化。中国崛起已是国际政治的不争进程，它体现着世界政治经济不平衡发展逻辑的历史要求，体现新时代国际政治文化

① 郭树勇：“全球化时代文化对国家利益的多重意义——兼论文化现代化与中国国家利益”，《现代国际关系》，2003年第2期，第36至41页。

② 罗伯特·科克斯：《社会力量、国家与世界秩序》，载《新现实主义及其批判》，第205、208页。

演进的重要方向，体现中国民族复兴以及广大发展中国家的综合利益。世界秩序的内部，权力变迁往往先于制度变迁与认同变迁。世界秩序固然是权力、制度与认同的三位一体，但又有不平衡发展的特点。其中，权力变迁是最活跃的因素，而制度创新与认同变迁有着一定的迟缓性。当权力上已出现国际格局变化的强烈特点时，制度创新以及大国认同还要等到相当一段时间才能体现出来。也许英国在第一次世界大战时已经从世界权力的顶峰滑下来了，但美国只是在30年后才最终以联合国、国际贸币基金组织的制度创新才将权力转换的成果固定下来。目前，虽然从权力形式上是多极体系，但制度结构与大国认同形态由霸权国家主导。因此，一些学者认定当前是多极体系并不错误，但承认是霸权体系更具有现实性。

中国崛起与世界秩序的未来关系有三种可能性：一是德英模式，即像德国那样在冲破以英国为主导的旧秩序的战争中受挫；二是法美模式，即像法国那样，既对美国的霸权秩序采取了批评以及有距离合作的战略，又不从根本上挑战美国领导权，并在新的世界秩序中分得一杯羹；三是像美国那样与英国实现和平式的禅让。固然，这些所谓的模式，包括德英模式、法美模式或者美英模式，都是有着之前甚至之后的战争与冲突作为铺垫，根本上也是“战争之间的间歇”期间的相对状态，但不影响我们假定其为理想型来研究问题。如果从三者相比较而言，中间模式似乎是一种理性选择。德英模式显然不可能，因为中国无军事实力挑战美国及其主导的世界秩序；美英模式也是理性的选择，但中国即使有较快的发展，也没有能力与美国平起平坐，中国的经济实力与美国相差一百年（据一个调查分析得知）；因此，法美模式从20世纪60年代至今的世界秩序合作模式应该是我们学习的。从权力、制度与认同的三维思考来讲，中国与世界秩序的关系就是如何从权力上应对美国超强力量，从制度上如何应付美国治下的国际制度体系，从认同上如何应对与重构新时代大国意识形态体系的过程。

世界秩序与中国崛起是相对的概念，需要从中期的和相对的观点研究。首先，我们的战略研究只能从中期来看，甚至从短期来看，50年以后的事情不是我们研究的视野。一般的战略研究15年左右是较为适宜的，8—10年左右是国际上通行的国家领导人两任期之久，也是军事战略、外交战略的调整周期，故更具有操作性，当然具体情况还要具体分析。从8年或者15年的时段来研究世界秩序与中国崛起具有现实性和可操作性。其次，我们只能研究世界秩序与中国崛起的相对形态。尤其就世界秩序而言，我们只能取其相对形态。冷战结束以后，学界一直在讨论目前处于何种世界秩序之中？或者处于何种国际格局之中？有了所谓的多极、单极以及过渡期格局的争论。仁者见仁，大家从各自的理论视角出发和现实考察作出多样性的结论是无可厚非的，但有一点是，国际格局与世界秩序都是社会建构而成的，不是纯粹客观的东西；都是相对的，而非绝对的；都是变异型，而非理想型的。比如讲什么是两极体系？大家都认为苏联解体是两极体系的崩溃。但同样多的学者认为，20世纪60年代两大阵营内部的分解以及第三世界的兴起，是多极化格局形成的先声。从绝对的意义上讲，两极格局只存活了数年或者十数年。

目前世界秩序的特点是“全球霸权，地区均势”，换言之，霸权主导下的多极体系。世界政治经济发展的不平衡规律，推动着大国力量对比的不均衡—均衡—不均衡发展，但只要未超过一定的度，仍将保持该体系的主要特征。通过历史考察，最常见的多极体系模式有以下两种：一种是“5∶5∶3∶1.5∶1.5”模式。这个数字来自1992年英、美、日、法、意五国限制海军军备条约中规定的主力舰的吨位比例，虽然只有一定的象征意义，但可以借用说明大国实力大致相等的一种模式。这里没有一个超强的国家，英、美、日任何一国与其他两国的合作都将是一个强大的联盟。另外一种是“8∶3∶3∶3∶1”模式。这里我们采取了1850年英法德美奥五国工业实力的近似比来形象地说明多极国际体系的另一种实力构成状况，实际上这是一种存在着实力超强国家的多极体系模式。英国尽管可以在实力上超过任何其他两国之和，但显然不能完全操纵国际事务。因为任何后三者甚至两者的联合都足以对英国的霸权政策构成挑战。目前，美国的情况也是如此，美国的战略学家往往想从19世纪的英国国际战略中汲取经验。英国的战略就是均势战略，时而压普，时而压法，时而压俄，总是维持大陆的势力平衡。目前美国的“新布什主义”，形式上用的是所谓的自由民主与反对全球暴政，但实质上还是过去的势力均衡战略。因此，“全球霸权，地区均势”将是各个地区的政治特点。

世界秩序的形成先于中国的崛起。两者虽然都是进行时，但是前者已基本形成，又处于稳定的性质之中。说前者已基本形成，是因为从综合国力上讲，美国是唯一的超级大国，中、俄、欧、日四大力量中心也基本稳定，这种“霸权治下的多极体系”在15年、20年甚至更长的一段时间不会改变；从制度体系上讲，联合国、IMF以及“世界人权宣言”、“不扩散核武器体制”等等仍然是体现全球公共利益与美国意志的；从大国认同角度上讲，新的认同体系已初步形成。笔者认为，苏联解体后，虽然从权力格局上讲，美国的超级地位似乎奠定了单一体系的基础，但是，美国缺乏一种把世界各国特别是各大国凝聚起来的一种国际认同体系。从1991—2001年，世界秩序一直处于“无根状态”。“9·11”事件之后，国际社会特别是美国，第一次真正地开始把反恐作为国际斗争的主要方向，反恐作为国家利益的首要内容写进了多数大国的外交手册。国际的基本矛盾由霸权主义与反霸权主义转变成恐怖主义与反恐怖主义，反恐越来越深入人心。然而，新国际理念的形成是一个长期的过程，既需要权力的支持，也需要文化积淀，其最终还要从大国认同制度化上加以体现。“9·11”事件之后，联合国达成了一系列的反恐协议，初步奠定了大国认同的基础，但多数是应急而定的，且目标较小，反映出美国反恐斗争的权力运作要求，缺乏全面性与体系性。2003 年特别是 2004 年以来，中、俄、日等各大国加紧国内立法，而且在反恐斗争上也经受了巨大的考验，形成了更为广泛的共识。2004 年 10 月联合国一致通过的 1566 号决议是俄中等国首倡的、凝聚了全世界绝大多数大国与小国共识的国际法文件，它更加全面周密并更富代表性地实现了国际反恐事业的立法，有力地宣告了一种新的世界政治理念与意识形态的诞生。而在这个理念的天空中，正在降临一个新的世界秩序。从这个意义上讲，世界秩序已经跃出了大海的地平线。它是人类和平与发展的希望所在。相对而言，中国崛起或者说中国的和平发展还有一个较长的历史时期。

中国崛起与地区崛起具有同步性。历史上，欧洲是国际体系的中心。欧洲的大国兴衰，此起彼落。昔日的大国崛起多以本国的强盛为主要依托，美国的崛起，在英国被认为是自身的海外帝国与民主制度的延伸，而在法国看来则是卢梭启蒙运动的实验，是欧洲的一部分。一战的爆发表明，世界资源的稀缺不能再容忍更多的强国崛起，日本崛起的失败再三告诉世人，世界已经进入了一个力量重组的时代，这种重组必须施以地区的形式。欧共体与北美自由贸易区的形成，形式上虽然是经济的，但实质则是对全球资源的紧急瓜分。中国要崛起，必须以地区的崛起为依托，而日本的崛起也是如此，因此，不管我们承认与否，这是一个地区崛起的时代，而中国崛起必须纳入地区崛起的总框架之中，东亚崛起的时间表也是中国崛起的时间表。

二、百年来中国崛起与世界秩序关系的历史经验

百年来，中国人民通过自身奋斗与国际合作，推动了国际地位的回升，开始了漫长的崛起之路。此进程可以分三个阶段：中华民国的成立到第二次世界大战的爆发可称为第一阶段；第二次世界大战爆发到冷战结束可称为第二阶段；冷战结束至今可称为第三阶段。中国重新崛起的历史，大致呈现出以下特点：

1. 中国由世界秩序的主要受害者身分向基本受益者身分转化

世界秩序往往有利于强国，但不一定不顾弱国。中国的衰落自明清时代开始，鸦片战争是个转折点，到20世纪日俄战争，中国受尽了西方列强与东亚强国的凌辱，陷入了崩溃的边缘。然而，随着世界性帝国主义战争的来临，世界秩序客观上出现了有利于中国崛起的时机。第一个时机就是第一次世界大战。大战把欧洲列强拖在了欧洲，而这些列强和美国不愿意看到日本或其他的大国独占中国。因此，19世纪末20世纪初的国际关系多极化发展，某种程度上给中国“以夷制夷”外交准备了国际空间。迅速重新崛起中的德国与不断强大的日本想打破美、英、法主导的多极国际体系，最后却在第二次世界大战被彻底打败。中国由于参与了世界反法西斯阵营而逐渐成长为地区性大国。中国在冷战结束前后的改革开放和入世战略，使得中国获得了20年的经济增长。因此，总的趋势是，百年来的世界秩序某种程度为中国崛起提供了相对有利的国际条件。

2. 中国崛起需要将中国国家利益与国际体系、国际政治文化、世界潮流有力结合起来

20世纪初是民族国家体制从欧洲向亚非拉大扩展的时期，这与世界性殖民体系的瓦解同步而行，世界进入了一个民族解放的时代，中国共产党等先进政党高举民主主义、民族主义与反对帝国主义的旗帜，顺应世界潮流，建立了共和国，开启了融入国际社会的新时代，中国的道路比德国道路、日本道路更接近于世界秩序对于新兴大国的要求。中国20世纪10年代建立民国，20年代加入国际联盟，三四十年代加入世界反法西斯阵营，四五十年代参与创立联合国，七八十年代参与国际反对霸权主义的联盟，90年代加入世界贸易组织，目前支持世界性的反核扩散、反对国际恐怖主义的国际体制等等，都是体现了国际政治文化与世界潮流对中国的影响，更体现了中国人民在中华民族伟大复兴的进程中把握了一次又一次的历史机遇，实现了与国际社会、与世界秩序的接轨。

3. 东亚秩序与日本崛起是近代以来中国崛起的重要环境因素

作为大国，中国崛起与世界秩序息息相关。而作为一个地区性大国，中国崛起又与地区秩序密不可分。国际关系史表明，世界上大国最集中的地区除了西欧，就是东亚。亚欧大陆的东西两端从来就是世界大战的发源地，也是大国兴衰最频繁、最剧烈的地区。20世纪的中国崛起史，其实就是一部中日较量史。在第一阶段，代表东亚发言的是日本人，而不是中国人，凡尔赛—华盛顿会议是日本成为名副其实的“世界五强”，日本崛起压过了中国崛起；第二阶段，代表东亚的力量主要不是日本而是中国，中国不仅代表了东亚，还在某种程度上代表了亚非拉以及整个第三世界，其标志性事件包括开罗会议、朝鲜战争、亚非会议、27届联大、经济成功等等。当然，东亚的崛起，除了表现为中国的政治军事崛起之外，日本与亚洲“四小龙”的经济崛起也是一些亮点；第三阶段，中国与日本都在积极追求崛起。前者的集中点是经济持续成功与国家统一，后者则是进入联合国常任理事国，恢复其政治大国的地位。

4. 中国崛起的方式逐渐由“革命与战争”为主变为“和平与发展”为主

在中国崛起的第一阶段，中国的崛起是通过革命（辛亥革命）获得了现代性，通过战争（第一次世界大战）获得了独立与主权。在中国崛起的第二阶段，中国人民通过抗日战争赢得了世界人民的尊敬，成为世界秩序的标志性组织联合国的常任理事国。而同时，中国人民取得了新民主主义革命的胜利，与世界上最强大的国家美国进行了一场战后最大规模的有限战争较量，标志着中国成为世界上有影响的军事大国与政治大国。20 世纪 70 年代以来，特别是冷战结束后，中国领导人对于时代主题的判断更加正确，面对中国改革开放的成果、核时代大国较量的模式变迁、以及国际深度相互依赖的现实，中国不容许自己，也不需要采取革命与战争的方式进一步推进中国崛起，中国能够超越昔日英、美、俄、日、法诸大国战争崛起的逻辑。

三、中国在崛起中如何面对世界秩序

中国崛起的力量与速度建构世界秩序，而世界秩序对中国崛起的方式提出要求。中国有必要正视时代的特点要求，重视以下几个方面的因素。

第一，维持并发展中美关系，良好的中美关系是中国崛起之国际基石，这是中国崛起的正面战场，因为世界秩序的特点从某种程度上是“美国治下的多极体系”。从战略理念上要有“三个承认，一个避免”。一是要承认中国的崛起正引起美国的担心，特别是中国军事力量的正常建设，却引起了美国战略界的一些忧患；二是要承认美国会采取适当的战略与战术控制中国崛起。美国在世界上大致有 15 项安全承诺（美国对里约组织的承诺，美国对北约的承诺，美韩同盟、美日同盟，美国对 6 个波斯湾地区国家的各种准同盟）有 5 个与中国有关，即核心安全承诺中的美日同盟、美韩同盟，非核心安全承诺中的美澳联盟、美菲联盟以及美台准联盟。这些联盟在未来可能的中美东亚战争中会发挥作用；[①] 三是要承认美国有一大部分战略家主张以合作心态对待中国崛起，期望中国继续走改革、和平式崛起道路，认为中国的崛起“不会像苏联在过去那样对美国形成霸权威胁”，相反“最可能的方式就是通过发展经济，并把部分经济力量转化为军事力量”。这样一种和平式崛起缺少了“大规模的领土征服，中国将只能是一个东亚的地区霸权国家，而不能在整个欧亚大陆称霸”。中国的崛起是不足畏惧的。[②] 这三个承认之下，中国崛起不能分割的特点是，不能总体上否定美国的全球作用，正如美国战略家所言，“另一个超级大国的出现，并不否定美国的全球作用，也不否定我赞同的选择性干预战略。如果新兴的超级大国不是顽固地采取敌视态度，美国可以与之开展某种程度的合作。如果它采取了敌视态度，美国仍然可以有选择地向海外进行军事介入，只不过需要强大盟友更多的合作，尤其是从势均力敌的新兴竞争对手的地区邻居那里获得更多的合作。如果正在出现的下一个超级大国咄咄逼人，充满敌

---

① Robert J. Art, *A Grand Strategy for America*, Cornell University Press, 2002, pp. 14－15.

② Robert J. Art, *A Grand Strategy for America*, Cornell University Press, 2002. pp. 177－178.

意，这种情况就可能会到来”。[①] 中国崛起最要避免的正是采取这样一种“充满敌意”的战略面貌。

第二，从“天平理念”出发调动欧洲因素。欧亚大陆的两端像一个天平的两侧，美国在维持一种大陆的平衡。大陆一端的安全，影响到另一端的稳定。美国如果不依靠联盟的力量，无力同时影响大陆两端。大陆两端的力量隆起只有是平衡的时候，美国也许才能被迫接受。所以目前美国没有全力对付中国崛起，是因为欧洲也在崛起，俄罗斯也在重新崛起，这两者崛起的后果对美国的影响也许更为直接。美国为了更好地对付中国的崛起，可能会放手发动日本的力量，以确保美国对大陆两端影响力的平衡能力。同样的道理，美国为了对付俄罗斯的崛起，继续保持北约的东扩与欧盟的东扩。任何未来遏制中国的行动，不可能离开盟国的支持。因此，中国均势外交是必要的。因此，中国崛起的一个战略是：必须取得其他地区大国特别是欧盟与俄罗斯的支持。

第三，以地区崛起重塑世界秩序。中国属于后发国家，又处于和平发展时代，只有把自身崛起与地区崛起结合起来，才有望最大程度地获得世界秩序资源，实现国家崛起。如果中国崛起与世界秩序出现冲撞的话，最好的方式就是东亚崛起与世界秩序的冲撞。由于美国不喜欢其不在场下的东亚崛起，因此，东亚崛起成了一个难题。台海危机、中日僵局、俄日争端以及美国反对东亚共同体成为东亚崛起的四大难题。当然，中国、日本、韩国与东盟甚至印度的共同崛起，不等于一定是大国合作，关键是区域内合作与斗争纳入地区一体化这个大框架中。同时，中国要保持崛起的区域性特点。从第二阶段起，中国崛起就具有了全球性意义。忘记了中国崛起的区域性，会是一个致命的错误。

最后，但也许是最重要的是，要重视文化崛起的可能性与现实

---

① Robert J. Art, *A Grand Strategy for America*, Cornell University Press, 2002, p. 41.

性。一个大国的崛起，在权力、制度与认同三个维度同时展开，其中权力维度最活跃，认同维度最不活跃。然而，权力崛起也最明显地挑战世界秩序。中国要贯彻自己“有所为有所不为”的战略方针，在保持经济、军事实力合理增长的同时，可以考虑加大重视在制度特别是文化领域彰显自身贡献。20 年的发展开始表明，中国要在军事、科技甚至经济（经济结构与人均 GDP 为主要指标的经济）赶超美国、日本以及欧盟，还有很长的路要走。中国能够对世界有较大贡献的领域中，文化最有可能性和现实性。中国如何实现文化崛起，如何发挥传统文化的现代意义，这需要长期的探索。但目前一项必须做的是，要继续巩固在世界意识形态与大国认同体系重构中的地位。以反恐、反核、和平主义、民主政治、环保等为主要内容的世界性意识形态符合中国的根本利益。中国的反恐已经得到国际社会的认可，并有力地维持了中国的国家利益。只有中国继续融入并参与世界性意识形态重构，才能为中国崛起营造较为有利的国际环境。另一项可着手做的事情是，采取文化创新的方式解决台湾问题。台湾问题是中国崛起的晴雨表，其最终解决固然依赖于武力的配合，但从崛起与秩序对接的角度看，以“文化中国”的蓝图实现有限的政治化解决，可能会是一个好的选择，但这需要国际环境、政治行动与历史时机的综合力量，否则就会成为乌托邦。

第四章 中国崛起与国际社会的关系及其意义

中国崛起是一个历史与实践相交合、主观与客观相统一、确定性与不确定性兼有的概念，弄清其定义并非易事，哪怕从国际关系学的角度也是如此。用盲人摸象的比喻来形容世人对中国崛起的认识也许并不过分。新中国成立以来的 62 年，是中国世纪性崛起的关键时期，其伟大意义是不言而喻的。我们从国际政治社会学（IPS）方法出发，把中国崛起放在中国融入国际社会的角度观察。中国崛起有着世界大国重新复兴的含义，便于研究，我们把晚清以来的中国崛起作为研究对象。

一、大国崛起与国际社会的关系

研究大国和大国崛起一样，早期的国际政治学者总爱从权力政治、国家安全与经济学的角度出发，这是很自然的事情。民族国家刚刚兴起的时代，频繁发动战争并赢得战争的能力显然是大国的基础标准；在全球化时代初期，通过制度创新与商业贸易建立起超强经济实力也是大国地位的基本条件；即使在国际社会发展到较高的程度，大国总追求霸权国家或者超级大国地位，为此就需要建设其对付其他任何强国联盟、保卫自身安全的优势能力。[①] 是的，一个国家强大的军事能力、经济基础和战略自主性对于大国地位是必要的，然而，大国地位还有一些社会性因素不能忽略，即利维所谓的“大国还应符合若干显示大国身份认同的正式国际指标。大国要成为国际会议、国际组织和国际条约的主角，要具备永久性席位或者否决权等国际特权”。[②] 布尔也进而认为，大国要兼具国际社会认同与国内社会认同，“其他国家承认大国拥有某些特殊权利与义务，或者大国的领导人和人民认为本国具有这样的权利与义务”。[③] 利维与布尔所代表的观点，就是一种国际政治社会学的观点，这种观点把大国定义与大国崛起的内涵置于一个更加综合的整体中考虑，即大国崛起研究不仅要注重军事、安全、经济实力，还要注重大国的国际认同度和国际社会地位。国际政治社会学（IPS）并非深不可测的学问，它与国际政治经济学（IPE）一样都是 20 世纪 60 年代之后随着全球相互依赖的增强而产生的交叉学科，不过后者强调国际政治与国际经济的互构，而前者强调国际政治与国际社会的互构。[④] 由于国际社会本质是涉及国际政治文化体

① Jack Levy, *War in the Modern Great Power System*, 1495－1975, Lexington: University Press of Kentucky, 1983, p. 11；[美] 保罗·肯尼迪：《大国的兴衰——1500—2000 年的经济变迁与军事冲突》，王保存等译，求实出版社，1988 年版，第 652 页。

② Jack Levy, *War in the Modern Great Power System*, 1495－1975, Lexington: University Press of Kentucky, 1983, p. 19

③ [英] 赫德利·布尔：《无政府社会——世界政治秩序研究》（张小明译），世界知识出版社，2003 年版，第 162 页。

④ 郭树勇：《国际政治社会学初探》，《世界经济与政治》，2001 年第 11 期。

系和国际认同体系，因此，IPS侧重探讨国际政治的国际合法性和社会性，国际社会与国内政治的互动，以及国内社会与国际政治的互动。具体到国家成长而言，就是研究国家如何在国际社会的框架体系内开展国际合作和实现国家利益，进而成长为一个社会化、受国际社会尊重的、有影响的国家。

因而，大国崛起并非体现了单一的逻辑，它既需要强大的经济基础、军事力量作后盾谋求地区或世界范围内硬实力的比较优势，也需要运用和影响国际关系基本规范获得国际认同和国际威望，前者我们大致可以归结为物质性成长，而后者大致可以归结为社会性成长，物质性成长往往与提高硬实力相联系，而社会性成长往往与提高软实力相联系，两者的统一才是大国崛起的最佳之路。大国社会性成长规律虽然是一种普遍的规律，但是由于它比较隐蔽，且在不同时代与国家条件下有不同的体现，因此，其影响力与解释力不如物质性成长的规律直观明了。国际社会在不同时期对于大国成长的关注点也不尽相同：在国际社会发展初期的17至19世纪初，国际社会主要关注大国对于三权制度的尊重；到了国际社会发展中期的19世纪初至20世纪中期，国际社会主要关注大国对于主权、自由贸易、民族解放、战争合法性的尊重；到了20世纪中后期以来的半个世纪里，国际社会规范针对维护主权、种族平等、人权、全球性治理、人类生存环境、反对恐怖主义与核扩散行径。国际政治的社会性越强，国际社会的社会化力量也就越大，大国成长所受的社会性制约也就越多，而且逐渐从主权与安全等高级政治领域，向非传统安全等低级政治领域扩展。

另外，大国崛起在不同的发展阶段，其与国际社会的关系往往呈现出不同的特征，国际战略目标也各有特点，外交风格与外交思想则迥然各异。处于国家自身发展的不同阶段，显然也对于社会性成长的关注度不同，国家幼稚时期相对更加强调国内发展和物质基础建设，对于外部世界往往只是以谋求平等交往权和和平环境为基本战略目标，外交思想往往是孤立主义和民族主义；国家迅速成长时期，国家对外部市场依赖增加，受到国际条约和国际组织的制约增大，对国际社会的地位也较为敏感，对于外部世界开始以开拓世界市场、融入国际体系与实现地区一体化为基本战略目标，外交思想则往往是国际主义；而到了稳定成长时期，由于已成为主要国家，与国际社会已水乳交融、荣辱与共，对于外部世界则以维护既有国家利益和国际话语权、保持大国形象、提升全球治理水平等为主要战略目标，外交思想也进一步发展为全球主义。然而，大国崛起的周期只讲国家幼稚时期（或成长准备期）、迅速成长期和稳定成长期是不够的，三个时期之间互有交集，因此，其间两个过渡期也是值得重视的。若是如此，大致可以粗略形成表 1 的情形：

表 1　大国崛起分期与国际社会关系倾向

崛起阶段	与国际社会关系	国际战略目标	外交思想
成长准备期	武装共处与和平共处	主权与周边和平	孤立主义与民族主义
成长探索期	初级相互依赖	主权、地区和平、国际地位	民族主义与合作主义
迅速成长期	相互依赖	国际贸易与国际体系融入	合作主义与国际主义
平衡成长期	复合相互依赖	体系利益与全球治理	国际主义与区域主义
稳定成长期	一体化	全球治理、话语权与全球责任	区域主义与全球主义

二、中国崛起与国际社会的关系

按照表 1 所述，中国崛起的进程就是中国大国成长的进程，而在这个进程之中，我们主要考察中国大国社会性成长与物质性成长相统一的历史进程，而尤为关注中国融入国际社会和被国际社会认可的进程。我们认为，一个完整的大国成长应该经历成长准备期、成长探索期、迅速成长期、平衡成长期、稳定成长期。而由于中国的崛起目前总体上具有迅速发展但不够平衡成长的特点，因此可以说中国崛起只进入第三个阶段的后期，或者说刚刚跨入了第四个阶段的门槛。我们根据国际政治社会学的原理，以及表 1 的规律性总结，结合中国近现代史，粗略划出了中国崛起的四个阶段及其特征，下面分阶段阐述之。

表 2　中国崛起的四个阶段及其特征

崛起阶段	起止时间	与国际社会关系	主要国际战略目标	主流外交思想	主要崛起形式
成长准备期	1911—1956	单向依赖	主权与周边和平	民族主义、革命外交	外交战争、革命、建设
成长探索期	1956—1979	初级相互依赖	主权、地区和平、国际政治地位	革命外交、国际主义	战争、革命、战略力量建设
迅速成长期	1979—2011	相互依赖	经济大国、国际体系融入、世界新秩序	合作主义、韬光养晦、区域主义	改革开放、经济腾飞
平衡成长期	2011—	复合相互依赖	国际威望、和谐世界、全球治理	新国际主义、全球主义	改革开放、全面建设

1. 中国成长准备期涵盖整个民主革命时期

成长准备期是指国家在具备了必要的国际社会身份和内政外交条件之后积聚政治、经济、军事等方面的力量为大国崛起作准备的阶段。它有明确的国际战略目标，有国家崛起的意图，有积极的外交军事经济方面的政策实施。中国崛起的成长准备期，其主流是中国共产党领导的新民主主义革命和社会主义建设，实际上正是在中国共产党在19世纪20年代登上历史舞台之后，中国革命的面貌焕然一新了。政治上，1949年“人民解放战争和人民大革命打倒了内外压迫者”，中国人民“站起来了”，[①] 实现了真正意义上的政治独立。外交上，抗日战争以来中国人民赢得了世界人民的尊重，取得了世界四大国的地位，新中国成立后又采取了独立自主的外交方针，树立了清新自主的大国形象。经济上，1928—1937年的十年，中国经济有了一段畸形的繁荣之后就因战争而大为下降，新中国成立后中国用了不到三年就完成了国民经济的恢复，并于1956年完成了第一个“五年计划”与社会主义改造，建立了社会主义经济制度，进入了大规模、全面建设社会主义的新时期。[②] 军事上，中国参加了世界反法西斯战争和抗美援朝战争，军事实力得到极大的提升。因此我们可以说，到了20世纪50年代中期，中国的成长准备期基本上完成了。

但是，中国崛起之准备期的起点却是不容易确定的。大致可能有四种划分：一种是把1949年新中国成立作为起点；一种是把1941年中国参与世界反法西斯战争和缔结《联合国家宣言》作为起点；一种是把1928年的北伐胜利与中国统一作为起点；一种是把1911年的辛亥革命及随后的1912年中华民国成立作为中国崛

① 毛泽东：《毛泽东文集》第5卷，人民出版社，1996年版，第344页。

② 苏星：《新中国经济史》，中共中央党校出版社，1999年版，第182页、341页。

起准备期的起点。我们认为，第一种划法抓住事物的本质和主流，因为真正的民族复兴只有在打败了日本侵略者和国内反动派之后才有可能，而正是1949—1956年，中国的政治经济军事总体水平才恢复并超出了战前最好水平。然而，这种划分显然把中国崛起的时间等同于新中国的历史，如果这样的话，不但忽略了孙中山等先行者民主革命的丰功伟绩，更忽视了我党在建国之前领导中华民族复兴的艰巨努力，故有必要借鉴后三种划分方法。北伐胜利固然造就了国家政治上的统一，《联合国家宣言》固然使中国得到巨大的国际承认，但由于民主革命作为中国崛起前期的基本形式是一个持续、不可分割的整体，因此从辛亥革命起的民族复兴作为中国崛起的起点似乎更有理由：首先，V型曲线的上升部分应该总体上属于崛起部分，整个民主革命时期是国民士气大涨的开始，也是以军事力量为标志的综合国力恢复的初始，故可视辛亥革命与基于国共合作的北伐成功及其随后的国家统一为国力恢复的起点。其次，中华民国的建立是民主革命的积极成果，它意味着一个名义上的现代主权国家的成立，从此中国由败落的帝国转而成为一个民族国家。第三，战争与革命，如同和平与发展一样，均为中国崛起的重要手段与基本形式，在中国崛起的准备时期它锻炼了民族精神，提高了民族凝聚力，提高了国家动员能力，通过合法性战争将中国人民的命运与世界人民的命运紧密联系在一起，也造就了中国的政治独立，为中国融入世界体系打下了基础。

这个时期中国与世界的关系总体上若即若离，中国从形式上加入了民族国家体系，但由于长期的革命与战争，国家经济基础与上层建筑都较为薄弱，只有在军事实力和国防动员力上有所提高，中国外交的基本任务是争主权、争和平，反对帝国主义，基本上奉行“革命外交”路线。新中国成立后的一段时期，中国与国际社会的关系也是游离漂泊的关系。邓小平在谈到这一点时说过：“我们建国以来长期处于同世界隔绝的状态。这在相当长一个时期不是我们自己的原因，国际上反对中国的势力，反对中国社会主义的势力，迫使我们处于隔绝、孤立的状态。六十年代我们有了同国际上加强交往合作的条件，但是我们自己孤立自己。”①

2. 中国进入大国成长探索期（1956—1979）的三大特点

1956年前后，中国基本上具备了一个大国迅速崛起的国际国内条件：国内政治稳定，国民经济得以恢复，工业体系初步建成，国防能力大为提升，国家战略定位准确。若根据中共八大的正确路线，继续以“独立自主、和平共处”的原则发展对外交往，“以经济建设为中心”全面建设社会主义，中国会进入一个快速发展的新时期。但是，如同任何大国成长一样，在成长准备期与迅速成长期之间也往往有一个成长探索期。在中国，这个探索期一直延续到20世纪70年代末，长达23年之久。中国大国成长期有三个基本的特点。第一，国际环境深刻影响国内政治，导致了“左倾”路线愈演愈烈。“左倾”路线根子在国内，但是由国际政治斗争引起的。“从国际方面讲，波匈事件，特别是“匈牙利事件”，对毛主席和我们党的影响和震动太大了，仿佛中国也存在着这种现实的危险，再加上国内有极少数资产阶级右派分子利用帮助党整风的机会发动进攻，就更加重了这种危机感。由于偏重于从阶级斗争的角度去观察问题，于是就认为八大关于无产阶级和资产阶级的矛盾已经基本解决的论断不妥当了，重新提出无产阶级和资产阶级的矛盾是我国社会的主要矛盾。这种受国际事件和国内暂时情况的影响而修改党的基本理论和实践的做法，是一个很深刻的教训。”② 这种“左倾”路线一发不可收拾，最终导致了“文革”十年的浩劫，中国丧失了与世界经济对接和世界产业结构升级的大好时机，国民经济发展摇摇晃晃达到了近乎崩溃的边缘。从这个意

① 邓小平：《邓小平文选》第2卷，人民出版社，1994年版，232页。

② 薄一波：《若干重大决策与事件的回顾》，中共中央党校出版社，1993年版，第631、632页。

义上讲，中国与世界的关系对中国大国成长迅速崛起道路的选择，起了决定性的作用。

第二，中国在摸索崛起道路时一度陷入两面孤立主义和过度国际主义的两个极端。中国崛起进程之所以能被“波匈事件”余波干扰，原因虽多，但中国革命外交路线与民族主义情绪难辞其咎。一般地讲，大国在成长初期不乏民族主义情绪，但是由于中国属半殖民地社会，反帝国主义的任务过甚，百年屈辱已转化为百年悲情，民族主义思潮发展成为了革命外交的顽强支撑。这样，在美国帝国主义的重重国际封锁之下，对于主权原则与政治独立的坚决捍卫，与对于世界体系或世界秩序的不满紧密地结合起来，为了反对苏联“修正主义”对中国主权的干预以及以美国“帝国主义”为首的不合理的世界秩序，既反苏也反美，而且毫不妥协，不但对美苏的原则立场不妥协，而且对于第二次亚非会议和中国重返联合国也持坚决的不妥协立场，[①] 从而陷入了同时面对东西两个阵营的孤立主义；而为了“两个拳头打人”又必须建立起自身的战略依托，于是世界反帝反修统一战线以及与之有关的庞大甚至超出国力的对外援助计划就开始实施了。

第三，崛起成果集中体现在爆炸原子弹、重返联合国和第三世界身份。这个时期中国外交上的“左倾”路线一度发展到“输出革命”、红卫兵围攻外国驻华领事馆的程度。物极必反，“九·一三事件”后林彪集团的垮台和中国重返联合国，标志着这种探索时期进入了新的

① 陈毅说：“关于第二次亚非会议问题：亚非会议必须公开谴责美国帝国主义。决不能让联合国代表参加亚非会议；中国反对苏联参加会议……关于恢复中国在联合国的合法权利问题：如果本届联大出现恢复中国合法权利的情况，问题也没有解决，联合国必须进行彻底的改组和改造。联合国还必须取消谴责中朝是侵略者的决议，并通过决议谴责美国是侵略者；由全世界大小国家重新审定联合国宪章；所有独立国家都应包括在联合国，帝国主义傀儡都要驱逐出去。”“中国敢于为彻底打败美帝国主义冒危险。不反对美帝国主义而寻求同它妥协，就只会落得像蒋介石反对派和赫鲁晓夫修正主义者那样的可耻的下场。”引自刘树发主编：《陈毅年谱》下卷，人民出版社，1995 年版，第 1124、1128 页。

阶段。六七十年代的中国外交，虽然受不时的干扰和冲击，但还是在毛泽东、周恩来的有力掌握之下取得了重大的成果：一是爆炸了原子弹，使中国进入了核大国的行列，极大地提升了中国的军事实力、国际地位和发言权；二是中国在第三世界朋友的支持下通过联大的合法秩序重返联合国，成为联合国常任理事国，获得了政治大国的地位；三是通过一个时期的摸索，将国际身份重新定位，这个国际身份既不是一般意义上的社会主义国家，也不是超级大国，而是第三世界国家或发展中国家，这个定位客观上具有战略意义，使中国外交扎下了根，也团结了广大的发展中国家。正是发展中国家的广泛有力支持，才使得新中国实现了重返联合国的重大战略目标。中国外长曾对西哈努克讲道，“柬埔寨在联合国主张恢复中国在联合国的合法席位，并支持中国收复台湾和沿海岛屿，这是对中国最大的支持。西哈努克亲王根据事实主持正义，在国际讲台上仗义执言，这是对中国最大的支持，这种政治支持绝不是经济数字所能表现出来的”。[①] 应该说，这个时期由于坚持独立自主、自力更生以及较积极的对外援助方针，成功争取了第三世界对我国的政治支持，在国际社会站住了脚，但是由于“革命外交”的影响，国内社会建设、政治建设、文化建设特别是国民经济则驻足不前甚或大大倒退，从根本上制约了进一步崛起。

在这 1/4 的世纪里，中国为了主权完整、政治独立和国家安全艰苦地进行着社会主义建设的探索：在和平共处与武装共处之间徘徊；在融入国际社会和“一边倒”之间犹豫；在革命外交与正常外交之间反复。探索的结果，最终体现在中共十一届三中全会前夕的中国领导人理念中：一是采取过于封闭式的成长道路无益于中国的崛起，中国必须要向世界市场开放，参与国际经济大循环，充分运用人类发展中的一切优秀成果包括市场经济、民主政治，国家安全的实现要在对外开放中实现；二是要与现行的世

① 刘树发主编：《陈毅年谱》下卷，人民出版社，1995 年版，第 1129 页。

界秩序进行适度的妥协，包括与世界秩序的主导者美国发展务实的关系，充分利用现有的国际组织和国际舞台的资源，并在这个基础之上谋求世界政治经济新秩序的合理化和改革；三是要用国家利益作为根本出发点，实行全方位外交，不能仅仅向部分第三世界国家和社会主义国家发展外交。[①] 这一切都说明，中国必须在国际社会的框架内进行独立自主的成长，或者说必须走社会性成长的道路，才能实现国家的迅速崛起。

3. 中国迅速成长（1979—2011）的基本标志

中国的迅速崛起始于20世纪70年代末的改革开放。那个时候，中国的国际政治地位已确立起来，主权与周边和平基本上得到了保证，又顺利地成为世界上仅有的核武器国家，民族工业体系基本上建立起来。更重要的是，经过了20世纪六七十年代的探索，中国人民已经决心走改革开放的道路，认识到只有同国际社会与世界市场中相互依赖才能迅速地发展自己。与此同时，中国又具备了责任心强烈的领导人、正确的国际战略以及一大批得力的干部队伍，中国崛起就进入了历史的快车道。

这个时期的中国崛起大致有五个基本标志：一是经济指标：国民经济实现了GDP总量值的跨越式发展，GDP总量居世界第二，超过了美国以外的所有大国。二是军事指标：中国不仅成为世界上军队数量最多的国家，而且在核武器、卫星技术特别是航天技术上走到世界前列，航天大国地位的确立，为中国的国家安全与国防安全夺取制高点打了坚实的基础。三是社会文化指标：中国在2008年奥运会上成为本届运动会获得金牌最多的国家，打破了美国一统天下的局面，为中国人的民族自豪感与自信心创造了条件；而孔子学院在全世界的兴

① 黄仁伟等：《中国和平发展道路的历史选择》，上海人民出版社，2008年版，第36页。

盛，则进一步表明中国的文化软实力在影响世界。四是国家统一：中国统一进程取得了突破性进展，运用“一国两制”的方式坚决地收回香港、澳门，为世界人民进一步表明了中国的改革开放，也体现了中国捍卫主权的决心；对台湾采取新思维，运用《反分裂国家法》打击台独势力，对两岸关系采取务实灵活的路线方针，推动国共第三次合作取得实质进展，为两岸和平发展开创了新局面。五是国际协调：中国成为国际会议与协商机制的主要参与国或发起国，多次在联合国发出倡议并行使各种实质性权力推动世界和平；创建上海五国合作组织为中亚安全进行独立自主的制度化努力；中国成为G20、G8＋5、G8会议的核心国家或重要参与国，成为“六方会谈”东北亚和平安全机制运行的骨干国家；2009年中美战略与经济对话则客观上把中国国际地位抬升到类似于50年前美苏戴维营会谈的层面，等等。

30多年的改革开放是中国迅速崛起时期，其中有阶段性特质。如果使用前十年、中十年和后十年的划分方法，那么，前10年的中国崛起特点有三：一是为整个30年的改革开放定了调子和奠定了基础：无论是关于时代主题的基本判断，还是对于中国外交原则与政策的调整，无论是中国国际身份的进一步确定，还是中国关于世界秩序与多极化的倡议，都至今发挥着框架性的作用；二是有重点地成功实现了和平的环境与改革开放的形象：通过外交战略调整、中美关系正常化、中苏关系正常化、自卫反击战、政治体制改革、经济体制改革和思想解放运动等，大大提高了国内政治凝聚力、国民士气和国际社会的影响力，树立了中国愿意融入国际社会的良好形象，为中国迅速崛起营造了有利的和平环境；三是全面地融入国际多边制度，称得上是历史上中国缔结多边国际条约最多的10年。1992年以后的10余年里（中十年），由于“南巡讲话”和党十四大的胜利召开，中国步入迅速崛起的快车道，与世界关系方面特点有四：一是融入国际体系由浅及深，加入世界贸易组织（WTO）和签署两个国际人权公约是标志性事件；二是以祖国统一进程加快为重要体现，香港与澳门胜利回归祖国；三是尝试进行国际制度创建，在建立中俄战略协作关系的基础上积极参与创建国际组织活动，上海合作组织是中国发挥主导性作用的第一个地区性国际组织；四是睦邻友好方面有外交突破，将中国的和平外交环境拓展到中亚以西的中东地区（与以色列建交），并实现了周边国家的睦邻友好（与韩国建交，与印尼复交，与所有的东盟国家有了外交关系），形成了借助地区一体化来实现国家崛起的格局。[①] 进入21世纪的前10年里，中国迅速崛起又有了新的特征：其一，中国发展模式受尊重。由于中国充分发掘政府主导型市场经济的长处，克服了各种经济困难特别是全球性经济危机，故中国发展模式被提高到了与欧美道路相提并论的层次，这是中国崛起的软性体现；其二，中国崛起被强烈感知。除了GDP等经济指标的不断攀升外，奥运会金牌总数第一与航天载人工程成功，实现了20世纪60年代美国肯尼迪总统炫耀美国大国地位的“两个基本条件”；其三，大国迅速崛起与国际义务履行相伴。党的“十七大”继承和肯定党的“十二大”和“十三大”中的国际义务观念和中国人民命运与全人类命运紧密相联的观点，在担负向非洲等援助、国际气候控制、世界金融危机和国际维持和平行动等国际义务方面均有重大举措；其四，将中国迅速崛起融入到大国联合崛起之中，进入了依托发展中大国群体共同联合崛起与发达国家进入战略协商对话的新时代。

回顾过去，经过前三个阶段发展，国内社会建设与国际政治关系达到了大致的平衡，拥有了强大的国民经济实力，又注重和平发展合作与国际责任，积极参与国际社会协商对话活动，中国的物质性成长与社会性成长才达到了较大的统一，中国开始迈向平衡成长期。

---

① 田曾佩主编：《改革开放以来的中国外交》，世界知识出版社，1993年版，第18、19、34、205页。

可以展望，中国崛起的第四个时期，虽然充满了更多的挑战，但将会朝着更加融入国际社会和谋求国际威望的方向发展，将会奉行更加国际主义的外交思想、这是与改革开放与现代化建设的全面深入展开相联系与复合相互依存的国际经济社会形势相联系，这是大国成长的历史使命。

三、从 IPS 观察 60 年中国崛起的若干意义

新中国的 60 年，是中国崛起的 60 年，既是中华民族复兴的关键时期，也是中国平等地融入世界体系与国际社会的关键时期。笔者试图从 IPS 的角度观察 60 年中国崛起的意义，初步认为可从文明复兴、国际关系民主化等 8 个方面有所收获。

1. 实现了古老文明延续与现代文明对话

中国崛起对于人类文明有着特殊的意义，首先的意义在于它使得古老的中华文明得以延续和复兴，从而使得中国继续成为世界上唯一未中断的古老文明。这样的话，人们完全有理由相信：人类文明能够在不中断古老文明的基础上进行现代转换，古代文明与现代文明可以直接对接，中华文明就是一个这样的具有强大生命力的文明体。其次的意义在于它抬高了中华文明与西方文明进行对话的筹码：中国人不仅在古代可以创新灿烂的文化，而且在现代社会也能够创造物质文明的辉煌，今日之世界虽有西方文明之主导但并不形成西方文明之一统天下，整个人类社会的发展得益于多种文明的和谐共存。第三个意义在于任何一类文明都有其历史合理性，当其历史合理性趋于丧失时它需要及时进行合理性转换，并纳入主导文明的发展方向之中，只要它沿着人类社会

的发展方向不断向其他文明学习，就有可能实现文明复兴。民主革命特别是新中国建国以来，中国崛起的过程就是不断地向西方文明学习的过程，而正是这个过程中中华文明具备了复兴的条件，开启了复兴的进程。从这个意义上讲，中国崛起具有了人类文明发展层次上的进步意义，亦即世界历史的意义。

2. 发现了开放性革命与开放性改良相连贯的复兴之途

中国崛起向世界提供了一条大国复兴的道路，我们不妨称之为开放性革命与开放性改良的道路。何谓开放性？这个概念是指中国崛起与国际环境的密切互动性。中华之衰部分缘于明清时代的闭关锁国政策，至彻底沦为半殖民地身份时，中国对外无完全的主权，对内无完全的治权，成为世界列强争夺和控制的势力范围，其实已经不存在一种类似于英国工业革命、光荣孤立以及美国独立战争等较为隔离的大国崛起条件。在国际社会由欧洲向全球扩展的时代，一个半殖民地半封建国家既反对帝国主义又反对封建主义，而建设社会主义又必须不能离开资本主义强国所主导的世界经济体系，因此，中国的大国崛起之道路就自然需走一条开放性革命与开放性改良贯通的道路。中国的民主民族革命与十月革命、世界民族自决运动、世界反法西斯战争联系在一起了，中国崛起就获得了开放性革命的巨大战略机遇。[①] 抓住这种机遇的中国共产党人，先是继承民主先行者孙中山先生革命传统，紧密联合共产国际将中国革命向前推进，后是促成第二次国共合作，加入到世界反法西斯统一战线中，在合法性战争中增进政治独立和主权回归。新中国的成立和抗美援朝战争的胜利，标志着中国

① 在第二次世界大战形势下，“中国的命运与前途同世界人民反法西斯斗争的前途紧密相关”，周恩来曾指出苏德战争的胜负关系着全世界被压迫民族的解放，而毛泽东认为建立反法西斯的国际统一战线与苏联、中国和一切民族的自由和独立是一体的。引自王绳祖主编：《国际关系史》第6卷，世界知识出版社，1995年版，第56页、124页。

开放性革命的最终成功。30 多年的改革开放则是中国开放性改良建设运动的典范：经过数十年的探索与徘徊之后，中国终于认识到独立自主和社会主义建设都必须在开放的市场经济中和经济全球化的逻辑下去实现，开放性改良本身就是一场革命，也是开放性革命的继续。[①] 但是，这种继续并不是直接的继续，而是间接的继承与发展，这本质上要求在开放社会与融入世界体系下去实现国家与民族的复兴，革命与改良均只是崛起的手段与方式而已。这表明，全球化时代下帝国衰为族国之后的大国复兴，需要在开放性革命与开放性改良相连贯的道路上实现。

3. 树立了大国社会性成长规律的又一典范

开放性的革命与改良容易造就一种大国社会性成长的局面。中国崛起并没有像华盛顿及其后继者们那样走一条现实主义加孤立主义的道路，恰恰相反，国际政治社会化的新时代要求它必须注重国际社会的合作与认同。如果按照我们研究大国社会性成长的标准，中国的确在较长的时间内在合秩序性发展、合法性战争与大国形象三个维度取得了总体上的成功，避免了苏联等国家的大国失败的命运。仅拿合法性战争这一个维度而言，中国参加第一次世界大战、世界反法西斯战争、抗美援朝战争、对印自卫反击战、珍宝岛战役、对越自卫反击战争，以及最近打击索马里海盗的国际多边军事行动，都具有较强的战争合法性。合法性战争是中国崛起的助产婆，它能够最大程度上获得国际社会的认可，能够最大程度上获得国内民众的支持，能够最大程度上获得大国的配合，从而将本国崛起的命运与世界各国的整体利益联系在一起，尽快地实现本国崛起的利益。除了合法性战争之外，中国在

① 邓小平：《邓小平文选》第 3 卷，人民出版社，1993 年版，第 113 页。

大国社会性成长方面有着60年不变的战略方针，如：和平共处五项原则的倡行；反对霸权主义的外交立场；独立自主的外交路线；积极融入联合国与国际社会的政策；建立世界范围内的统一战线；始终注意发展与第三世界（发展中国家）的关系；将中美关系放在优先发展的地位等等。中国的社会性成长是对过去国际关系史上成功崛起的大国经验的借鉴，又有所超越：一是始终保持独立自主的立场，在独立自主的前提下融入国际社会；二是始终坚持和平共处五项原则的指导性与探索和平发展的可能性，始终反对霸权主义和扩张主义；[①] 三是极大地得益于持续的合法性战争与开放性革命，得益于社会主义市场经济与改革开放；四是不仅需要与主要大国的战略合作，更重要的是通过团结国际社会中的中下层国家而被它们“抬进联合国”，是一种新型的和平式的权力转移。

4. 探索了依托发展中大国群体共同崛起的新模式

中国的迅速崛起部分得益于一贯的国际联合策略，只不过在不同的时期有不同的表现罢了：20世纪50年代，新中国希望与不结盟运动诸国建立某种国际联系，通过亚非会议等形式来谋求发展中国家的共同发展；20世纪六七十年代转而建立广泛的反帝统一战线；20世纪80年代改变了方式，努力推动“南南合作”；20世纪90年代采取了地区一体化和基础性伙伴关系战略来加强与发展中国家的联系。到了21世纪初，随着发展中大国群体的出现，才逐渐探索出了中国与发展中大国联合起来谋求共同崛起的大国成长样式。这种模式的好处有三：一是缓解权力转移过程中的挑

① 毛泽东承认虽然不团结帝国主义者但要争取各种可能同它们“建立外交关系，争取在五项原则的基础上和平共处”。参见毛泽东：《建国以来毛泽东文稿》第10册，中央文献出版社，1996年版，第39页。

战者身份问题：世界秩序的“主导者”与“挑战者”之间有着不可避免的战略对抗困境，而大国群体的共同崛起有助于淡化单个崛起国的“挑战者”身份；二是发展中大国群体作为政治上多元、文化上异质、经济上松散的集团与西方七国进行经济对话，不会形成历史上的政治军事阵营对抗的僵硬态势；三是发展中大国群体在共同崛起的过程中注意各自之间的产业协调以及与美国这个超级大国的经济互补，在较为平静和渐缓的形式下改革国际经济秩序中的某些规则，有助于世界经济稳定与国际和平。

5. 推动了国际格局多极化与国际关系民主化

中国崛起对于世界政治的影响是多方面的，就其结构性而言，它推动了国际格局的多极化发展；就其价值性而言，它推动了国际关系民主化发展；就其功能性而言，它推动了世界秩序多样性、稳定性方向发展。首先，中国崛起成为亚洲第一强国，成为独立于美、苏（俄）、欧之外的战略力量中心，造就了反对帝国主义、霸权主义的良好态势。不但瓦解了以冷战格局为特征的两极体系，削弱了超级大国控制世界事务的能力，而且使国际战略力量中心的分布更趋合理化，实现了美、欧、亚三大洲实力的均衡化以及资本主义国家与社会主义国家的竞争性发展。其次，中国崛起对于国际关系民主化也有促进作用。中国坚持和平共处五项原则，坚持代表发展中国家的利益，坚持推动南北对话与南南合作，坚持反对种族主义、霸权主义、殖民主义，坚持对于人类的贡献和正当的国际义务，坚持建立公正合理的世界政治经济新秩序，因此，中国崛起对于国际关系民主化是一个极大的推动。第三，中国崛起客观上造就了世界秩序的多样性，不但在冷战时期团结了美苏之外的第三世界，在苏东剧变后坚持了社会主义大国的国际身份，而且在新世纪坚持走和平发展的道路，给世界秩序增添了多样性的成分，丰富了国际政治制度化安排的内容与维度，制约了世界政治文明的单向度演进，有助于和谐世界的建设，有助于地区稳定与世界和平。

6. 以中庸、和谐、和平共处的思想丰富了国际政治文化

中国融入国际社会的过程，也是中国改变国际社会的过程，这是行为体与结构的同构性关系规律决定的。中国对国际社会的影响，不仅体现在国际格局多极化和国际关系民主化上，而且也反映在国际政治文化上，后者也许更加深远。国际政治文化是国际社会的灵魂，是人类社会在当今世界政治层面上的精神主体，是任何主权国家进行国际交往应该秉持的最低规范，是规定人类政治社会之所以为人类社会的主流文化结构。由于国际社会发端于西欧基督教社会，因此目前的国际政治文化相当程度上反映了三十年战争以来的欧洲社会关于国际法、国际道德和国际制度的规范，而其文化底蕴上又呈现出强烈的进步主义、逻各斯主义、二元对立和世界主义倾向。这种国际政治文化与西方社会的市场扩张、民主扩张乃至军事扩张是一致的，有利于推动技术进步、思想启蒙、文明替代与社会进化，但是它往往是以商业扩张、殖民战争、种族灭绝、奴隶贸易、不平等交往等为代价的。越是到了后现代时期，它间接产生的负面作用就越大，当世界大战爆发、种族清洗屡现、全球两极分化、温室效应陡增、公共卫生恶劣、恐怖主义盛行等残酷现实接踵而至时，哲人们就常常想起用东方文化来拯救西方文明。徐复观等人就认识到运用中国文化中的人文精神来帮助人类渡过世界危机，具体地讲，就是运用中国文化中的“生命与理性得到统一”、“主宰性与涵融性同时呈现”以及“中庸之道”，以图在“人的复权”、“人际和谐关系”和“生活正

常化”等方面对于现代世界的危机发挥作用。[①] 然而，只有中国强大并充分参与国际交往之后，中国人的文化价值观才实质性地影响国际政治文化进而影响人类文明。62 年来，中国外交以其一贯的中庸思想（如爱国主义与国际主义的统一、有中国特色社会主义、既斗争又团结的外交策略、量力而行的对外援助、联合国弃权策略、准备战争争取和平，等等）、和谐思想（如反对霸权主义、协商对话、搁置争议共同开发、开放共赢、不当头、伙伴关系、和谐世界等等）与和平共处原则[②]（亚非会议、独立自主外交政策、边境稳定与军备控制条约、战略对话、和平发展、睦邻友好政策等等），丰富发展了国际政治文化，使得世界政治文明更具多样性、包容性和开放性。

7. 维护与缔造了亚洲太平洋地区的多维和平

中国崛起对于世界和平的直接影响主要限于亚太地区，间接影响则是全球性的。如果我们把和平广泛地解读为地区安全、经济稳定、非传统安全、文化和谐、冲突化解、国际危机应对和全球治理等多重维度，中国崛起对于亚太和平乃至世界和平的贡献则是重大的。其中，举世瞩目之举包括：一是基本解决了中国 13 亿人口的温饱与发展问题，维持了这个超大社会转型期的稳定，这是对人类和平的巨大贡献；二是朝鲜战争结束之后与各大国密切合作，控制住了朝鲜半岛这个“火药桶”，建立了以“六方会谈”为主要形式的东北和平协商机制，保持了东亚地区的 50 年和平；三是苏联解体后国际体系由两极向多极转变的过程中，中国

---

① 徐复观：《中国人文精神与世界危机》，引自《明报月刊》，第 9 卷第 7 期（1974 年 7 月）。

② 中印两国一开始倡导“和平共处五项原则”时就着眼于其普遍适用性，而后来确实成为国际社会普遍认可的国际关系准则。中共中央文献研究室编：《周恩来年谱：一九四九——一九七六》上卷，中央文献出版社，1997 年版，第 391—393 页。

崛起化解了体系转型的冲击波，避免在东亚地区形成中国与美国的新冷战；四是中国通过建立上海合作组织和一系列边境互信条约，与周边大部分国家解决了领土争端问题，实现了睦邻友好和周边和平；五是中国在南中国海问题上采取了搁置争议、共同开发等灵活政策，维持了这个敏感海域的持久和平，对于马六甲海峡乃至整个亚太安全都起着重要作用；六是中国奉行核不扩散政策和反对一切形式的霸权主义、种族主义、殖民主义、恐怖主义政策，成为国际社会维持核时代和平与国际正义的生力军；七是中国积极参与“南北对话”与“南南合作”，担负国际义务，大力开展对亚非拉等发展中国家的援助，为消除国际暴力与战争的社会根源作出了积极的努力；八是积极参与亚洲金融危机和世界经济危机的应对，为世界贸易稳定做出了重要的贡献；九是履行联合国常任理事国在国际安全与世界和平维持上的重要责任，为调停国际冲突，解决国际争端做出了大量、艰苦和卓有成效的努力；十是积极参加联合国维持和平行动。

8. 开辟出东方发展中大国跨越式建设社会主义的道路

中国的大国成长不是简单的民族国家崛起，也不仅仅体现了中华民族的复兴，它的每一进步都彰显了社会主义的优越性，而中国60年的崛起则实质上开辟了东方发展中大国跨越式建设社会主义的新道路。之所以说是东方发展中大国，是指中国是在半殖民地半封建社会的背景下进行新民主主义和社会主义的革命与建设，中国建设社会主义的物质文明水平和精神文明水平都比较低，中国总体上长期处于发展中国家的水平；说它是跨越式建设，是指中国没有进行充分的资本主义发展阶段，新民主主义阶段也比较短暂，而新中国在社会主义初级阶段取得了许多资本主义强国上百年才取得的巨大成就，且至今已经在许多领域走在了西方主要大国的前头；说它是社会主义建设的新道路，是指中国走了一条不同于苏联模式的社会主义道路，开辟了有中国特色的社会主义道路。这种道路的一个重要特点是将马克思主义的立场方法和中国实际相结合，吸取了资本主义国家创造的优秀人类文明成果，将物质文明、精神文明与政治文明建设纳入了世界文明发展的大框架之内。它一定程度上体现了社会主义制度的优越性，对于仍在坚持社会主义探索的亚非拉国家和欧洲国家，都具有重要的借鉴与参考意义；对于世界政治体制的未来变迁和世界政治文明的多样性发展，也会产生潜在、深远的影响。

综上所述，中国的百年崛起，是人类百年发展的缩影，中国崛起与人类发展的命运迄今为止息息相关。故而中国崛起也是人类的总体胜利。国人在总结祖国崛起成功之经验时，不能忘记世界人民与爱好和平的力量对我之贡献；国人在反思祖国前进之曲折时，应常思考国民性与外交战略有待完善之处；无论发展到何种地步，国人都该图谋对人类做更大的贡献。若能如此，则中国的社会性成长道路将更加光明，进入平衡成长期后的和平发展事业将会如日中天。

第五章 适当的独立自主也是一种软实力

中国处理好与世界秩序的关系，通过融入国际社会的各种办法加强与世界各国的合作共赢，实现大国的社会性成长，并不是一定要走一条依附性的道路，不是不要独立自主的原则。恰恰相反，中国的和平发展与当代主流世界秩序是和而不同的，坚持独立自主的和平外交路线已经成为了中国软实力的重要组成部分。在新中国建立以来的绝大部分时间内，中国的独立自主外交政策是一种中庸之道，是既坚持自己的基本主权立场，又以开放的姿态面向国际社会；既符合中国特色社会主义，又符合国际社会的基本规范；既有利于开展对外交往，又有利于国内民族精神建设。因此，它是一种适当的独立自主外交。独立自主已经成为中国这个最大的发展中社会主义国家的外交精神，成为了中国模式的重要外交元素，它也是一种软实力。

一、独立自主与社会性成长并不矛盾

中国外交的主要任务是融入国际社会，62 年前“新中国外交面临的第一个问题，就是同世界各国建立外交关系，走向国际社会”,[①]，62 年后的今天，中国仍然把融入国际社会作为基本的任务。在融入国际社会的过程中，一个基本的矛盾是中国在保持自身政治独立的同时，处理使之适应国际社会的规范与制度，如何与国际社会背后的国际权力中心和超级大国进行政治斗争与合作，如何在国际政治斗争与合作的同时照顾国内社会与国际社会的积极互动？等等。独立自主具有国际社会性，就在于它坚持于行为体与社会结构的同构关系之中的主观能动性和行动自主性，是一种主体性的充分体现，并与此同时，它又能适时地遵守社会结构与规范规则的要求，是主体性与社会性的高度统一。

坚定不移地融入国际社会与头脑清醒地维护独立自主，是当前中国外交的两大问题。独立自主不是一意孤行、自作主张，不去理会他人的观点特别是国际社会的规范，恰恰相反，真正的独立自主是尊重主权平等、反对霸权主义和依附外交，从而更好地维护以主权平等为核心原则的当代国际社会规范体系。根据 IPS 的观点，一个大国的成长，是物质性成长与社会性成长的统一，而社会性的成长根本上讲是在国际社会的基本规范框架内的大国成长。历史表明，那些不顾国际社会规范、冒天下之大不韪的强权帝国如路易十四法国、希特勒德国和法西斯日本等，都崇拜武力与经济战的威力而置人类基本价值于不顾，最终落得个功亏一篑的下场。相反，光荣革命后的英国、俾斯麦时代的德国、彼得

① 韩念龙主编：《当代中国外交》，中国社会科学出版社，1988 年版，第 7 页。

大帝时的俄国特别是威尔逊时代的美国，都是在高举政治民主、航海自由、秩序公正、民族自决、公开外交、集体安全等具有历史合理性旗帜的情况下登上大国舞台的。[①] 换言之，中国的未来，也应当是走一条社会性成长的道路。我们认为，当前阶段中国社会性成长道路的具体形式就是和平发展道路。和平发展道路是中国人民从几十年的革命与建设实践中探索出来的，是面对全球化与国际政治社会化的新形势独立做出的理性选择。通过中国式的和平发展道路，是可以实现独立自主与融入国际社会、维护国家利益与担负国际义务、坚持不结盟立场与加强战略伙伴关系的辩证统一的。

关于大国独立自主与大国的社会性成长的关系，古今中外大学问家时有灼见。早在晚清时代，中国大儒梁启超先生虽然力呼中国与中国人的独立精神，但仍然不忘告诫独立者不能离群。“独立者，谓合众独以强其群，非谓破一群而分为独也。谓人人不相依赖，非谓人人不相协胃也。譬之机然，千百之轮轴，各自司其运动，然必互相联贯，总合一体而成为全机。独立云者，亦各分轮轴一体之劳，以效全机转运之用焉耳。若夫挟持私见，而互相龃龉排挤同类，而互相嫉忌。是直孤生之人而已。败群之虫而已。独立云乎哉。独立运乎哉。”[②] 他又说，“独与群，对待之名词也。入人断绝倚赖，是倚群毋乃可耻？常绌身而就群，是主独无乃可羞？以此间隙，遂有误解者与讬名者之二派出焉。其老朽腐败者，以和光同尘为合群之不二法门，驯至尽弃其独立，阉然以媚于世；其年少气锐者，避奴隶之微号，乃专以尽排侪辈、惟我独尊为主义。由前之说，是合群为独立之贼；由后之说，是独立为合群之

① 郭树勇：《大国成长的逻辑：西方大国崛起的国际政治学分析》，北京大学出版社，2006年版，第111—211页。

② 梁启超：《论独立》，引自《饮冰室文集》之十四，中华书局，1936年版，2003年重印，第10页。

贼。若是乎两者之终不能并存也。今我辈所亟当说明者有二语，曰独立之反面，依赖也，非合群也；合群之反面，营私也，非独立也。……合无数‘阿屯’而成一体，合群之义也；每一‘阿屯’中，皆具有本体所含原质之全分，独立之义也。若是者，谓之合群之独立”。[①] 换成当下的学术语言，独立自主须是遵守国际规范之下的独立自主，而国际规范的维护又建立在各主权国家的独立自主之上的。若是各国都依附某一个大国，那么定会出现古代中国时代春秋战国的局面，最后落得个从“群雄并起”到“战国七雄”到“齐秦对峙”到“秦统天下”的结果，反而推翻了主权国家体系。因此，两者的关系是相辅相成的。

独立自主与大国社会性成长之间的互构关系，也是随着国际政治的社会性的变化而变化的。独立自主在不同的国际相互依赖条件下有着不同的表现形式，但任何形式都不能忽视国际关系基本规范的存在，而应符合一个大致的规律：国际环境越是你中有我，我中有你，全球政治越是达到水乳交融、一损俱损的局面，国家的独立性与自主性越是需要从其强有力的交往力、影响力、竞争力和亲和力中实现，闭关锁国和贸易保护主义只能削弱这种影响力和交往力。在新中国的幼年，中国与外部世界的经济相互依赖程度较低，重点地发展与社会主义国家的外交关系，外交面不广，与国际社会的关系较为薄弱，国民经济体系正在构建之中，形成一种自力更生型的独立自主外交是自然的。即使在这时，第一代领导人也重视国际关系准则，批评苏联“一个社会主义大国对另一个社会主义邻国武装干涉，是违反起码的国际关系准则，更不要说违反社会主义国家相互关系准则，是绝对不能允许的”。[②]

从自力更生型独立自主向和平共处型独立自主的转变，实际

---

① 梁启超：《独立与合群》，引自《饮冰室文集》之五，中华书局，1936年版，2003年重印，第44页。

② 颜声毅等：《邓小平国际战略思想概论》，长征出版社，2002年版，第101页。

上是在改革开放之后才逐步形成的，也经历了一个偶有反复、同时并存、曲折发展的轨迹。[①] 由于全方位外交的开展以及大融入战略的实施，中国与外部世界密不可分，对外交往全面而深入，必须与其他国家进行平等互利、和平共处、多边互动。如果说在前30年还可以实行“武装共处”的话，那么这个时期和平共处成为最优选择：仅仅到了1992年，中国就形成了经济特区、沿海开放城市、沿海经济开放区、内陆边境开放口岸和内地开放省市等有递次的全面开放的格局；进出口贸易总额达到了1656亿美元，在世界贸易中的排序由32位上升到11位，旅游人数、外国人数和外汇收入分别增长了21倍、17倍和15倍。[②] 无论国内政治风波和国际政治变化，都不能阻挡中国进一步融入世界，中国的独立自主只能在融入世界与和平共处中实现，和平共处型独立自主已经是整个改革开放时期的常态了。

20世纪90年代至今，和平共处型独立自主依然是主导模式，但逐渐向开放共赢型独立自主转变，甚至向全球责任型独立自主过渡。开放共赢型较和平共处型有几点变化：一是开放性更强，中国全方位外交的程度更深，改革开放的力度更大；二是重点由平等互利转向合作共赢，由政治关注转向经济关注；三是开放共赢更加具有积极性和主动性，强调独立自主需要同创新性的国际合作相结合。总之，开放共赢型独立自主是为了适应更加密切的中国与国际社会关系的现实，更好地实现中国的社会性成长而采取的外交立场。当然，开放共赢型独立自主仍然是和平共处型独立自主的发展形式，基础仍然是和平外交政策，不过是以新安全

---

① 邓小平同志到了20世纪80年代多次讲，“独立自主不是闭关自守，自力更生不是盲目排外”，又讲“我们建设的社会主义经济，……以自力更生为主”足见其不易。见邓小平：《邓小平文选》第2卷，人民出版社，1994年版，第91页；第3卷，人民出版社，1993年版，第29页。

② 田曾佩主编：《改革开放以来的中国外交》，世界知识出版社，1993年版，第8、9页。

观与和平发展以指导罢了。这种以开放共赢、和平合作为底色的独立自主外交政策假以时日，中国的和平发展可能就会过渡到另外一种政策形态，即全球责任型独立自主。那将是一种以新国际主义为底色、以强大综合国力为支撑、全球利益与责任为视野的独立自主政策。届时，中国与全人类的利益将高度相互依赖，中国的国际关系规范话语权和国际制度日程设定权将明显增强，中国参与治理全球公共事务的责任范围也日益拓展，中国的社会性成长已由迅速成长期进入了稳定成长期。

二、独立自主是中国模式的外交元素

众所周知，随着中国和平发展的步伐加快，特别是 2007 年以来世界性金融危机和经济危机的冲击，越来越多的国际学者在反思西方的发展模式，它们把中国的成功经验归结为存在一个与美国模式相对的中国模式，主要是中国发展经济的模式，而并不认同一个中国政治发展模式，至多把中国发展模式中渗入了政府主导这一内容，称之为类似“北京共识”的概念体系。但是，中国的崛起难道仅仅是经济的成功吗？包含中国外交在内的中国政治难道不能够进行一定的经验总结吗？笔者对中国的政治学不甚熟悉，但斗胆认为中国外交有着独特的贡献，有着值得国人和国际学者进行总结之处。外交战线上的“中国模式”能否成立？笔者不可轻易断言，然而“中国模式”中不能缺少新中国外交的元素。什么是“中国模式中的外交元素”？或者说 62 年新中国外交对中国的世纪性崛起做出了哪些独特性的贡献？这显然是一个宏大的课题。我们是否可以分解之，把那些最重要的中国外交经验找出来。一个简便的途径就是，在众多的外交战略变化中找不变的路线，而对这个不变的路线进行一定的研究。众所周知，在 62 年新中国外交的发展史上，许多外交战略方针都发生了变化，惟有独立自主的外交方针却泰然不动。透视这些变与不变，我们也许更能认识中国外交的本质。由于独立自主的和平外交政策是新中国对外交问题的基本立场，[①] 而这个立场至今没有发生变化。因此，剖析独立自主外交的合理性与现实性，无疑是有学术意义的，它是洞悉新中国外交秘密的一把钥匙。

外交的理论源泉是丰富的，但若从外交主体与外交环境的关系来讲，有两点较为基本：一是外交主体的政治指导思想；二是外交对象所处国际社会的基本规范。否则，外交无从谈起。对于前者，新中国的指导思想是中国化的马克思主义，而独立自主外交也是符合马克思主义原则的；对于后者，主权平等和民族独立是国际法的基本原则，独立自主体现了现代国际社会的基本精神。这两个方面，加上下文所述的外交实践，大致决定了独立自主成为中国模式的外交元素。

1. 独立自主符合马克思主义的国际主义原则

研究独立自主遇到的第一问题，就是如何处理它与国际合作的关系。由于国家处于国际社会之中，不免要有为了国际合作利益而身不由己的事情，但与此同时又要维持自身的基本身份与尊严，全球化与相互依赖的程度愈深，这种两难的局面就容易出现。因此，独立自主与国际合作的平衡，或者说爱国主义与国际主义的关系，是任何意识形态类型的主权国家无法回避的问题。马克思、恩格斯等开创了科学社会主义体系，不是在颠覆现代性，而是在发展现代性，希望能够爆发世界革命或其他革命性变革来建立一个不同于资本主义体系的新世界，但是他们在主张无产阶级国际主义的同时，并不否定民族国家时代的一些基本国际原则。

---

① 周恩来：《周恩来选集》上卷，人民出版社，1980 年版，第 322 页。

恩格斯曾说："由于人们不再生活在罗马帝国那样的世界帝国中，而是生活在那些相互平等地交往并且处在差不多相同的资产阶级发展阶段的独立国家所组成的体系中，所以这种要求就很自然地获得了普遍的、超出个别国家范围的性质，而自由和平等也很自然地被宣布为人权。"[①] 恩格斯虽然并未直接使用独立自主的词汇，但是他显然把民族国家时代的独立平等视为想当然的国际政治现实了。在经典作家看来，即使是无产阶级的国际联合，或者社会主义国家联盟，也应该遵守平等独立的原则。"这些国家在内部事务上的自主和独立也就包括在国际主义这一概念本身之中。"[②] 从这个意义上讲，马克思主义者在国际政治领域从来就没有奉行完全的理想主义。19 世纪中后期的西欧国际关系已经十分紧密，用西方国际关系权威学者的说法，当时英国与德国的相互依存度大大高于第二次世界大战之后的水平，在这种情况下强调无产阶级的国际联合不能忘记彼此之间的独立与平等，说明了只有建立在独立自主基础上的国际主义才能是现实的国际交往思想。

国际共产主义运动和现当代国际关系的历史表明，社会主义政权若不坚持独立自主的原则而去一味地追求国际主义，就容易归于失败；而那些坚持独立自主的社会主义政权，则往往显出强大的生命力。20 世纪 30 年代苏联对于欧洲国际关系的处理，三四十年代中国革命的最终胜利，南斯拉夫在 20 世纪五六十年代的国际地位，20 世纪 80 年代以来中国改革开放的成功，都是独立自主外交路线取得成功的典范。相反，20 世纪 30 年代初期中国共产党盲目执行"共产国际"错误路线招致重大挫折，20 世纪八九十年代东欧共产党政权纷纷跨台，部分原因是这些社会主义政党绝大部分时间里追随苏联党，在外交上采取了一种附庸政策，未能像

① 《马克思恩格斯选集》第 3 卷，人民出版社，1995 年版，第 145—146 页。

② 《马克思恩格斯全集》第 39 卷，人民出版社，1974 年版，第 84 页。

铁托领导下的南斯拉夫社会主义共和国联盟那样独树一帜，走不结盟的道路。而各个国家的共产党只有把马克思主义同本国国情相结合，独立自主地开展革命与建设，才能找到通往胜利的道路，因此，“独立自主才真正体现了马克思主义”。[①] 经典作家之所以在晚年重视社会主义政权之间的独立平等，国际共产主义运动的历史之所以表明独立自主是社会主义国家外交工作的立足点，一个重要的因素是，在民族国家体系的大时代里，在共产主义世界体系尚未到来的历史条件下，只要将红色政权建设在固定的民族国家之内，民族主义就成了挥之不去的幽灵。[②] 国际主义原则要通过爱国主义的行动体现出来，独立自主地开展社会主义国家之间的外交关系，“独立自主、完全平等、相互尊重、互不干涉内政”地处理党与党之间的关系，通过在国际社会规范的框架内体现社会主义的优越性，努力建设世界政治文明，是时代精神的历史要求。

2. 独立自主符合国际社会的基本规范

那么，如何在国际社会的框架内体现社会主义的优越性，努力建设世界政治文明呢？共产党人曾经为寻找这个答案付出了高昂的代价。“第二国际”的做法显然没有得到历史的认可，而斯大林的策略完全从列宁的道路上大大后退了。在同“共产国际”错误路线的斗争过程中，以毛泽东为代表的中国共产党人经过长期的探索，直到 20 世纪 40 年代末才基本形成共识，而 70 年代末才趋于成熟，这个答案就是：根据主权平等的原则，以国家利益作为外交的出发点，不以意识形态划线，独立自主地积极发展与各类国家的外交关系，做到国家利益与国际利益的相对平衡，积极

---

① 邓小平：《邓小平文选》第 3 卷，人民出版社，1993 年版，191 页。

② 郭树勇：《从国际主义到新国际主义：马克思主义国际关系思想发展研究》，时事出版社，2006 年版，第 108 页。

融入国际社会，为民族复兴、国家进步与人类和平发展和谐作出应有的贡献。其实质是要符合国际社会的基本规范，而国际社会的规范体系的核心则是主权原则，也是国家身份的基本规定。要确定一个现代国家的地位，不能不讲国家的独立自主。

首先，主权是国家现代性的基本规定，而独立自主是主权的基本含义。梁启超先生曾言："独立者，自有主权而不服从于他人者也。"[①] 奥本海也说："一般地讲，没有一个国家对其他国家拥有最高的法律权力和权威，而各国一般地也不从属于其他国家的法律权力和权威。因此，国际上国家间关系的特征是平等和独立。"[②] 一个国家尽可以发展国际合作，甚至把自己的国际合作制度化，但是，具体的权力可以共享，利益可以均沾，但是平等国际交往和政治独立的主权却是不可分割的和神圣不可侵犯的。那些在不平等条约体系下生存的民族，其实际上的政治独立和平等对外交往的权利是不足够的，它的主权国家身份是不健全的，从而缺乏基本的国际尊严。

其次，独立自主的特定内涵及多种历史类型，恰恰是对国际规范的捍卫而非分割。国际规范之最基本者为主权原则，因此，坚持独立自主并非远离国际政治的社会性，恰恰相反，它由于对于主权原则的秉持反而维护了国际社会的根基。独立自主越坚决，主权原则越落实，国际社会的基根越牢固。独立自主具有特殊性，它是中国政府在长期革命与建设过程中形成的外交出发点和路线方针，体现了大致五个方面的特定内涵：即中国矢志于民族伟大复兴的战略意志；中国文化必胜的优越感；东方社会主义国家的历史责任；最大发展中国家的国际身份；自始至终坚持本国国情进行革命与建设的逻辑。当然，独立自主也有其普遍性的一面，

① 梁启超：《论独立》，引自《饮冰室文集》之十四，中华书局，1936 年版，2003 年重印，第 7 页。

② ［英］詹宁斯、瓦茨：《奥本海国际法》，中国大百科全书出版社，1995 年版，第 94 页。

即使在中国的语境里其内涵也在不断地变化，呈现出多种的历史类型。在建国初期，其表现形式是“独立自主、自力更生”；到了六七十年代，主要表现形式是“独立自主、自力更生、奋发图强”；20世纪80年代以后，其主要表现形式是“独立自主的和平外交政策”，并在党际关系上使用了“独立自主、完全平等、互相尊重、互不干涉内政”等概念，并在21世纪将这种原则延伸到了国际组织的关系上去。可见，独立自主可以分为“自力更生型”、“和平共处型”、“开放共赢型”、“全球责任型”等几种类型，它既可以大致对应社会主义新中国的各个历史发展实况，也接近了世界历史上大国成长的基本轨迹与类型。将独立自主的特定内涵普遍化，就是讲在国际社会框架下，一个国家在不同的社会条件下有着不同对国际规范的依赖性而呈现出不同的独立自主性。就自主而言，无论多么强调主体性，还是国际社会化下的自主，都不是分割主权原则的自主，而恰恰是对于主权原则的捍卫。

第三，独立自主是大国外交的基本特征，是国际社会框架的支撑。从国际关系基本规范上讲，由于主权原则为首要原则，主权是各国的天然的对外平等交往权，因此，法律上讲任何国家都有权且应该执行一种独立自主的外交政策，但事实上由于国家间“事实上”的“相互依赖”，[①] 独立自主成为一种外交政策，实际上是一种奢侈品。从国际关系史上看，坚持从事独立自主外交政策的国家大致有以下几种情形：一是民族国家形成历史较早的国家，比如荷兰、法国等国；二是长期在国际体系中处于“平衡者”角色的国家，如英国；三是国际社会中公认的中立国，如瑞士、丹麦、梵蒂冈等；四是具有较强战略意志的国家，如印度、朝鲜、古巴、伊朗、以色列；五是国际体系中的大国，如中国、美国和俄罗斯。当然，上述国家并非在任何时代都坚持独立自主的外交

① ［英］詹宁斯、瓦茨：《奥本海国际法》，中国大百科全书出版社，1995年版，第94页。

政策，即使在当代情况下，其外交的自主性也由于国际政治的社会性增强而不断削弱。综合起来看，上述五类国家中，前三类国家都基本上融入到高层次的地区一体化进程中去了（法国、英国本身就是大国，同时也归于第五类），只有后两类国家称得上坚持独立自主。这两类国家都在实行一种事实上的大国外交，要么希望成为地区性大国，要么有志于成为世界大国。从世界历史的角度看，正是大国才能担负起维护国际社会基本规范的重任，因为小国很难长期奉行独立自主的外交政策，而主权原则的维持要依靠大国的战略平衡和外交调停。战略自主性是大国基本条件之一。[①] 17—19 世纪的反法同盟、大国协调、均势政治和中立运动；20 世纪之民族解放、反法西斯战争、不结盟运动、反对霸权主义；21 世纪的战略对话、文明对话和国际关系民主化，均有赖于具备独立自主精神的大国外交，否则主权原则为基础的国际社会早被形形色色的帝国、霸权国和超级大国灭亡了。从这个意义上讲，奉行独立自主的和平开放外交政策是对于国际社会的一种莫大贡献。

三、独立自主是 62 年中国外交的主要成功经验

坚持独立自主 100 年不动摇，是因为过去 62 年政府外交实践和之前 28 年革命战争实践反复说明，在对外交往过程中坚持了独立自主就能够更加容易地取得事业的成功，而离开了独立自主，就不可避免地归于失败。

---

① Jack Levy, *War in the Modern Great Power System*, 1495—1975, Lexington: University Press of Kentucky, 1983, p. 16.

1. 三代领导人都把独立自主作为外交政策的基本立足点

前文已述，根据主权民族国家之国际社会的规范以及马列主义关于爱国主义与国际主义的基本原则，一个社会主义东方大国坚持独立自主有其合理性的一面。故新中国成立以来的三代领导集体都无一例外地把独立自主作为外交政策的基本立足点。第一代领导人中明确提出独立自主方针的是周恩来，周恩来在外交部成立大会上的那个有名的演讲，其实就是表明了新中国的立场是独立自主的立场。他讲，“中国的反动分子在外交上一贯是神经衰弱怕帝国主义的”，“中国一百年来的外交史是一部屈辱的外交史，我们不学他们”，“要认清帝国主义的本质，要有独立的精神，要争取主动，没有畏惧，要有信心”。[①] 第二代领导人中坚持讲独立自主的是邓小平，他在1982年党的十二大上讲话，实际上既是对周恩来外交思想的继承，也为后来的中国外交定了调子：“独立自主、自力更生，无论过去、现在和将来，都是我们的立足点。”[②] 第三代领导人中，江泽民要求中国政府“坚持邓小平的外交思想，始终不渝地奉行独立自主的和平外交政策”。[③] 胡锦涛则指出：“不管国际风云如何变幻，中国政府和人民都将高举和平、发展、合作旗帜，奉行独立自主的和平外交政策，维护国家主权、安全、发展利益，恪守维护世界和平、促进共同发展的外交政策宗旨。”[④]

当然，三代领导人关于独立自主的论述在基本立场一致的基础上，具体内涵和侧重点也有变化，基本上经历了上文所涉及的

---

① 中共中央文献研究室编：《周恩来年谱》（1949—1976）上卷，中央文献出版社，1997年版，第9—10页。

② 邓小平：《邓小平文选》第三卷，人民出版社，1993年版，第3页。

③ 江泽民：《高举邓小平理论伟大旗帜，把建设有中国特色社会主义事业全面推向二十一世纪》，中国共产党第十五次全国代表大会上的政治报告（第九部分）。

④ 胡锦涛：《高举中国特色社会主义伟大旗帜 为夺取全面建设小康社会新胜利而奋斗》，中国共产党第十七次全国代表大会上的报告（第十一部分）。

由自力更生型向和平共处型、开放共赢型的嬗变。毛泽东、周恩来等第一代领导人讲独立自主，主要是从人民共和国外交立场与国民党政府“跪在地上办外交”的依附外交相区别，但并不排斥一定意义上的对外结盟，条件是这种结盟要建立在平等互助的兄弟般友谊的基础上；中苏结盟瓦解后，随着中苏论战以及珍宝岛战役的开展，自力更生型独立自主几乎达到了顶点。邓小平、胡耀邦等第二代领导人讲独立自主，主要是与任何类型的政治军事结盟的外交相区别，尤其是反思六七十年代的无产阶级国际主义路线的基础上强调爱国主义与国际主义的结合，不以意识形态定亲疏，以国家利益为外交出发点，发展全方位的外交关系，党的十二大上这种类型的独立自主立场得到了全面和精确的阐述，《八·一七公报》、改革开放、中美苏大三角等便是其杰作。江泽民、胡锦涛等第三代领导人讲独立自主，主要是针对“一超多强”的新国际体系和中国崛起等新形势，强调独立自主与融入国际社会并行不悖，主张在全方位发展各种战略伙伴关系和开展开放共赢的国际合作中坚持独立自主，走一条和平发展的新道路。

2. 独立自主外交政策对于新中国内政外交十个方面功绩和六个方面成就

62年独立自主外交政策效果明显，影响深远，无论对于中国内政，还是对于中国外交都做出了很大的贡献，限于篇幅，只列出十项功绩。

(1)“另起炉灶”，树立新中国反帝“爱国”平等外交的清新形象。另起炉灶的实质是在真正平等的基础上重新与世界各国建立外交关系，不承认国民党政府签署的一切不平等条约和“平等”条约，这一方针实际上“使我国改变了半殖民地地位，在政治上建立起了独立自主的外交关系”。①

① 周恩来：《周恩来外交文选》上卷，中央文献出版社，1990年版，第322页。

而新一轮的中国政府签约行动中坚持了平等自由的原则，给世界以清新、坚决、独树一帜的印象，是“中国人民站起来”的外交显现。

表1　新中国以来中国共产党全国代表大会政治报告中16个重要概念的出现次数①

报告	独立自主	和平共处	世界和平	新秩序	联合国	国际社会	合法★	主权	人类贡献☆	国际关系	强权政治	第三世界	世界革命	世界大战	帝国主义	霸权主义
8大	0	11	5	0	1	0	1	2	1	2	0	0	0	0	28	0
9大	3	2	0	0	0	0	0	5	0	0	0	0	4	3	30	0
10大	1	2	0	0	1	0	1	1	1	1	1	4	1	1	20	2
11大	1	2	0	0	0	0	0	1	1	0	0	5	4	3	13	3
12大	2	4	8	2	1	0	1	7	1	0	1	14	0	1	4	5
13大	4	1	3	0	0	0	6	0	1	0	0	0	0	0	1	1
14大	4	3	2	5	6	2	0	8	2	1	3	1	0	1	0	3
15大	4	2	5	2	2	1	4	3	1	0	1	1	0	1	1	2
16大	3	2	4	2	1	2	9	5	2	2	3	1	0	1	0	3
17大	3	1	9	0	1	1	5	7	1	3	2	0	0	0	0	2

（2）20世纪50年代对苏同盟缔建中和实施后始终坚持不做“附庸”，建成了一个与政治独立相联系的新中国工业体系和外交体系。当时的“一边倒”是外交战略，但头倒而根基正，“战略上是要联合，战术上不能没有批评”，在同盟谈判中维护了中长铁路和新疆四个合营公司的中国主权；针对波匈事件，中国批评了苏联的大国沙文主义，敦促苏联政府在《关于发展和进一步加强苏联同其他社会主义国家的友谊和合作的基础的宣言》，承认了已有的错误并表示尊重相互主权和平等互利原则；1958年坚决拒绝了

① 毛泽东：《建国以来毛泽东文稿》第1—9册，中央文献出版社，1990年版。

苏联向中国提出的共同建立长波电台和联合舰队的重大侵犯中国主权的行动，客观上阻遏了苏联的全球称霸战略；1960 年面对苏联撤走大量专家与援助项目的威胁，中国“宁被碾得粉粹也决不屈服”，“永远不接受父子党的关系”，[①] 在独立自主、自力更生中逐渐建立了自己的工业体系，向全世界用实际行动展示了说话算数、独立平等、敢负责任、不畏强权的国际形象，新中国外交体系也由此而获得风骨。

（3）20 世纪六七十年代中国既不依附苏联也不屈服于美国，坚持走苏美之外的第三道路，坚决支持广大发展中国家反对帝国主义、殖民主义和种族主义的民族独立与政治独立的斗争，获得了第三世界国家的普遍认可，塑造了中国的发展中国家身份，为中国外交生根、重返联合国和推动国际关系多极化，都做出了巨大的贡献，从此中国的社会主义大国地位在世界范围内确定起来。

（4）20 世纪 80 年代中国通过独立自主原则建立起了中、美、苏大三角战略关系，在这个战略关系中，中国始终以不损害自身的主权为前提，挫败了以里根上台为标志的美国亲台反华逆流，迫使美国做出了售台武器问题上的“逐步减少，最终停止”的政治承诺，稳固了以三个联合公报为基础的中美关系，为以后的中美关系正常化、稳定化奠定了基础，为中、美、苏大三角提供了政治保障，也为中国 20 世纪 80 年代的改革开放营造了难得的和平环境，这个时期也是中国加入国际多边条约和多边机制最快和最多的时期。

（5）20 世纪 80 年代在中、美、苏大三角的关系中，中国并没有依附于中美的战略关系，而是从未放弃与苏联恢复正常的两国关系的努力，要求苏联先采取实际行动满足“三大条件”，其实质是减少对中国周边安全的军事压力，为中国改革开放营造相对宽松有利的和平环境。1989 年苏共总书记访华之后，中苏关系正常

---

① 颜声毅等：《邓小平国际战略思想概论》，长征出版社，2002 年版，第 100—103 页。

化，中国得以持续地大规模裁军，进一步将精力投入到国民经济发展上去。中国全方位外交的局面至此更加有利。

（6）20世纪80年代末90年代初中国在两极体系瓦解、苏东连续剧变、国内政治风波等大背景下，处乱不惊、沉着应付、决不允许外来势力干涉中国内政，顶住了以美国为首的西方资本主义国家对中国进行的经济制裁，对内保持了国家的政治稳定，对外维护了“独立自主、不信邪、不怕鬼的形象”，[①] 并很快掀起了市场经济的大潮，既巩固了独立自主外交的已有成果，又从此把中国更进一步地推进了全球化浪潮中，保证了改革开放政策和国民经济快速健康发展的良好国际环境，也为“一超多强”新国际体系下的中国外交姿态明确了定位。

（7）20世纪90年代在新安全观为指导下建立起的“上海五国”机制以及21世纪初的上海合作组织，不针对第三国，以避免军事冲突为目标，以建立信任为保证，主张成员国平等协商，是独立自主和平外交政策在新时代的创造性发展，是和平共处型独立自主向开放共赢型独立自主的标志性事件，也是中国联合友好国家独立创建地区性国际组织的开始，无论对于中国外交姿态，还是对于中国外交文化，或者对于中国与国际制度、国际秩序的关系转化，都有着不可低估的意义与作用。

（8）经过建党半个多世纪的探索，逐步确立了新型党际关系的基本原则，坚持“在独立自主、完全平等、互相尊重、互不干涉内部事务原则的基础上，同一切愿与我党交往的各国政党发展新型的党际交流和合作关系，促进国家关系的发展”（十五大报告）。这种独立自主的政党外交路线，有利于支持国家独立自主的和平外交政策，有利于避免苏联党专制封闭霸道归于失败的覆辙，有利于最大程度上团结世界上的各种政治力量，从而保证中国改

---

① 邓小平：《邓小平文选》第3卷，人民出版社，1993年版，第319页。

革开放事业的国际认同度与和平环境。

（9）继续深化中、美、日、俄等全方位外交，主张独立自主与新国际主义的结合，探索不同于西方战争崛起的和平发展新道路，提出了具有话语权指向的和谐世界理念，初步建成了以政治影响力、形象亲和力和道德感召力为主要内容的外交软实力体系，不但对国际体系转型大背景下西方自由民主国际理念霸权形成了一大冲击，而且树立起中国负责任大国的国际形象，明确提出了统筹国内、国际两个大局的新方略，为国内政治文化转型与深入参与全球治理同时作了外交上的实质性的思想准备。

（10）针对21世纪初新兴发展中国家群体崛起的新形势，坚持独立自主的外交政策，努力加强与俄罗斯、印度、巴西、南非、墨西哥等发展中大国的战略合作，以“金砖四国”和“20国集团”、“8＋5”等为战略平台，与代表发达国家整体利益的八国集团进行了持续和有益的战略协商，为改革IMF和世界经济新秩序正在做出新的贡献。

以上十个方面的外交功绩主要是根据历史时期中的主要事件来总结的，如果从整体的角度来看，独立自主外交政策可以总结为六个方面的成就：

一是树立大国形象。它确立了新中国外交的基本立场和基本立足点，树立了中国独立、平等、和平、合作、负责任的大国形象；

二是支撑政策体系。它构成了和平共处五项原则的基本底色，构筑了以互相尊重主权和领土完整、互不侵犯、互不干涉内政、平等互利、和平共处为核心内容的外交政策体系；

三是确定国际身份。它从实践上赢得了国际社会的尊重，特别是获得了广大发展中国家的支持，也确定了自身的发展中大国的国际身份，并以此为战略依托重返国际社会（联合国常任理事国）并成为举足轻重的大国；

四是促进世界和平。它较好地处理了与美国、苏联（以后是俄罗斯）等超级大国以及与欧盟等各力量中心的战略关系，开展了全方位外交，反对霸权主义、帝国主义和种族主义，维护了世界和平，也营造了中国的政治独立与改革开放的良好氛围；

五是推动民族复兴。在中国独立自主的和平外交中，中华民族的自信心与自豪感得以极大地培养与释放，中国人扬眉吐气，国民士气与民族精神得以重振，极大地促进国内改革开放的事业和中华民族的复兴；

六是充实中国模式。在本文伊始我们就谈到中国模式中的外交元素问题，透过中国 62 年的外交经验研究我们认为：外交上的独立自主（以及与之相联系的和平共处五项原则）与政治上的政府主导（以及与之相联系的民主集中制），以及有计划的市场经济，都是目前中国模式的重要内容。

四、独立自主切合国家认同和民族精神建设的国情

独立自主对于中国大国成长之所以有着基础的意义，不仅仅是因为它符合马克思主义和当代中国的外交意识形态，也不全是因为它是新中国外交实践的基本经验，它的存在实际上还有着中国国情的深刻考虑。换言之，正是因为有着中国的国情，几代中国领导人才如此强调独立自主的外交政策。除了中国革命与经济建设的国情之外，国家认同建设与民族精神建设是不能忽略的重要方面。

1. 中国国家认同建设需要外部交往中的独立自主

中国的一大国情是，中国的国家认同先天不足，后天缺乏。

所谓先天不足，是指近代以来革命志士都普遍认可的一个观点，即由于天下主义的影响，中国人对家庭和睦与世界大同较为看重，对于家与天之间的国却不施以太多的认同。造成这种先天不足的原因可能是多方面的：一是家族认同是根本，天下一家是归宿，国家认同成了上不着天、下不着地的中间环节，换言之，天下认同与家族认同超过于国家认同；二是中国人对于中国的热爱，主要是对中国文化或文明的热爱，而不是对中国政治含义上的国家热爱，换言之，文明认同超过了国家认同；[①] 三是几千年的中央政府和地方政府的专制统治也未能给老百姓多少实惠和好感，民间对政府是敬而远之，换言之，专制统治削弱了国家认同。几千年来，家族认同、文明认同的传统，以及专制统治的猖行，都不利于中国人形成现代意义上的国家认同。

所谓后天缺乏，是指在世界全球化开始之际，有三件大事影响了中国的国家认同建设：一是英国工业革命的时候，中原王朝被满清民族所统治，在很长时间内，中国民间不认同清朝的民族受到压迫和政治统治。在西方民族国家日益兴盛的时代，中国人处于政治认同与民族认同的分裂时期，国家认同建设处于落后状态；二是晚清以来，中国民主革命兴起，救亡压倒启蒙，自孙中山先生起，历代中国政府比较强调军政、训政而非宪政，造成了外交主权意识上强化的同时，在国内政治上的民主政治建设相对迟缓，出现了民众对国家对外主权的认同较强和国家对内主权的认同较弱的不平衡发展；三是正当中国人民和其他被解放的殖民地半殖民地人民建设民族国家的时候，世界政治发生了转折性变化，国际交往与国际制度的普遍发展使得主权不再神圣，而在欧美一些发达地区一体化和主权让渡现象日益频繁，后现代主义已

---

① 关于天下认同与文明认同对国家认同的削弱，梁启超先生曾从解读古代中国人“天下为公”思想中有深刻见解，见王焰主编：《梁启超学术论著》，魏得良校，杭州：浙江人民出版社，1998年版，第75—76页。

经进入了政治学和国际关系领域成为重要思想潮流，实际上影响了革命后大国的主权维护和国家认同建设。

62 年来，中国共产党担负起中国国家认同建设的历史重任，就不能不举起爱国主义（新型的民族主义）的旗帜，而真正的爱国主义又往往可以从独立自主的外交政策中得以直接的体现。无论是建国早期的“另起炉灶”，还是“三个世界”理论；无论是 20 世纪 80 年代的国家利益至上原则和反对霸权主义，还是 90 年代以来的中华民族复兴思想，都贯穿了独立自主外交政策的思想，而这些思想都与中国国家认同的建设息息相关。

2. 民族精神建设要以独立自主为支撑

中国民族精神中有许多很好的方面，如勤劳、勇敢、和平、智慧等，正是这些可贵的优秀品质造就了伟大的中华文明。当然，几千年的封建专制统治也塑造了中国人的一些不合现代社会的民族性格，其中一点就是过于坚硬的顺从意识和根深蒂固的奴性思想。这些思想看起来是国内政治问题，其实也是外交文化问题。一个根子上不自主的民族，如果说在内政上倾向于服从专制统治者，那么，在外交方面只要遇到强权政治，就很容易沦为其他国家的附庸，并滋生无穷无尽的“群体性汉奸现象”。因此，强调主权至上和独立自主原则，就不仅仅是一般的外交政策了，还是一种政治举措和文化建设战略。

关于这一点，近代大思想家梁启超先生就很有洞见。他在一生中撰写了许多有关的文章，阐述独立可以解决奴性、国家独立与个人独立相提并论的思想：“独立者何？不藉他力之扶助，而屹然自立于世界者也。人而不能独立，时曰奴隶，于民法上不认为公民；国而不能独立，时曰附庸，于公法上不认为公国。嗟乎！独立之不可以已如是也。《易》曰：‘君子以独立不惧。’孟子曰：

‘若夫豪杰之士，虽无文王犹兴。’又曰：‘彼丈夫也，我丈夫也，吾何畏彼哉！’人苟不自居君子而自居细人，不自命豪杰而自命凡民，不自为丈夫而甘为妾妇，则亦已矣。苟其不然，则当自养独立之性始。”[①] 梁先生发掘了先秦思想中的独立意识，希望中国人具备大丈夫的思想，培养几千年失去的我之意识和独立意识，认为缺乏独立意识，内不能兴民权，外不能争国权。

梁先生甚至将独立自主视为一种德性，认为没有这种德性的中国人无法建设独立的国家。要实现中国的独立，要从根本上持续消除中国人的依赖思想，这种依赖思想表现在近代以来的中国外交，但根子还是在国内的政治社会生活。故梁先生又说：“独立者何？不倚赖他力，而常昂然独往独来于世界者也。《中庸》所谓‘中立而不倚’，是其义也。人之所以异于禽兽者以此，文明人所以异于野蛮者以此。吾中国所以不成为独立国者，以国民乏独立之德而已。言学问则倚赖古人，言政术则倚赖外国。官吏倚赖君主，君主倚赖官吏，百姓倚赖政府，政府倚赖百姓，乃至一国之人，各各放弃其责任。……今世之言独立者，或曰‘拒列强之干涉而独立’，或曰‘脱满洲之羁轭而独立’。吾以为不患中国不为独立之国，特患中国今无独立之民。故今日欲言独立，当先言个人之独立，乃能言全体之独立。先言道德上之独立，乃能言形势上之独立。危哉微哉！独立之在我国乎？”[②] 但是，如何去培养独立的精神呢？首先要去提高自身的独立的能力。对外的独立人格和国格，要从对内的自治精神做起：“既奋独立之精神，尤当蓄独立之能力。……我国人诚欲独立，则不可不先谋自治。国者，个人之积也。故自治不必则之团体，而当先课之一身。职业足以自

① 梁启超：《独立论》，引自《饮冰室文集》之三，中华书局，1936年版，中华书局2003年重印，第63页。

② 梁启超：《独立与合群》，引自《饮冰室文集》之五，中华书局，1936年版，中华书局2003年重印，第43—44页。

活，知识足以自教，道德足以自善，才能足以自修，个人能自治矣。推而及之团体地方能自治矣。推而措之国家，一国之治毕举，内力完固，他力自不足以相侵。如是则独立之资格既完，而独立之威严可保。否则，难有独立之精神，恐无以持久而善其后也。”① 梁先生显然受到英美社会的历史经验的影响，认为要有独立的职业，独立的道德，形成社会自治的组织及传统，最后扩至国家层面的独立。这种路径是否完全适于中国，可能还有不少的相反的意见，然而梁先生强调内外一致，自治精神与主权精神不可分割，对外独立源于对内自强，民族精神需要重建，无疑是正确的。与我们今天讲的统筹国内与国际两个大局的思想也有暗合之处。

无论是爱国主义，还是独立意识，都是中国国家认同建设与民族精神建设的重要内容，虽然两者在某些语境并非完全一致，但是可以统一起来，而且其连接点之一便是强化中国的独立自主的和平外交政策。民族性格的改造，不能不受制于汤因比所谓的刺激——反应的逻辑。中华民族既然生活在国际社会中，就显然受到国际社会的影响，在长期国际互动中形成的独立自主的外交政策如果收到了良好的效果，显然就会增强民族自信心，并影响自身的性格改造，培养一种民族风气。从这种意义上讲，独立自主的和平外交政策根本上是一项基本国策了。

回顾历史，展望未来，尽管前文所述的四种历史类型的国际交往成份越来越大，国际社会化程度越来越深，但独立自主仍是其基本性质，后一种形态都是前一种形态的继续，每一个形态都存在于后一种形态，自力更生不仅是和平共处而且是开放共赢乃至全球责任的立足点，而和平共处同样是开放共赢与全球责任的基本前提。显然，也只有在开放共赢的基础之上，全球责任才能

① 梁启超：《论独立》，引自《饮冰室文集》之十四，中华书局，1936 年版，2003 年重印，第 9 页。

具有实现的可能。不论中国发展到什么程度，理性的中国外交立场都应该是基于自力更生、和平共处和开放共赢基础上的独立自主。这就是关于独立自主四种历史类型的辩证关系。它告诉我们，新时期的独立自主，既要建立在优秀历史经验的基础上，又要符合时代发展的新要求。那么，什么是时代发展的新要求呢？换言之，全球责任型独立自主模式需要如何体现独立自主的精神呢？

首先，全球责任型独立自主要切实举起和平、发展、合作的旗帜，这是新时代奉行独立自主的基础性工作。只有这样，才能实实在在地从开放共赢中获得实惠，增强中国自力更生的能力，才能巩固和平共处的积极成果，从而增强国际社会认同感。和平、发展、合作的旗帜引导一切外交工作，独立自主也不例外，这是新时期独立自主和平外交的出发点和底线。否则，独立自主就走向了“新形式的闭关锁国”，走向外交上的孤立主义和保守主义，落后于世界政治文明的步调，给中国的大国社会性成长设置障碍。目前，在国际金融危机还难见底、国际关系日益复杂化、大国崛起步伐加速的情形下，唯有坚定不移地走和平发展道路、实行开放共赢的战略、同所有国家发展友好合作，才能于风云变幻之中保持自我特性和维护中国独立。

其次，全球责任型独立自主要创造性地统筹国内、国际两个大局。外交与内政密不可分，独立自主从来不是外交工作的专利。外交上独立自主的完善很大程度上取决于国内政治经济社会的不断发展，而外交上的独立自主姿态又反过来推动国内的政治文明建设。目前，就推进全球责任型独立自主而言，统筹国内、国际两个大局尤其要注意以下几个方面：一是继续把国内的爱国主义教育和对外工作中的国际义务履行统筹起来；二是把国内的传统文化复兴和国际上争取话语权斗争统筹起来；三是把国内企业家伦理塑造和维护中国公民法人海外合法权益统筹起来；四是把国内民主法治及公民精神建设和维护国际法尊严、反对霸权主义、推进国际关系民主化结合起来。

第三，全球责任型独立自主要着重搞好以政治影响力为首的

“四力”建设。胡锦涛同志在第十一次驻外使节会议上号召中国外交“要努力使我国在政治上更有影响力、经济上更有竞争力、形象上更有亲和力、道义上更有感召力”，[①] 这四个方面的核心是对外软实力，它是对独立自主和平外交提出了新的要求。自新中国成立之日起中国的政治影响力很大程度上来自于中国坚持独立自主，坚决不拿主权与政治独立做交易，不做附庸，奉行有骨气的外交政策。时至今日这一点不能放弃，同时还要有新发展，即要顺应世界潮流，在更大范围参与国际事务，担负更加及时和适当的全球责任。具体地讲，要在国际政治新出现的大是大非面前拿出鲜明的正义和积极的政治立场（如全球气候控制）；要开辟几个能够影响世界舆论的国际议题倡议领域（如国际金融改革）；要主导更多的国际战略力量协调对话及其制度变迁（如 G8、G20 的制度改造及其集团间对话）；要让遥远的地方看到独树一帜的中国大国风范（如非洲、中东和拉丁美洲的中国援助和调停计划）等等。

最后，全球责任型独立自主要落实以巩固好发展中国家依托为基础的“三好”关系，即要运筹好对美关系，构筑好周边地缘战略依托体系，巩固发展好发展中国家在我外交全局中的基础地位。这三者之间也是一个辩证关系。对美关系是标志，周边依托是手段，发展中国家是依靠。目前，中美关系日益向着更加全面平等化、战略伙伴化、协商制度化方向发展，这为中国独立自主外交准备了更好的条件，但也带来了“成长的烦恼”，中国可能还要尽快地培养与适应如何在更加平等的对美地位上、在更强实力依靠的战略高度上、在更加广泛的全球利益视野下与世界上唯一超级大国进行合作与博弈的能力。这种能力的培养固然需要多方面的磨砺，但两个重大的考验是能否把周边地缘战略依托体系建

① “胡锦涛等中央领导出席第十一次驻外使节会议”，新华网，http：//news. xinhuanet. com/politics/2009—07/20/content _ 11740850 _ 1. htm。

设好，能否把昔日发展中国家对我国的大力支持维系发展好。其实周边国家与发展中国家是中国未来很长一段时期维持独立自主的基本战略依托，目前既有新的发展机遇也有严重的挑战，应对挑战的一个办法就是充分尊重各国国情和人民选择，在全局性、基础性和突发性领域加大对其援助力度，把传统的战略友谊延续好，开展与之更加互利共赢的合作关系，在经济合作与援助中增进一体化的联系与战略互惠关系，根本一条是中国以务实为原则的责任意识。有了这两个战略依托，对美的独立自主就有了坚实的基础。有了对美的独立自主，中国在国际上的和平外交政策就有了起码的独立立场，中国的政治影响力、经济竞争力、形象亲和力与道义感召力才有实质上的意义。

第六章 中国软实力战略中的和平主义文化

中国20世纪的大国社会性成长，得益于新中国奉行的独立自主的和平外交政策。进入新世纪之后，中国又适时提出坚持和平发展的外交道路，也是符合和平、发展、合作的世界潮流，和平形象是中国软实力战略的重要体现。

一、和平的形象与战略文化是中国软实力的重要内容

大国形象是软实力的重要内容。世界大国兴衰史表明，一个国力上有相当积累的强国要成长为大国，就不能不从一个更加全面的角度考虑到它的大国形象设计。日本早在20世纪60年代就完成了它的成长准备期，目前也处于迅速崛起的时期，但是，由于它在历史问题上采取了不认真的国际合作态度，

它的大国形象受到极大的损害，直接影响到它的联合国常任理事国的申请事业。大国形象的内涵到底是什么？似乎国内学界也没有定见。“形象”一词较普遍地运用在教育学特别是文艺批评中，原指“能引起人的思想或感情活动的具体形状或姿态”，或者“文艺作品中创造出来的生动具体的、激发人们思想感情的生活图景，通常指文学作品中人物的神情面貌和性格特征”。[①] 后来，“形象”一词转引到公共关系和管理学等领域。到了近来，随着政治学、行政学与管理学科、传媒学等新型学科的交叉发展，政府形象研究逐渐成为政治社会学的重点研究内容。建立一个面向公众的、开放型、沟通型的、为国际社会最认同的亲民政府，是政治合法性建设以及提高执政党的全面能力的重要方面。在国际关系研究中，民族国家的形象研究虽然不时地出现在国际政治学大师的华章之中，但很少作为一个单独的方向来研究。我们认为，一个国家的国际形象就是这个国家在国际社会印象中的基本精神面貌与政治声誉。而“大国形象”则是指现时代的国际社会中一个大国应该具有的良好精神面貌与政治声誉，它是一种理想目标，是国际社会从时代精神角度赋予大国的各种义务、责任。它并不是一个具体言尽的概念，也不是一个已经实现的事实，而是国际社会对大国的道义要求与精神认同，是一种社会建构。贝雷认为：“一个人的声誉并不是它拥有的品质，而是其他人对他的看法。”一个国家的声誉不是内在的或本身固有的，而是经过与国际体系中其他行为体长期的、持续的互动而获得的，脱离国际社会、脱离行为体之间的互动进程就不可能研究国家的声誉。[②] 国际

---

① 中国社会科学院语言研究所词典编辑室编：《现代汉语词典》，商务印书馆，1992 年版，第 1289 页。

② F. G. Bailey, ed., *Gift and Poison: The Politics of Reputation*, Oxford: Basil Blackwell, 1971，转引自王学东：“国家声誉在大国崛起中的作用”，《国际政治科学》，2005 年第 1 期，北京大学出版社，第 116 页。

社会对某一大国的所作所为与言语活动的普遍的观念反映，这种反映在某一个时段的沉淀，即是这个国家的国家形象。而国际社会对一个时代的所有大国的理想要求，即是这个时代国际社会的大国形象。

我们认为，当代条件下，一个良好的大国形象的形成至少包括五个方面的因素，即现代身份、世界贡献、战略意志、特殊责任、有效治理。首先，一个大国或者成长中的大国，在国际社会中安身立命的基础在于它有一个现代的国际身份。身份是一种社会形象或者社会承认。国际社会也有它的价值标准，也有它的现代性定义，它要求任何一个国家都要成为主权民族国家，要求任何一个国家都是开放的、法治的社会，要求任何国家建立民主政治体制和市场经济体制，要求任何国家都积极参与到国际社会网络中去。这些要求实质上就是国际政治社会化的要求与方向，体现了国际政治文化的核心内容。现代身份的培养是一个长期的过程，一些潜在的大国正在走向民主化、法治化、市场经济化，这种社会化本身就是现代身份的建构过程，这种明显的过程会大大增加这些国家的国际形象，并得到国际社会的道义与经济支持。其次，大国不同于小国，其中一点就是大国要对世界有较大的贡献，这种贡献既可能是科技进步，可能是制度创新，也可能是观念领先。世界贡献是古今大国的基本特征。第三，国际社会中，大国要体现出持续的战略意志，一个依附的国家不会成为大国。第四，大国之大，根本上不在面积之大，经济实力之大，而是来自一个国家的国际威信、世界贡献与特殊责任。特殊责任主要是指一个大国超出一般国家利益与责任范围之外的国际义务。大国的特殊责任与义务，是国际社会的基本特征，也是大国的基本特征。只有在关键问题上愿意、能够并切实担负了特殊义务的国家，才能够形成真正的大国形象，才能成为众望所归的大国。第五，一个真正的大国形象，还必须具备一定的实践能力，即是满足与实现上述四大需求的能力。这种实践不但指强大有效的话语实践，更涉及卓有成效的国际公共事务管理。中国在和平发展为世界重要的和平力量的进程中，也要认真地对待以上五个方面的软实力建设。邓小平可能是近代以来中国领导人中最重视大国形象的政治领袖。据统计，《邓小平文选》第三卷中直接论述中国国家“形象”、民族“形象”的文字总共有12处，这在中国主要政治家的论著中是罕见的。邓小平从辩证唯物主义与历史唯物主义的基本立场观点出发，把国家形象、民族形象的塑造与改变看成中国革命与建设的一件大事，看成中国共产党政治成就的主要体现。邓小平同志是新时代中国国际形象的“总设计师”，他对于中国如何处理与国际社会的关系，中国如何树立良好的国际形象，树立什么样的形象，都著述甚多。有学者总结出邓小平同志关于新世纪中国国际形象建设的五个方向。[①] 我们认为，小平同志明确提出的主要是中国的四种国际形象，即和平力量的形象、改革开放形象、安定团结形象以及独立自主形象。其中，中国和平力量的形象居于首要的地位。小平同志认为，要“高举反对霸权主义、维护世界和平的旗帜，坚定地站在和平力量一边”，“树立我们是和平力量、制约战争力量的形象十分重要，我们实际上也要担当这个角色”，以增强“中国在国际上的地位”和“中国在国际问题上的发言权”。[②] 要维护中国的和平形象，除了发展中国的和平力量，在联合国安全理事会主持公平正义，积极参加世界性的维持和平行动，反对霸权主义与强权政治等外交层面的实践之外，一个重要的方面是维持和发掘中国的和平主义战略文化。

---

① 施芝鸿：“‘总设计师’怎样设计中国的‘形象’”，《人民日报》，1994年4月18日第五版。

② 邓小平：“在军委扩会议上的讲话”，《邓小平文选》第三卷，人民出版社，1993年10月第1版，第128页。

战略文化，简单地讲，是指一个民族或政治共同体贯穿于其世界观、战争观与和平观的长期性、根本性理念。理论上讲，战略文化随着该民族或政治共同体的结构转型会发生相应的变化，然而，从实践中看，它在有史料记载的年代里却体现出顽强的生命力和稳定性。不同国家的战略文化传统根植于这个民族独特的地理环境、经济形态、历史经验和文化特性。一个民族的历史越悠久，社会形态更替得越慢，文化的内向性越强，这个民族的战略文化传统就越能发挥作用。中国就是如此，中国社会几千年来的超稳定结构，造就了中国战略文化传统的超稳定性，也深深地形塑着历代统治阶级的国际战略选择。另一方面，中国原本就是一个以文化为中轴的超大型社会，“与其将中国视为政治实体还不如把它视为文明实体”，[①] 文化特性可能比经济特性更能界定中国社会的特征，战略文化可能比力量格局更能够影响中国的国际战略选择。因此，研究中华文明中的战略文化传统，对于理解中国国际战略选择就显得尤为重要了。

中国是世界战略思想的宝库之一，早在古代就已形成了较为成熟的战略文化传统，先秦诸子百家学说、汉晋的经学传统都是中国战略思想的重要载体。[②] 20 世纪中后期特别是末期以来，国内外学者掀起了一股研究中国战略文化的热潮。这种热潮的一个重要背景是，中国逐渐由地区性大国向世界性大国迈进，中国的崛起能否对世界和平构成威胁这个问题越来越引人注目，人们希望从中国战略文化传统中寻找答案。这场研究中，人们使用了“战略思想”、“战略文化”、“战略思维”、“战略观念”等不同的名

① 罗素：《中国问题》，学林出版社，1996 年版，第 164 页。

② 这里我们研究中国古代的战略思想，不是复数，而是单数，是指总的来讲中国古代战略文化的主旨是什么，而不是微观意义上的战略方式，如联盟战略、均势战略、霸权战略等等。当然，这些具体的战略方式对于实现总的战略目标是非常重要的。

称，并对这些概念之间的关系作了区别，[①] 但研究的主旨却是同一的：中国近代以前所奉行的基本战略文化是什么样？这些战略文化是如何产生的？它的文化底蕴如何？

研究中国的战略文化传统，一个基本的路径就是，研究中国传统文化理念中的世界观、战争观以及和平观。这不难理解，因为“中华民族具有共源性的传统文化，它不仅蕴含着我们民族精神历久不衰的秘密，而且也是我们民族传统战略思维的根基”。[②] 从军事文化甚或从兵法研究中研读中国传统战略文化，也是非常可贵和有益的。不过，这种研究多数与文化研究殊途同归，终究回到先秦圣贤的哲学思想里。况且，我们在第二章中已经对战略概念作了基本的界定，所以，我们不囿于具体的兵法研究，而是从整个中华文明的主流文化传统中探究中国战略文化的渊源。从上文关于中西世界主义的比较中，我们了解到中国缺乏西方社会的狭隘民族主义和国家主义的社会基础，而形成了消极守拙、自然天成的世界主义。

中国和平主义的战略文化的形成，有几个重要的原因。第一个原因与古代中华民族的生存空间有关，它给了中华民族充足的安全感和自足感，这是英国、法国、俄罗斯、日本乃至美国所不能比拟的。中华民族的所谓天下，有其独特性，首先，它足够大，有着欧洲数十个国家的领土，中原地区土地肥沃，以农耕为主的华夏民族完全可以自足自给，无需通过海外掠夺来给养自己。而作为西方文明源泉之一的希腊社会则不同，它的城邦制度是依靠奴隶经济和海外贸易来支撑的，没有对外交往和贸易，希腊社会

① 李际均：《军事战略思维》，军事科学出版社，1998 年版，第 1—20 页；钮先钟：《战略研究》，广西师范大学出版社，2003 年版，第 88—143 页；宫玉振：《中国战略文化解析》，军事科学出版社，2002 年版，第 1—10 页；王文荣主编：《战略学》，国防大学出版社，1999 年版，第 61—71 页。

② 李际均：《论战略》，解放军出版社，2002 年版，第 7 页。

难以长久。其次，中华民族处于一个十分封闭的地理环境之中，北面是寒冷的荒原，西部是难以逾越的高原和沙漠，南面和东面又是无尽的大海，这种封闭的地理环境一方面限制了中国的对外活动，另一方面也给了中国人以较优越的安全感，所以，历史上绝大多数古代中国人关注的只是大中华内部的统一，而不太在乎对外扩张。

第二个原因是中国的传统思想中的“以德怀远”战略或礼治战略。中国人希望天下一统，笃信“华必统夷”，推行“尊王攘夷”、“以夏变夷”，坚信中国一定要统一周边地区并促使这些落后地区发生有利于中国的变化。但这种“变”的最好方式是孔子所说的，“远人不服，则修文德以来之”，把自己的社会建设得十分文明了，其他国家自然会来学习和服从。朱熹对此种思想作了进一步的阐释，“内治修，然后远人服。有不服，则修德以来之，亦不当勤兵于远”，[①] 影响其他国家要依靠发达的文明来感化，而不是诉诸武力。这种战略文化，用当代国际政治的语言就是：一是要做好自己的事，集中精力把内政搞好，不要搞对外干涉主义；二是要通过自己在国际社会的道德力量和良好形象来获得其他国家的认同，让其他国家自愿地服从本国的治理；三是在无法达到令他国服从的情况下不能动用武力。中国对外关系史上不乏“修德怀远”的成功范例：汉武帝派遣司马相如招抚西南边境诸国，唐太宗对夷狄实行平等政策，明成祖派郑和下西洋等等。郑和远洋是在 15 世纪初，中国当时处于世界一流强国地位，明朝阵容庞大的远洋活动历时 29 年，涉足近 30 个国家与地区，远至阿拉伯半岛和非洲东岸，促成了约 17 个国家和地区对明朝的朝贡活动，以和平的方式建立了东方式的国际关系体系，即朝贡体系。郑和给沿途国家带去的是比这些国家向明朝呈贡多得多的物品，没有

① 朱熹：《论语集注·季氏》。

在海外地区进行任何掠夺活动，没有侵占外国的任何土地，郑和也没有对任何地区进行军事占领，除了在第二次和第三次远航时（分别在旧港和锡兰），为避免灭顶之灾被迫采取自卫外，从未主动诉诸武力，即使在部下 170 多人于爪哇被误杀的情况下，也未动用手中的数万精兵进行报复，而是通过和平方式进行协商。明朝的这种和平之旅，是国际关系史上的奇迹，也是中国天下主义及其和平主义倾向的一次集中体现，充分表现了中国的对外战略和朝贡体系情况，反映了“奉天循理，保境睦邻，庶共享太平之福”的基本目标。[①] 与此形成鲜明对比的是，不到 100 年后，哥伦布等人开始征服北美和亚洲、非洲，滥觞于西欧的全球化进程，给世界送去无尽的殖民战争和商业侵略，无情的奴隶贸易和鸦片运输，以及无休止的军事占领和资源掠夺。

第三个原因是，中国古代大一统观念下的民族融合始终是历代民族互动关系的主流。中国人坚信“天下一家”、“大一统”，认为华夏文化终究要同化夷狄文化，最终达到华夷无别、遐迩一体的最高境界。所以，不但历代君王抱定“分久必合”的理念，反对地区割据和民族分裂，追求天下统一，而且通过军事征服在中原建立政权的各少数民族也往往认同这种大一统观念，采取种种手段促进民族融合和重建中华礼治。结果，中国历史上虽不乏战争，但多数是中国内部汉政权之间的战争和国内民族战争，对外战争很少（如戚继光抗击倭寇和郑成功收复台湾等），中国人军事上即使失败了，文化上也能同化他族，最后达到本民族的再扩大，故实在没有必要去向外扩张。因此，中国人除了为解决国内贫富分化的周期性内战外，对外战争的动力相当弱小，与五千年的文明相比较而言，中华民族总的来说生活在相对和平的环境里。这

① 《明史》，卷三百二十四《暹罗传》，转引自张维华主编：《中国古代对外关系史》，高等教育出版社，1993 年版，第 288 页。

种情况久而久之滋生出强大的和平主义理念，钱穆先生对此有一段绝好的结语：

> “中国历史正因为数千年来常在一个大一统的和平局面之下，因此他的对外问题常没有像他对内问题那般的重要。中国人的态度，常常是反身向着内看的。所谓向内看，是指看一切东西都在他自己的里面。这样，便成为自我一体浑然存在。西方历史则永远在列国纷争，此起彼伏的斗争状态之下，因此，他们的对内问题常没有对外问题那般的重要，西方人的态度，则常常是向外看的。所谓向外看，是指看一切东西都在他自己的外面，所以成为我与非我屹然对立。惟其常向外看，认为有两体对立，所以特别注意在空间的‘扩张’以及‘权力’和‘征服’上。惟其常向内看，认为只有一体浑然，所以特别注意到时间的‘绵延’以及‘生长’和‘根本’上。”①

钱穆先生的确道出了中国和平主义战略的哲学根源，在一个缺乏费希特（Fichte）“自我”理念，倡行“天人合一”或“小我”的文化世界里，积极世界主义无从谈起。我们可以说，从主流上讲，中国民族独特的生存空间和农业文明产生不了像日本《明治遗训》、德国《德皇雄图秘著》、俄国《彼得一世遗嘱》那样富有扩张倾向的军国主义世界主义，② 也产生不了英布战争和美西战争背后所蕴含的同样富有扩张倾向的资本主义世界主义。这种特殊地缘环境下的农耕文化，注定要孕育出一种独特的和平战略观念。

---

① 钱穆：《中国文化史导论》，商务印书馆，1995年版，第14页。

② 李际均：《军事战略思维》，军事科学出版社，1998年版，第118—146页。

二、文化天下主义建构了中国的和平战略文化

1. 富有扩张性的西方世界主义

“世界主义”（Cosmopolitanism）一词是 17 世纪以降西方学者日渐频繁使用的词语，19 世纪末 20 世纪初西学东渐之盛时开始在中国流行，但中外学者很少给它明确的界定，而往往将之与“普世主义”、“国际主义”、“全球主义”等意义相近的词语混用。在西方神权统治的中世纪时代，世界主义开始在较大的范围内凸显，它主要限于宗教层面，其要旨在于上帝对全人类实施的惠泽是普世性的，而不在一地一隅，一种一族，它的对立面是区域性宗教和歧视性教义。基督教早期教父克雷芒（Creman）、奥古斯丁（Augustin）等提出的复兴论、普救论等其实是宗教世界主义的萌芽，其关于“基督的救赎普及全人类”的理念，特别是奥古斯丁关于“历史的终极是‘上帝之国’在人间实现”的思想，对后世的世界主义产生了深远的影响。

西方世界主义思想发展的第二个重大时期是文艺复兴和启蒙运动时代。这个时代，世界主义的核心概念是理性、进步，其对立面是威斯特伐利亚和会以来的民族国家体制及其基本原则——国家主义。如果必须找出一位近代世界主义思想家的话，康德（Kant）无疑是最有代表性的。康德受到理性主义和进步主义的影响，提出了一种共和主义“世界主义”史观：

“尽管这一国家共同体（指超国家的、各民族联盟的、共和国际政府）目前还只是处在很粗糙的轮廓里，可是每个成员却好像都已经受到了一种感觉的震动，即他们每一个人都依存于整体的保全；这就使人可以希望，

> 在经过许多次改造性的革命之后，大自然以之为最高目标的东西，——那就是作为一个基地而使人类物种的全部原始秉赋都将它那里面得到发展的一种普遍的世界公民状态，——终将有朝一日会成为现实。”①

康德相信，人类社会的合规律性和合目的性的发展，必然导致一个由自由共和国联盟组成的世界政府，这个世界政府会给人类带来永久和平。康德这种表面上充满理性、进步精神和乐观主义情怀的世界主义理念，从唯物主义的观点看，实质上是由西方世界殖民战争开道的商业与资本全球化的世界主义。早在1492年哥伦布（Columbus）“发现”“新大陆”的时代，经济全球化就开始了，资本从西南欧向全欧洲、拉丁美洲、亚洲乃至全世界进行血腥扩张。到了康德时代，资本扩张的精神形式以世界主义重现于世，用马克思与恩格斯的话，“各个相互影响的活动范围在这个发展进程中愈来愈扩大，各民族的原始闭关自守状态则由于日益完善的生产方式、交往以及因此自发地发展起来的各民族之间的分工而消灭得愈来愈彻底，历史也就在愈来愈大的程度上成为全世界的历史”。② 但是这种世界主义思潮的势头和影响，很快因拿破仑战争及其引起的全欧洲范围内的民族主义浪潮所抵销。

19世纪末以来，世界主义浪潮再度在西方世界兴起。它的一个基本方面是列宁所说的自由资本主义上升为帝国主义，资本实现全球性联合，并以国际卡特尔、跨国银行，以及后来的跨国公司、国际货币基金组织和世界贸易组织为重要载体，掀起了一场超越民族国家界线的世界生产一体化、金融一体化、贸易一体化，

---

① 康德：“世界公民观点之下的普遍历史观念”，《历史理性批判》，何兆武译，商务印书馆，1997年版，第18页。

② 马克思、恩格斯：“德意志意识形态”，《马克思恩格斯选集》第1卷，1972年版，第51页。

其最终目标是文化一体化和政治一体化。这个进程构成了经济全球化的基本方面。世界主义不但表现为全世界殖民体系的最终破裂和民主制度（无论资本主义民主，还是社会主义民主）在全球的基本实现，而且更重要的表现为国际组织在这个100年间的迅速发展。据不完全统计，1900年，政府间国际组织仅有30个，而到1997年增长了900%，达到了272个；1900年仅有69个非政府间组织，而到1997年其数目增长了7000%，达到了5000个左右。如果说，政府间国际组织只是部分地超越了国家主权的话，[①] 那么，非政府间国际组织却是从更大的意义上具有世界主义意义。如果说，这272个国际组织在体现世界进步的同时，很大程度上反映了以美国与欧盟为主的西方世界，利用各种机会和形式，向非西方国家推行西方的价值观、政治文化和世界秩序，企图实现西方理念为主导的“文化全球化”和“政治全球化”的话，那么，被称为“全球民间社会”的这5000个非政府间组织，则因主张全球自由人联合，摆脱民族国家利益的束缚，从全世界的共同利益出发思考“全球性危机”和“全球性问题”，确实代表了一种更加纯粹意义上的世界主义。换言之，前一种国际组织本质上是一种现代主义的世界主义，而后一种国际组织则近乎一种后现代主义的世界主义。这两种世界主义运动并行不悖，反映在各种国际关系组织化的复杂进程中。这种进程在当代的最高成果，是欧洲一体化取得了高度发展，诞生了具有统一货币、统一社会政策和外交与防务政策的欧洲联盟，标志着一种最新形式的超国家主义，并预示着下一步西方世界主义的发展趋势。

必须特别指出的是，当代以国际组织与非政府组织为体现的西方世界主义，尽管以理念的形式展现着人类社会发展的未来趋

---

① John T. Rourke, *International Politics on the World Politics*, Dushkin/McGraw-Hill, 1997, pp. 57—61.

势，并时时为理想主义为怀的政治家与学者所称道，但并不代表眼下国际政治的现实主流，一种以“历史之恶”面目出现的权力操作意义上的西方世界主义，却是更加经常地赤裸裸地表露在国际关系之中。仅以冷战结束以来的国际关系史为例，西方世界主义理念外化为三种类型的暴力行动。

一是联合国的新干涉主义，这是一种全球范围的西方世界主义，是大多边主义，它通过权力操作和把西方主要国家的战略文化理念和主导意志上升为联合国的新准则，并以联合国的旗号强化其世界合法性，通过全球多边主义行动来推行西方理念一统世界的宏大设想。虽然发展中国家和非西方国家也基本上认同这种规范，但是无疑以联合国面目出现的这种新准则，是由西方话语霸权把持的，其结果就是没有国际公共舆论限制的西方暴力。在中东等地燃起的战火，在其合法性销烟的背后闪烁着西方式世界主义的火焰。

第二类暴力行动就是北约的世界主义冲动，相比较联合国而言，它算是小多边主义。北约成员国几乎囊括了所有的主要西方国家。美、欧、加等国要实现其国际意志，首选是联合国安理会这个唯一的国际公共权力机构，但是，在无法借重联合国这个最合法平台的情况下，就以北约这个军事性国际组织来实现其世界主义的理念。北约在 1999 年发动的科索沃战争以及围绕这次战争建构出的北约“战略新概念”，成为西方世界主义暴力的鲜明写照。南斯拉夫在 20 世纪 90 年代成了欧洲的另类，成了与西方政治文化观念格格不入的国家。西方既然不能说服米洛舍维奇总统和南联盟尽快以西方所希望的方式加入自由民主国家体系，就下决心将曾经视为珍奇的主权原则和联合国安全机制暂时放在一边，以“种族清洗”、“反人类罪”之名，动用高技术兵器将南联盟的非西方体制统统摧毁，实现了欧洲的“统一”，演出了一幕“人权高于主权”的历史暴力剧。

“最后一类暴力表演，就是21世纪初期小布什领导的美国政府，奉行了咄咄逼人的‘帝国战略’。这比小多边主义更为强悍，是单边主义的战略取向。建国以来的历届美国政府都在追求一种世界主义情怀，在美国战略思维的最深处，坚信‘美国例外论’，即美国是独一无二的国家，应当也有能力担当起领导世界的责任，并把自己的意识形态和价值理念普及到世界的各个角落。美国的这种世界理想不似中国那样把实现的重点放在‘修德来远’上，而是继承了基督教的‘十字军’精神，希望用武力来逐步实现。从西进运动，到美西战争；从一战到二战；从战后初期的‘大规模报复战略’到目前小布什的‘先发制人’战略。小布什的终极目标与康德是一致的，即建立世界性的自由民主体制。但不同的是，小布什认为这种和平世界的主角应该是美国，建立这种永久和平的方式则是残酷的暴力和先发制人的扩张。资中筠先生在透视小布什发动的伊拉克战争时说，战后几十年来美国越来越倾向于用武力解决国际争端。我们沿着资先生的思路看下去发现，虽然小布什妄图建立‘美国治下的世界和平’的帝国战略，在使用武力上几乎达到了美国制度和美国经验所允许的极限，然而我们又不能不叹息，难道美国式军国主义的发展不正是西方世界主义情怀所致吗？从根本上讲，美国在伊拉克战争中所陷入的合法性危机，不正是西方世界主义背后的理性原则的当代异化吗？”①

① 郭树勇：“战争合法性与美国军国主义”，载《博览群书》，2003年第5期，第9—15页。

无论基督教的救世主义世界主义，还是康德的共和主义世界主义，抑或目前大行其道的经济全球化或文化殖民主义，以及联合国新干涉主义、北约“战略新概念”和美国的“帝国战略”，都强烈地反映出西方世界主义的一个根本特征，即在一种信仰支配下采取各种手段向外扩张，以实现西方观念中的“天下大同”。近代以来数不尽的宗教战争、商业战争、殖民战争、“民主”战争，自罗马走向中东，从英伦三岛走向欧洲，从欧美走向世界，成为这种世界主义合乎逻辑的外化。

赛亚·柏林（Isaiah Berlin）研究政治思想时，运用了“积极自由”与“消极自由”的概念。所谓消极自由，是一种最低限度的自由，这种自由不可以被公共权威所吞噬掉，实质上是一种守成和内向式的自由。所谓积极自由，是指只要我喜欢我就选择，追求自由是自我意志的宣泄，而不必考虑任何外界的力量，这种自由实质上是一种扩张式的外向性自由。[①] 我们可以借鉴柏林先生的“积极”和“消极”概念，把西方的这种世界主义，称之为积极世界主义，所谓积极，是指这种世界主义是不受限制的，强调本民族或本文明的选择意志，意志所及即世界主义所指，而不在乎他民族或他文明的感受力，并且以本民族或本文明为最优，具有救世主义的味道，兼扩张主义的本质。与西方世界主义不同，中国的天下主义则是一种消极世界主义，这里的“消极”强调世界主义只是一定限度、较为克制的世界主义，是一种守势内向式的世界主义，不但肯定自身的世界主义取向，更考虑到他民族或他文明的认同，这种世界主义基本上是一种和平主义的世界观，是中国和平外交战略思想的源泉。

① Isaiah Berlin, *Four Essays on Liberty*, Clarendon Press, 1958.

2. 中国的天下主义

美国学者约翰·斯顿明（John Stamming）曾经很精彩地对比了中国与美国的战略文化渊源："美国偏好于以救世主自居，以十字军远征的方式使用军队，其根源在于早期共和的道德主义及其可以理解的战略脆弱性。中国的偏好是有节制地、被动地、防御地使用军队，其深刻的历史原因在于古代战略家管理国家的技巧和其自感优越的世界观。"[①] 的确如此，中国之所以具有区别于西方的战略文化传统，在于未产生出西方那种扩张型的积极世界主义。中国消极世界主义的根源在于中国几千年来对世界拥有独特的看法，这种看法可以总概为"天下主义"，或东方世界主义。理解中国人的"天下"观，有助于探究中国和平战略传统的源头。

"天下"是一种纯粹中国式的概念。这个概念是复杂意义的统一体，它既具有稳定性，又具有伸缩性；既具有明确性，又具有模糊性；既具有多维性，又具有层次性。首先，"天下"是稳定性和伸缩性的统一。所谓稳定性，是指古代中国人普遍认为，天下之本在于中国，中国是天下（世界）的中心，这种世界观在清代之前基本没有动摇过，研究中国文化的西方学者因此给中国传统的世界观念，起了一个特有的名称叫做"华夏中心主义"。[②] 伸缩性表现在，随着中国对外交往的扩大，天下的范围也在变化，有时天下就是中国，如"以天下为一家，以中国为一人"（《礼记·礼运》），有时天下远远大于中国，如司马迁在《史记》中所记录的世界，就有中国与天下之分，中国就是汉天子统治之下的中国，但天下的范围要大一些，因为其所记载史事的地理范围包括了公元前2世纪中国所知道的世界。"司马迁沿用中国古代的习惯说

---

① 吴如嵩：《徜徉兵学长河》，解放军出版社，2002年版，第27页。

② J. K. Fairbank, *Chinese Thoughts and Institutions*, Chicargo University Press, 1957.

法，笼统地界定这个已知的世界为‘天下’，这个‘天下’东起朝鲜，西迄大夏、安息，几乎是亚欧大陆的一半。”[①]从这种意义上讲，天下与中国具有了某种互动的关系。

“天下”又是明确性与模糊性的统一。“天下”的含义是明确的，即它位于“天”之下。天就是上帝，殷朝有了上帝的概念，到了周朝上帝称为“天”，周王是君权神授，代天牧民，所以有“丕显文王，受天佑，大命”（《大盂鼎》），“皇天既付中国民越厥疆土于先王”（《周书梓材》）的说法，[②]故周朝之后的君主逐渐使用“天子”的称谓，而天下就是天子统治（已经或即将统治）的地区，“普天之下，莫非王土；率土之滨，莫非王臣”（《诗·小雅·北山》），人们所能够认识到的区域，都是周天子统治的地盘，而这些地盘就是天下。但是，“普天之下”，“率土之滨”，到底是指哪些领域，古人又不可能说清楚，完全凭借自己的信仰和想象去判断，故“天下”又是模糊的。

“天下”又是复杂性与层次性的统一。中国古代的“天下”观还具有复杂多维的特点，它有时是地理的概念，“六合之内，皇帝之土”（《史记·秦始皇本纪》），六合就是六个方向的边区；有时是文化的概念，如众所周知的“天下为公”、“天下大同”的说法，透露出中国人对和平与公正社会的文化追求，天下成了这种追求的最高境界；有时超越于国家、社会之上，如中国人追求“修身、齐家、治国、平天下”的不同境界，有时又融家、国于天下之中，有“天下一家”的理念，因此钱穆说，“中国人常把民族观念消融在人类观念里，也常把国家观念消融在天下或世界的观念里”，确实一语中的。[③]“天下”复杂的意义系统中，又显现出一定的层次

① 毛昭晰，吴于廑：“世界历史”词条，《中国大百科全书》外国历史卷，大百科全书出版社，1991年版。

② 杨荣国：《中国古代思想史》，人民出版社，1954年版，第27—28页。

③ 钱穆：《中国文化史导论》，商务印书馆，1995年版，第23页。

性，这种层次性体现在“华夷之辨”的观念意识中，呈现出种族之别、地域之别和文化之别等方面的层次区分，从种族上讲，天下有正宗的华夏族与非正宗的“夷”、“狄”、“戎”、“蛮”的区分；从地域上讲，天下有中国与四方（又称“四夷”、“四裔”）之分，“夫天处乎上，地处乎下，居天地之中者曰中国，居天地之偏者曰四夷，四夷外也，中国内也”，[①] 四夷即“南蛮、北狄、东夷、西戎”，是边缘地带，中国居于天下之中枢，是核心地带，中国比四夷重要；从文化上讲，天下又包括中国“礼义之邦”与夷狄“不化之地”。因为，按照中国传统思想，“君臣华夷，古今天下之大分也”，“中国之所以贵于夷狄，以其有父子、君臣之义耳”，[②] 正像天子与辅臣象征着优劣的社会身份一样，中国在文化上也优于四夷，前者是文明世界，后者是野蛮世界。

从上述的“天下”概念可以看出，无论是中国也好，四方也好，虽然不失地理意义和政治意义，但由于民族国家意识的淡薄和对礼义的推崇，它主要演变为一个文化概念，天下（中国）不过是具有松散政治形态的大文化区而已。[③] 因此，进一步了解中国的天下主义，就要了解中国主流文化传统中的天下观念。这一点首先可以从儒家的经典著作《礼记·礼运》中看得较为清晰：

> “大道之行也，天下为公。选贤与能，讲信修睦。故人不独亲其亲，不独子其子，使老有所终，壮有所用，幼有所长，鳏寡孤独废疾者皆有所养，男有分，女有归。货恶其弃于地也，不必藏于己；力恶其不出于身也，不必为己。是故谋闭而不兴，盗窃乱贼而不作，故外户而

---

① （宋）石介：《徂徕石先生文集》卷十，陈植锷点校，中华书局，1984 年版。

② 参见南宋郑思肖：《心史》以及北宋胡安国：《春秋传》。

③ 雷海宗的观念，见梁漱溟：《中国文化要义》，学林出版社，1987 年版，第 19—20 页，转引自李少军：《国际政治学概论》，上海人民出版社，2002 年版，第 526 页。

不闭。是谓大同。……圣人耐以天下为一家，以中国为一人者，非意之也。必知其情，辟于其义，明于其利，达于其患，然后能为之。”

3. 文化天下主义建构了中国的和平战略文化

大同社会是文化主义天下观的理论预设与理想归宿。中国儒家文化的道德理想世界，是治理天下之最高境界，也就是“礼治世界”或“仁”的世界。这种世界虽然在古代中国历代没有实现，但却是一个不懈的追求。从“天下为公”的思想中，我们能够捕捉到天下主义的世界主义情怀。梁启超先生认为，“天下”与“城郭沟池以为固”相对，是在主张一种“超国家”的组织，以全世界为政治对象。“故人不独亲其亲”和“圣人耐以天下为一家，以中国为一人者，非意之也”则表达了中国人“国际间”“超家族”的同情心和“全人类情义利患之于我躬”的世界主义意识。[①] 实际上，梁启超先生所谓先秦政治学说三大特色之首的世界主义，的确可以从中国古代政治人物活动中普遍地透视出来。中国古代各民族融合的力度与速度是西方不可比拟的，民族间界线模糊，国家观念淡薄，周文王的母亲是从殷朝某小国远嫁而来的，晋文公的母亲原为狄国人，孔子、列子、墨子等先秦百家，周游列国，并不将自己的事业局限于一国，而把实行“仁政”，实现“天下为公”、“天下太平”作为自己的终极目标，因此经常更换效力的国君，根本不必担心被世人耻笑为“卖国贼”。这说明，古代中国的文化思想里，充斥着“平天下”的世界主义胸怀，鲜有西方那种狭隘的民族主义和国家主义观念。

① 王焰编：《梁启超学术论著》（魏得良校），浙江人民出版社，1998年版，第75—76页。

这种文化主义的天下观是中国文明变迁的一个根本背景，在推动中华文明发展的过程中起到了至关重要的作用。其作用的路径主要有两条：一是华夏中央王朝基本上沿袭了一种恩威并用、以恩为本地处理与周边民族关系的“外交”模式；二是华夏各民族之间互动过程中少数民族则基本上沿袭了一条接受、学习中华文化并最终融入中华民族的轨迹。把这两个方面结合起来看，我们就会发现中国古代文明史有一个突出的特点，即中华民族融合的历史不是以暴力征服模式为主的，而是以和平主义文化教化模式为主的，[①] 文化天下主义某种程度上建构了中国的和平战略文化。

现在，我们可以更加清楚地比较中西两种不同模式的世界主义。第一，世界主义的内涵不同。西方世界主义实质上是一种积极世界主义，它把本文明对于世界的观念等同于世界的本质，并视之为自身意志的实现，且努力将自身意志上升为整个世界的意志，而东方世界主义则是一种消极世界主义，它在强调自我选择的同时，也尊重他文明的选择意志。西方学者曼考尔曾有平实的语言谈到这种区别：“中国人自身文明知识体系里并不包括侵略性的使命。……中国人总是欢迎其他民族成为他的文明世界的一员，但是却不像 19 和 20 世纪的法国人、英国人和美国人那样试图通过征服的方式使世界开化，结果使世界变成了自己的复制品。”[②] 第二，世界主义的历史路径不同。如钱穆先生所言，西方世界主义实现的历史经验是由点向面，即文明由精华集聚的小中心点向外慢慢散发，而中国的情况正好相反，是一种由面向点充实，中华文明大处落墨，先布下一个大的边缘不太确定的局面（即“天下”），然后吸引周边地区各民族向中心地带固结，内聚充实成一

---

① 李少军：《国际政治学概论》，上海人民出版社，2002 年版，第 522—523 页。

② Mark Mancall, *China at Center*: 300 *Years of Foreign Policy*, New York: Free Press, 1984, pp. 11—12.

个文明结合紧密的共同体。① 第三，世界主义的实现手段不同。西方在实践其世界主义理念的过程中，既注意宗教输出和文化感召，更注意生产力的输出特别是暴力和战争，而中国文明在内聚的过程中则主要是依靠非宗教的文化感召。前者引发了无数的战争与冲突，而后者则实现了一次又一次的民族大融合。

三、中华文明中的战争观与和平观

从中国战略文化传统发生学的角度看，天下主义的世界观是一种原始的观念背景，而战争观、和平观则是它和平主义战略的思维基础。与消极、和平式的天下主义意识相一致，中国古代人关于战争与和平的看法也是独树一帜的，总结起来主要有三个方面，即“和为贵”、“慎战”、“礼战”，用现代国际政治学的话语来说，就是和平观念至上，慎行战争手段，坚持合法性战争。这三种观念贯穿于几千年的战略思想史，使中国对外关系和民族融合史中的战与和辩证关系方面，呈现出独特的景观。

1. 和平观念至上

“和平”一词，可能最早出现在《易传》里，即“圣人感人心而天下和平”，这里的和平含义与现在的相差不多，又具中国特色，把先古圣贤统治者的权威统治作为世间安定的前提条件。到了先秦后期，和平思想普遍存在于诸子百家中。除了法家或兵家之外，恐怕没有多少哲人未曾说过崇尚和平的箴言。孔子提倡“礼之用，和为贵”，把和平与礼治的理想社会秩序一同放到了极高的地位；墨子的“非攻”、“兼爱”思想更是脍炙人口；老子怀

① 钱穆：《中国文化史导论》，商务印书馆，1995 年版，第 177 页。

抱“小国寡民”、“无为而治”的政治理想，极端厌恶战争，称“兵者，不详之器，物或恶之，故有道者不处”（《老子·第三十一章》）。总之，有关和平的论述可谓不胜枚举，但要全面地把握中华文明的和平观，需要进一步认识到和平观念是一个体系，是一个各个方面有机联系的整体。大致看来，和平可分为作为最高目标的和平；作为手段的和平；有梯级层次的和平（世界和平、国家安定与个体和谐），以及与德治相联系的和平（霸道秩序与王道秩序）。

作为最高目标的和平，往往体现在先秦百家特别是道家、墨家和儒家的理想社会观念中，如“平天下”、“大同”等等，它固然反映了当时小农经济条件下广大人民群众对于安定生活的热切向往以及地主阶级对于维护礼治社会的强烈要求，但由于经济基础长期未变，就逐渐物化成稳定的国民心理，并进一步上升为几千年的政治文化。

作为手段的和平，主要体现在墨子、孔子和老子等对战争手段的敬而远之观念，他们提倡“非攻”、“仁政”、“无为之治”等非军事手段达到统一和维护秩序的目的，告诫统治者“以道佐人主者，不以兵强天下，其事好还。师之所处，荆棘生焉。大军之后，必有凶年”（《老子·第三十章》）。以和平作为解决“国际”争端的手段，也反映在各政权之间的互动实践上，比如，天下大乱的春秋时期，部分诸侯国缔结了“和平同盟”，其盟约之一就是名义上要尊拥周王，“各同盟国家相互间，则不利用侵略及战争。凡遇外交争议，皆由各国申诉于盟主国，听候仲裁”。这种制度维持了近百年的和平。[①] 而汉唐时期盛行的“和亲”政策，也是有中国特色的“和平解决国际争端”制度，有意思的是，这恰巧是在中国政权实力强盛条件下实施的，所以更反映了中国和平主义思

① 钱穆：《中国文化史导论》，商务印书馆，1995年版，第34页。

想的根深蒂固。

有梯级层次的和平，在我们的祖先中也较为流行，它主要体现在“内圣外王”、“修身、齐家、治国、平天下”等政治文化理念里。“梯级和平”是一个独特的中国概念，它的基本内容是：和平是“天人合一”的外化，世界和平与国家安定、个体和谐息息相关的，个人的修养平和是家庭和睦的基础，而家庭和睦又是国家安定的前提，最后只有国家安定才能天下太平。所以，在如何缔建和平的问题上，中国人与西方人的思路大相径庭。西方人是自上而下，自外而内，自制度而后认同，自战争而后和平，通过强权建立和平秩序之后，才开始着重制度建设和政治社会化步骤，其提出的国际政治文化往往很难获得秩序参与国的认同；而中国则不然，它自下而上，自内而外，自认同而后制度，自和平而后战争。中国人的和平从个人的身心平和开始，一环扣一环，直至世界和平，等到“世界”和平建立之时，恐怕中国人的国际政治文化理念早就完成“内化”进程，深深扎根于秩序参与国民众观念之中了，所以，中国历史上总能出现“国际关系”后的民族大融合，而西方数个世纪也消灭不了民族对立和意识形态斗争，“梯级和平”是较西方主流和平理论研究更高层次的境界。①

与德治相联系的和平，是中国古代和平观念的重要组成部分，这是常常被人们忽视的。中国人不讲无原则的和平，正如不讲无原则的战争一样。战争有合法性战争与非合法性战争之分，和平（秩序）也有霸道之和平和王道之和平的区分。孟子说，“以力假仁者霸，霸必有大国；以德行仁者王，王不待大——汤以七十里，文王以百里。以力服人者，非心服也，力不赡也。以德服人者，

---

① 只有建立在集体认同基础上的和平才是最高境界的和平，这是建构主义国际关系理论别于现实主义和新自由主义等主流理论之处，这一点似乎与中国文明中的“梯级和平”观相接，关于建构主义的和平理论，参见郭树勇：《建构主义与国际政治》，长征出版社，2001年版，第198—232页。

中心悦也诚服也”（《孟子·公孙丑上》），又说“仲尼之徒无道桓、文之事者”（《孟子·梁惠王上》）。用现在的话就是说，依靠军事实力和政治强权建立起来的和平秩序并不具有合法性，并不稳固，而只有基于人民自觉服从基础上的和平秩序才是健康长久的，王道治下的和平高于霸道治下的和平。因此，中华民族从骨子里就有反对以霸权强压其他民族服从的成分，中国战略传统的主流与霸权主义有着相当大的距离，这可以部分地解释，19 世纪“不列颠治下的和平”和 20 世纪“美利坚治下的和平”[①] 尽管给世界带来了一种长期的、稳定的政治经济秩序，却受到中国学界的颇多贬抑。现代国际法体系中的反对霸权主义的原则，也是中国首先提出来的，也就不带有偶然性了，究其原因，现代国际关系中西方世界主义的味道太浓，迄今为止的各种世界秩序中有着厚重的霸道色彩，与中国人的和平主义思想格格不入。

2. 坚持合法性战争

合法性战争是现代国际关系中的一种常见战争类型，它讲的是战争要符合当代国际法的核心法律体制，要有联合国等权威性国际组织的授权，反映多数国家特别是主要国家的集体意志的战争类型。合法性战争在中国古代的表现形式就是所谓的“礼战”、“义战”或“仁战”。绝大多数古代中国思想家都是主张合法性战争的。比如孔子并不是绝对地反对战争，但认为战争要符合正义，符合“礼”，要出师有名。礼是社会秩序的总和，是人类和谐的根本，是道德体系的载体。孔子坚持认为：“天下有道，礼乐征伐自天子出；天下无道则礼乐征伐自诸侯出。”（《论语·季氏》）孔子

---

① 实际上，东西方的霸权观念是有差别的，西方的霸权观念中除了中国人的“霸道”含义外，也包含一定的国际合法性的成份，见西方马克思主义理论家科克斯的著作：《社会力量、国家和世界秩序》，载基欧汉主编、郭树勇译：《新现实主义及其批判》，北京大学出版社，2002 年版，第 204—213 页。

极力推崇和维护周礼，认为在“天下共主”的时代，只有周天子可以号令战争，而各诸侯号令战争有失合法性，违背“天道”。孔子的“礼战”到了孟子就成了“仁战”，孟子把孔子的“仁”的思想加以发挥，极力提倡以“民为贵、社稷次之，君为轻”（《孟子·尽心下》）为中心思想的“仁政”，为了实现“仁政”的目标，反对独夫暴君的“仁义之师”完全可以进行顺应天意、符合民意的战争，故称：“汤始征，自葛载，十一征而无敌于天下。东面而征，西夷怨；南面而征，北狄怨，曰：奚为后我？民之望之，若大旱之望雨也。”（《孟子·离娄章句上》）孟子眼中这种“至仁”之师“伐至不仁”的合法性战争，到了墨子那里称为“诛”（与非正义的“攻”相对）。墨子认为这种“诛”是不可缺少的，如禹征有苗，汤伐桀，武王伐纣等等，都是顺天应人的合法性战争，而好战的、好“攻”的战争，兴师动众，劳民伤财，大量破坏男耕女织的生产，“计其所得，反不如所丧者之多”，因而是非正义、不合法的。[①] 由于这种礼战、仁战、善战的思想几千年来渗入中华民族的思想之根本，因此它对于历代君主进行侵略战争产生了很大的限制，相比之下，统治者费更多的心机于政权内部的争斗上。

3. 慎行战争手段

中华传统思想在理想层面上根深蒂固的和平主义追求，导致了注重民本和民生问题的历代统治者不得不重视战争的合法性，而正是这种合法性意识和人道主义关怀，在实践层面上诞生了具有东方理性主义特色的战争观即“慎战”观念。这种慎战思想是很普遍的。老子厌恶战争，视为“不详之器，非君子之器”，认为从事战争一定要谨慎，“不得已而用之”（《老子·第三十一章》）。

① 《墨子·非攻》，转引自任继愈主编：《中国哲学史》第一册，人民出版社，1963年版，第103页。

孔子也说，“所慎：斋、战、疾”（《论语》），墨子从战争劳民伤财，侵害百姓利益的角度，指出“今欲为仁义，求为上士，尚欲中圣王之道，下欲中国家百姓之利，故当若非攻之为说，而将不可不察者此也”（《墨子·非攻下》）。即使以战争为业的军事家们，也将战争谨慎对待，主张不流血的战争，如孙子主张“不战而屈人之兵”，因为战争决不是可以随意启动的游戏，“兵者，国之大事，生死之地，存亡之道，不可不察也”（《孙子·计始第一》）。“亡国不可以复存，死者不可以复生。故明君慎之，良将警之”，“主不可以怒而兴师，将不可以愠而致战”。这里都表现了中国军事家的人本主义情怀和对于人类理性的追求。

因此，意大利学者卡尔利柯夫斯基对孙子有这样的评价：“孙子兵法不仅是一种战争理论，而且是一种和平理论。”[①] 中国古代最著名的军事家思想中须臾不少的和平主义思想，比起西方学者马基雅弗利“为了目的可以不择手段”的政治理念，比起美国著名军事家麦克阿瑟关于“为了胜利可以不顾一切政治后果”的观点，不是胜出百倍吗？如果说克劳塞维茨“战争是政治的继续”的名言体现了西方理性主义在军事哲学领域的最高境界的话，那么，“慎战”的思想也正是体现了东方理性主义在军事哲学领域的最高境界。所以，倪乐雄认为，“慎战”是中国军事文化观念的“底色”，是区别于其他文明战争观念的重要标识之一，其内部蕴含着和平主义因素，并且合乎逻辑地发展出“不战而屈人之兵”的观念，是正确的。[②]

4. 中国古代对“外”关系史中的战与和

“礼战”、“慎战”、“和为贵”构成了中国古代战争与和平

① 朱阳明：“中国军事文化对世界和平的伟大意义”，《中国军事科学》，2002 年第 4 期，第 31 页。

② 倪乐雄：“中国古代军事文化观念对于世界和平的意义”，《军事历史研究》，2001 年第 2 期，第 13 页。

思想的基本内容。这些思想既反映了广大人民对于战争的厌恶、对于和平的向往，同时又反过来建构了对“外”关系的实践。遵从仁政与王道统治原则的历代统治阶级，都把战与和作为重大的外交决策，每逢汉政权与周边少数民族发生激烈的武装争端，民族矛盾上升为主要矛盾时，朝廷中就会发生“以战争求和平”还是“以妥协求和平”的外交政策大辩论。不可否认，在古代中国，周边民族入侵中原以及中央王朝南征北战，都不是稀罕的事情。中国历史经历了无数“内战中强势政权打江山——得天下后稳定周边——长期和平——国力衰弱——周边动荡与中央讨伐——内战中强势政权打江山”的历史循环。但是值得注意的是，历代君王的对外政策中，征战大多属于万不得已的决策，即使是中国历史上最为强大的汉唐时代，大规模的军事行动之后，往往采取和的立场，如通好、互市、和亲、册封和内迁安置。正如美国学者布热津斯基所指出的，“在中国的全盛时期，中国在全球没有可以与之相匹敌的国家，这是指没有其他大国能够向中国的帝国地位挑战，甚至如果中国想进一步扩张的话，也不会有任何其他大国能够抵挡中国的扩张……中央只是比较有限地使用力量”。[①]

中华民族历史上的战与和大致有以下几个层次的关系：（1）“中国”的战争，都是忍无可忍的情况下的决策，少数民族为了获得财富和荣誉向汉民族用兵，汉民族政权往往采取绥靖政策，在承认“称臣”的名号下向入侵民族提供大规模的经济援助，实际上是“用经济换和平”，经济援助不成的情况下就采取更为亲情化的政策，以联姻的形式，化潜在的干戈为玉帛，只有入侵周边民族提出不能接受的条件，以王朝利益为代价时，汉政权才倾力进

① ［美］兹比格涅夫·布热津斯基：《大棋局——美国的首要地位及其地缘战略》，上海人民出版社，1998年版，第21页。

行战争准备和行动。（2）用兵的范围局限在外敌入侵以前的界限，战争胜利后随即用和平手段。汉政权对外用兵时平定叛乱意识强，班师回朝的意识强，收复领土的意识强，往往在取得重大胜利且尚未完全结束战争的情况下就着手考虑结束战争，缔结和约，在领土与财富上有些损失也无甚干系，统治者们对边疆以外的领土没有兴趣和野心，最关心的是政权内部的稳固、文官武将之间的平衡、主战派与主和派之间的平衡。因此，不少朝代都演绎出平定叛乱和保家卫国的“忠臣武将”从战场上被召回朝廷后不久即斩或废的悲剧故事。“攘外必先安内”、“宁与洋人，不与家奴”的确是历代君王根深蒂固的政治文化理念。同时，对战败的少数民族倍加恩施，以保平安或成大统。例如，唐太宗李世民在取得对突厥的军事胜利后不久就主张要对突厥“略其旧过，嘉其后善，待其达官皆如吾百寮、部落皆如吾百姓”，“授以生业，教之礼仪，数年之后，悉为我民”。这种以和为主的政策，收到了远胜于战争的效果，出现了“四夷大小君长”竞相“遣使入献”，尊唐太宗为“天可汗”的可喜局面，导致了后突厥国 60 年间先后向唐进贡至少 59 次，接受唐爵达 200 多人，[①] 这充分体现了中国古代贤明统治者在处理战与和上的高明艺术。（3）“中国”的战只是手段，和才是目的。古代中国人相信和为贵，但不是完全的投降主义者，而是把和与战看成一对辩证关系，和平是最终目的，为了实现这个目的，适当时机可以进行有限度的反击战，因为“若不战而和，示之以弱”，侵略者“明年将复来”，只有“既胜而后与和”，才能“恩威兼著”。这就像中国的“太极拳哲学”，我方的目的不是彻底击败任何人，而是追求相安无犯，因此在拳法上并不主动进攻，而是消极防御，你来打我我就往后退，再打再退，但瞅准机会伺

① 《资治通鉴》卷一九五、一九三，中华书局，1956 年版，第 13 册；以及瞿林东等：《中华文明史》第五卷，河北教育出版社，1992 年版，转引自李少军：《国际政治学概论》，上海人民出版社，2002 年版，第 524 页。

机反击，使敌人受损而不敢再进犯。最后的结果是相安无犯，一团和气。（4）汉政权的统治者们把教化当作处理与周边少数民族关系的重要手段。上文已述，中国古代统治者把“仁政”作为统治的目标，在对“外”关系上也讲究“仁”的作用，所谓“以德来远”也，一方面，“夷而进于中国则中国之”，不断用中国文化来对待夷人，将之融合为中华民族的一员，这是最好的战略选择，另一方面要“创道德之涂，垂仁义之统，”“博恩广施，远抚长驾”，最终达到“偃甲兵于此，而息讨伐于彼”的目的，[①] 这是一种文化理想主义的绝好体现。（5）中国社会特征决定了中国对外战争的力度。除了文化理想主义等因素之外，中国还有另外一些社会因素制约着对外的战争决策：比如有着一套完善文官为主体的官僚士大夫阶级，他们是仁政理念的主要捍卫者，反对对中国以外的夷地过分扩张；统治者在武将内部建立了一套军制军令分离、相互制衡的机制，主战派若非取得宫廷的强有力支持，很难统一力量对外用兵；中国古代人口众多且属于农业经济，自给有余而外展不足，代表封建地主阶级利益的朝臣们在谏止对外用兵时，总要强调社稷的根本是民生，不必为征服“化外之战”而消耗中华物力。故此，一般说来，历代汉族政权都慎待战与和的关系，避免把远征“中国”之外的地方作为基本国策，而充其量只是权宜之计。[②]

四、中华文明中的“和合”文化传统

从上文我们知道，中国和平主义战略文化主要源自于天下主义的世界眼光，体现在“礼战”、“慎战”、“非战”和“尚和”的

① 《汉书——司马相如传》。

② 刘泽华：《中国传统政治哲学与社会整合》，中国社会科学出版社，2000 年版，第 143 页。

战争和平观中。然而，这些世界观与战争和平观并不是孤立的，而是与人生观、社会秩序观有着密切的联系。深入了解中国古代国际关系思想，不能绕过对中华秩序观和人生观的理解，从某种程度上讲，中国人的人生观和社会秩序观往往是世界观与战争和平观的先导和前提。“古之欲明德于天下者，先治其国；欲治其国者，先齐其家；欲齐其家者，先修其身……”（《大学》）古代中国人的天下观或国际关系观念，建立在对人生和社会秩序的看法之上——做一个道德的人，懂得以礼德之心与他人和谐相处，才能在世界治理问题上有所作为。中国人的人生观和秩序观是一个相互交融的整体，其核心就是“和合”文化理念。我们有必要先阐述“和合”文化的基本含义，而后分析它与中国对外关系理念的内在关系。

1. “和合”文化的基本含义

“和合”属于中华民族独特的优秀伦理道德范畴，由于中国的伦理秩序居于社会秩序的核心地位，因而“和合”文化又是中华文明中关于社会行为体相互关系的基本思想、观点和信念之一，成为中国独特的社会秩序哲学思想。和合，就是认可世界的和谐本质，以和平与合作的手段谋得利益，达到一种和睦而至大同的境界。

作为一种社会秩序观，“和合”文化的缘起和含义不可避免地与古代中国人的基本秩序观结合在一起。与西方人不同，中国人的社会秩序观基本上是一种自然观与社会观的混合物。中国古代思想史上对社会秩序观影响甚大的一个核心命题是“天人合一”。“天”主要指神秘化了的自然，而人指整体化了的社会，故先秦思想家们普遍把自然秩序与社会秩序混为一谈，人类秩序“必本于大一，分而为天地，转而为阴阳，变而为四时，列而为鬼神”，[①]社会与天道本不可分。自然界万物是和谐的，“天地以合，日月以明，四时以序，星辰以行”，[②] 因而社会各行为体关系“无一不与天合”，[③] 因而也是和谐的。“和合”是存在的最高境界。

关于“和合”文化的确切含义，我们可以从考古学和谱系学的角度加以理解。近年来的考古发现表明，“和”与“合”二字最早出现在甲骨文和金文中，“和”的本意是声音相应，“合”的本意是上下唇合拢，后来的文字发展中，“和”演化出和谐、和平、和睦、和善、详和等意义，“合”演化出汇合、结合、融合、联合、合作等意义。[④] 周朝时代，“和”、“合”开始结合出现，故有“商契能和合五教，以保于百姓也”的说法。[⑤] 但直到春秋思想家管子那里，汉语严格意义上的“和合”概念，才有了第一次权威性的陈述：“畜之以道，养之以德。畜之以道，则民和；养之以德，则民合。和合故能习，习故能偕，偕习以悉，莫之能伤也。”在管子眼里，“和合”是社会伦理在民众层次上的一种基本体现和要求，追求“和合”的道德境界，把“和合”这个道德标准加以社会化，就会产生出“莫之能伤”的强大精神力量，起到安定团结、富国强兵的作用，显然管子主要从工具理性角度阐述“和合”思想的。这种实用主义的“和合”理念，到了战国时代得到了进一步的继承，比如，墨子把家庭成员之间“不能相和合”视做天下大乱的重要原因，而荀子也认为造成“夫忠巨孝”社会秩序的原因之一，就是社会成员之间的“欢欣和合”。[⑥] 然而，将“和合”观念进行阐述的最著名论断恐怕是《易传》中的那句话了：“乾道

---

① 《礼记·礼运》。

② 《荀子·礼论》。

③ 《朱子语类·卷八十四》。

④ 楚庄：“挖掘‘和合’文化遗产”，《人民日报》，1997 年 8 月 30 日。

⑤ 《国语·郑语》。

⑥ 楚庄：“挖掘‘和合’文化遗产”，《人民日报》，1997 年 8 月 30 日。

变化，各正性命，保合太和，乃利贞。”中国当代学者认为，这句话代表了中国“和合”文化的最完整意义和最高境界：世界万事万物的运行，尽管有各自的特殊性，但始终保持着整体的组合，最高程度地达到和谐，这才是最为光明的前景。[①] 这已经不只是从管子所谓的工具理性的角度看待“和合”，而是具有了价值理性的高度，达至了人文主义存在论的境界。

“和合”文化在中华社会秩序文化体系中居于重要地位，这种重要地位可以从三个方面来理解。首先，从自然秩序观来看，讲究辩证逻辑的中华文化，把自然界理解为一个阴阳“和合”的统一体，“天地和合，生之大经也”，自然界的本质就是和谐，道的本质也就是和谐，因为“道生一，一生二，二生三，三生万物”，道是世间最高的存在，因此，“和合”概念与中华文化的基本认识相一致；其次，自然秩序创造了社会秩序，“君臣、父子、夫妇之义，皆取诸阴阳之道”，“是故仁义制度之数，尽取之天”，[②] 天从根本上讲是和谐的，由天对照创设的社会秩序（即礼），其内在要求也必然是和谐的，孔子的“礼之用，和为贵”是对“和合”文化精粹的集中概述；再次，社会秩序就是自然秩序，即“天人合一”，自然界的一切和谐的本质，毫无例外地普遍适用于社会领域，两个领域是统一的整体。“天人合一”思想凝结了中华民族关于社会秩序包括国际关系和人际关系的最基本的观念，成为中华文化源远流长的核心思想。

“和合”文化是中华礼文化的基本构成方面。“和合”文化是一种认同体系，它在社会层面上的制度化形式就是“礼”。中国社会秩序观体系是庞杂的，包括等级秩序观、礼治观、“和合”观。“和合”观是一种认同体系，是社会制度的思想基础，没有它，礼

① 雷洁琼：“发扬‘保合太和’精神”，《人民日报》，1997 年 8 月 30 日。

② 《春秋繁露·基义》。

就无从建立起来。整个社会要达到整体的和谐，就必须遵守礼。“礼便是和”，君君、臣臣、父父、子子各得其位，“甘心为之，皆合于礼”，“君臣、父子、夫妇、兄弟之义，自不同，似不和。然而，各正其分，各得其理，便是顺利，便是和处”。① 所以，中华文化中的“和合”思想有着等级秩序的影子，但这种影子随着经济基础的发展而日趋消亡之时，“和合”思想却永久性地留在中华民族最内在的特质里。

“和合”文化是中华文化中的一个特质和独创。这是因为，第一，虽然外国文化中不乏“和平”、“和谐”、“和睦”和“合作”的思想或概念，但是，西方人没有把这些概念作为一个整体看待，即不能建构一个整体意义上的“和合”概念，西方文本中的合作与和平有着明确的意义区分和领域区分。第二，中国文化中的“和合”概念，除了有团结与和睦等状态含义外，还有“朝着一个中心聚拢”、“围绕着一个最高目标而努力团结”的动态含义，它能够反映中华文化中的大一统的基本理念。第三，正如天下主义与世界主义的区分一样，东方的“和合”思想往往体现了中国独特地缘环境下农耕文化的消极主义的人生态度和价值理性的天人关系，它强调的是人与自然界的和谐共处，而不是西方商业文化下积极主义的“征服自然与改造自然”人生态度以及工具理性的天人关系。

“‘和合’文化体现了中国人最根深蒂固的一个愿望，即和谐。在中国最早的文献中，就有关于和谐的思想。《尚书》中就有这样的词句：‘协和万邦。’对中国人来说，不论是就自我修养而言，还是就一般世事而言，和谐都是关键。在美德的施行上，他们强调肉体与灵魂的和谐；在家庭里，他们强调父子、兄弟、夫妻的和谐；在与自然的关系中，他们强调天与人的和谐；在社会关系

① 《朱子语类·卷二十二，卷六十八》。

中，他们强调君与臣的和谐。在经济生活中，他们强调不患寡而患不均，说到底，也是为了和谐。”①

当然，我们在认识“和合”传统文化对于中国战略文化产生巨大的积极作用的同时，也要辩证地看待它的消极影响。“和合”文化诞生于一种农业文明、以“仁”为核心的伦理体系以及“合二为一”的融合思想，其特性是道义为高而器具居轻，柔性有余而刚性不足，理念至上而物质不足。在西方化了的世界里，这种“内圣”之道若非借助物质之力，难以达至“外王”之目标。因此，在近代之初，中国文化由优势文化衰落为弱势文化，中国的仁治世界主义被西方权治世界主义所打败，中国的和平主义战略在资本主义战争面前，成了软弱可欺的代名词。所以，“和合”文化必须进行一种创造性转化，必须在保持自身特性的同时接受现代性的成果。这就是和平共处五项原则体系所代表的新方向。

2. “和合”文化与中国对外关系理念

中国传统政治哲学思想有一个基本共识，即国际关系是扩大了的人际关系，人际关系的本质是合作与和谐的，国际关系的最佳状态也应体现这一点。可见，“和合”文化对于理解中国传统“国际关系”思想以及建构新型国际关系，均有着相当重要的意义。建构有中国特色国际关系理论，如果要从古代中国政治思想中挖掘深厚资源的话，那么，天下主义、“和合”主义无疑属于最值得重视的方面，其中，“和合”文化具有独特的地位。

我们认为，“和合”文化是中国传统理想主义国际关系思想的重要组成部分。关于中国传统国际关系思想的“主义”如何定位，不少学者莫衷一是。美国学者江忆恩为代表的一派认为，中国战

---

① 李少军：《国际政治学概论》，第528—529页。

略文化和国际关系思想的基本方面是文化现实主义，换言之，中国对外关系考虑的基本点是国家安全，为此，中国长期奉行一种谋求战略独立性的实力政策，文化感召与实力显示是互为表里的一个整体。① 而我们认为，中国传统政治思想中不乏现实主义的考虑，但总体上看，和平主义、理想主义的成分要大得多。根据现代国际关系学的基本理念，理想主义与现实主义有几个差别，一是在世界本质判断上，理想主义认为是和谐，现实主义则认为是斗争与冲突；二是在权力与道德关系上，理想主义承认道德对于世界秩序的重要作用，而现实主义则强调权力的根本作用，否认道德的作用；三是在人类前途态度上，理想主义重视教育与国际组织的功能，认为人类社会是进步的，对前途充满了乐观主义，而现实主义则相反，对世界未来持悲观态度。从第一方面看，中国传统文化中占主导地位还是“天下大同”、“天人合一”、“协和万邦”、“非攻”、“兼爱”这些充满理想主义味道的思想，重视斗争与冲突的法家思想始终处于边缘地位，只是在秦代前后上升到主流盛行过一段时期，不久就被董仲舒的第二代儒学所代替，后来的儒释道三位一体均是指和谐的处世观念，不过各有其侧重点而已。从第二个方面看，中国政治文化是伦理本位的，政治与道德密切相联，“仁”处于儒家思想世界观的核心地位，过分强调权力的“霸道”思想总是被思想家们贬低到推崇道德力量的“王道”思想之下，王道其实就是讲究君臣民之间的“和合”以及华与夷之间的共处或融合；从第三个方面看，孔子的“修德来远”也好，孟子的“用夏变夷”也好，都相信后天的学习能够教化人类，优秀文化的传播可以改变狄夷的落后文明状态，可以改变国际关系的不平等状态，从而促进天下一统。因此，中国古代国际思想主

① Alastair Iain Johnston, “Cultural Realism and Strategy in Maoist China”, in Peter J. Katzenstein ed., *The Culture of National Security: Norms and Identity in World Politics*, N. Y.: Columbia University Press, 1996, pp. 216—256.

要是理想主义的。在这种理想主义国际关系思想中，“和合”文化显然是重要组成部分。“和合”文化发生和发展的基本前提是，相信社会行为体之间的利益是和谐的，正是这种和谐性才使得人类不必去采取非自然的、强权争夺的方式去追求利益。“和合”文化虽然不排斥权力的作用，但主张权力的克制，限制权力本身就表明道德的份量。“和合”文化对现实和未来持有一种肯定和憧憬的态度，这也是现实主义基本理论所不能认同的。中华“和合”文化的实质，完全可以从以中国为核心的东亚朝贡国际体系的理论与实践中得以清晰体现。

朝贡体系往往是研究中国古代社会的基本切入点，它包含了“传统中国社会结构的所有线索。中国与儒家的哲学观、道德观、经济观和战争观在这一体系中都得到了反映”。[①] 中国古代的“和合”文化、战略思维和外交哲学也在这一体系中体现得淋漓尽致。朝贡体系发端于先秦，壮大于汉唐，成熟于明清，历经二千年之久，是古代中外交往的基本模式，它造就了东亚独特的国际关系模式，即东亚朝贡国家体系，又称宗藩国际体系。在这个东方国际体系内，中国为超级大国，朝鲜、日本、越南等数十个国家（明朝时二百余个）为中央王国的拱卫国家或藩国，后者每年或隔若干年向前者交纳一次贡品，同时接受中国的册封和远多于贡品的奖赏，双方维持着一种政治上（大多是名义上）的宗属关系，经济上的交换关系或援助与被援助关系，安全上的边境睦邻友好关系。

这种独特的国际体系模式之所以形成，固然不排除权力、利益等各种因素，但不能忽视“和合”文化所起的关键性建构作用。首先，主导性大国的“和合”思想是一种基本的意识前提。作为

---

① Mark Mancall, *China at Center*: 300 *Years of Foreign Policy*, New York: Free Press, 1984, p. 14.

超级大国的中国一直把和平与融合政策放在对外关系的首位，与此同时，中国周边国家也都有着和平共处的强烈愿望。汉唐明等朝的中国实力居远东地区最强大地位，中国疆域的拓展给周边民族带来了恐惧，它们一边伺机进攻中国以获得急需的粮食和布匹，一边希望能够与中国维持一种和平关系以保全自身，而中国因应付少数民族的边境战争而耗掉大量人力财力，也希望与周边国家和睦相处，最后的博弈结果就是形成了“政治上中国得分，经济上藩邦受益，安全上华夷双赢”的有趣局面。

其次，东亚朝贡体制本质上是互利互惠的自愿性国际联盟，它体现了中华“和合”文化的特征。汉唐时代的朝贡关系主要是双方自愿协商的结果，各朝代与各少数民族政权间的出使活动、会盟、和约甚至传为佳话的和亲政策，都是和谐与合作外交思想的体现。如果说这个时期在朝贡关系的建立上有一些强制因素的话，那么，到了明清时代，日臻成熟的朝贡体系差不多完全是“藩属国”的自愿行为了，不少国家为了获得数倍于贡品的赏赐而竞相加入朝贡行列，郑和下西洋后，“蛮邦绝域，前代所不宾者，亦皆奉表献琛，接踵中国”，[①] 明朝政府不得不实行朝贡登记制度，严格控制藩国来华朝贡次数与人数，清朝政府还采取区别对待的政策，对于荷兰等以“称臣入贡”名义以图获利的西洋国家只允许其八年朝贡一次，对于朝鲜之类的近邻属国才可一年一贡。朝贡体系的演变主流是自愿性的国际体系，中国基本上奉行的是“王者不治夷狄”、“治之以不治”、“来者不拒，去者不追”的不治主义态度，[②] 对此，日本学者信夫清三郎曾经高度评价：

“以朝贡为媒介而建立起来的华夷秩序，就是以慕化

① 《明史稿·郑和传》。

② 这种对外关系理论的代表人物是何休、苏轼等人，参见《苏轼文集》卷二《王者不治夷狄论》。

主义和不治主义为其基本观念，由中华帝国与夷狄作为以前者为中心的上下关系而建立起来的国际秩序……近代的国际关系在形式上是平等的，但实质上则是一种弱肉强食的不平等关系，强国以各种方式控制弱国，干涉其内政……而作为宗主国的中华帝国与作为藩属国的朝贡国的关系，虽是统治与被统治的关系，但宗主国原则上并不干涉藩属国的内政。"①

实际上，国际体系内各成员国享受足够的自由，它们根据国际情势（如本国危机、中国内战等）往往中断或恢复朝贡，通过朝贡活动完全可以获得战争手段谋取的东西，因此更加自愿地服从中国的权威，二千年来中国扮演着西方国际关系理论中的所谓"平衡者"角色，对册封属国的事变和地区安全进行有限的干预，周边国家很少灭亡，也使得东亚国际体系更加持久，实现了中华礼治文化治下的千年和平，这是西方世界罕见的。

第三，体系内各国很大程度上是受到中华文明与礼治、"和合"文化的吸引，才主动融合到这个"文化一体化"进程中来的。朝贡体制的经常性成员国（如朝鲜、越南等），大都属于"汉文化圈"内，各国受到中华文明影响很深，不论文字和艺术，还是风俗习惯，都与中国社会有着千丝万缕的联系。它们崇尚中华文明，认同汉唐政治体制，定期或不定期向中国派遣使节或留学生，希望从中国学习先进文化，借以带动本民族或国家的全面发展，这种文化的同质性和认同性是维系古代东亚国际体系的坚实纽带，只是17、18世纪以降西学东渐，西方文明依靠炮舰打败中华文明之后，这些国家才因强权等原因而疏离中国主导的东亚体系。但从20世纪后期以来50多年的历史看，汉文化圈内的东亚、东南

① ［日］信夫清三郎：《日本政治史》第1卷，上海译文出版社，1982年版，第7—8页。

亚诸国仍然强烈地认同中华文化和礼治文明。儒家第三期、第四期复兴与发展，某种程度上反映了这种现实和趋势。可以预见，在未来东亚地区一体化进程中，中华文化仍然能够扮演一种重要的建构力量。[①]

五、承继“和合”传统，重建和平共处原则

中国外交战略的本质是什么？是信奉实力政治的强权主义和现实主义，还是强调协和合作的和平理想主义？这是一个实质性的问题。新中国成立后明确地推行“和平共处五项原则”为中心的和平战略，受到了国际社会的认同，为国家独立、地区稳定与世界和平作出了巨大的贡献。同时，新中国为了维持自身安全与地区稳定，也被迫进行了几场自卫反击战争，不但维持了中国边陲的长期和平，其正义性与必要性得到了国际有识之士与国内民众的赞赏与支持。但这些战争也引起了外国一些学者、政治家和普通群众的误解。他们有的人从浅显的层面上借机宣扬“中国威胁论”，有的学者则从深的层面上研究，中国对外国的几次武装冲突是否意味着中国传统和平战略哲学的转变？厘清中国外交本质，有助于从政治文化和外交文化的层面上，宣扬中国持久不断的和平战略文化，为中华民族的伟大复兴和中国世纪性崛起扫清障碍。

1. 历史地、辩证地透视中国外交哲学

关于中国外交哲学与安全哲学的实质，国内外学者观点纷杂，但最基本的有两种：一种是美国学者江忆恩为代表的观点，他认为中国安全观念的本质是实力政策，也就是说，追求相对于有可

---

① 郭树勇：“全球化条件下文化对于国家利益的多重意义”，《现代国际关系》，2003 年第 2 期。

能威胁中国安全的国家的力量优势，并不断地通过显示实力来谋求支配地位或力量均衡；另一种观点受到钱穆、梁漱溟等的影响，认为中国外交哲学虽然具有历史变迁性，核心却是“和合”，近百年的中国革命与战争史不能说明中国是外向主义和实力政治的，和平共处思想是中国外交哲学的主导方面：

> “中国文明的历史发展，以鸦片战争为分期点，大体上可以分为两大段。前一段是中国的东方世界主义文明的自我发展时期，后一段则是中西文明的碰撞、交锋时期。前一段的中国对外关系，固然经历过各种分裂与战争，但最本质的东西毕竟是内向与‘和合’。后一段的中国对外关系，经历了压迫下的反抗、风起云涌的革命与战争，而最终则实现了和平内涵的再现与回归。后一段中国文明的历史发展与前一段相比，之所以有不同的表现，是因为有不同的背景，即国际关系的不平等。如果‘和合’是中国文明的第一个本质特点，那么有压迫则有反抗，则是中国文明的第二个本质特点。这两者结合起来，就构成了中国当代对外关系的哲学。”①

辩证地研究后一段时期的外交哲学和战略文化非常有必要。众所周知，盛行于明清的朝贡国际体系在鸦片战争等因素的摧毁下土崩瓦解之后，中国遂陷入积贫积弱之中，毫无国际交往资源的国际地位。“弱国无外交”形象地说明了晚清政府的外交困境：利用列强之间的矛盾和自身主权的被迫让渡，来维持总体上国家核心主权与领土完整，一部中国近代史，就是中国政府屡遇外敌入侵并被迫缔结割地赔款的“和平”条约的历史。这个时期也是

① 李少军：《国际政治学概论》，上海人民出版社，2002年版，第530页。

中国民族主义兴起的年代，反对帝国主义、殖民主义和外来一切压迫成了中国对外关系的另一主题。概而言之，在“三千年来未有之变局”下，中国对外关系史也进入了改良与自强、革命与战争的时代，中国的战略文化传统也发生着历史性嬗变。

近代中国的反抗是外强重压之下的反抰。最初，通晓时务的思想家和洋务运动支持者们，在战争洗礼之下，接受了西方富强观念和强者法则，“富强”由一个边缘性目标上升为核心战略目标，被称为“秦汉以来中国战略传统的最大转折”。[①] 这种转折随着甲午战争和进化论传入中国这两件大事而更加深入，传统社会中的道德和礼教体系受到猛烈抨击，“适者生存、重力尚争”的社会思潮在士大夫甚至在民众中广泛传播，甚至像蓝天蔚、陈独秀这样的思想家也谈起了对战争的歌颂，[②] 民主革命思想、社会主义革命思想在20世纪初期先后成为中国主导政治思潮。百年间外交哲学思潮最根本之变，就是救亡图存，强调富国强兵对于自身安全的重要性。因此，从某种程度上讲，中国外交哲学与战略文化之几千年文化理想主义传统，开始大量接纳现实主义的成份。

但是，这种变迁是有限度的。中国与日本同样是在外强的压力上进行自强变革，却没有跟随日本走上军国主义的道路，是因为中国外交哲学思潮中不变的东西在起作用。近代中国反抗外来压迫的历史过程中，出现了猛烈攻击传统外交文化的言论，对于战争的歌颂也不无偏激，一些政治层面的制度设计也在与古代决裂，但是这些变化就对战略文化和外交哲学的影响而言，只是在表层结构上或者中层结构上发生作用，远未深入到深层结构里。澳大利亚学者冯兆基客观地指出了这一点，“中国学人士子赞赏尚武好战，是为了对付帝国主义列

① 宫玉振：《中国战略文化解析》，军事科学出版社，2002年版，第194—195页。

② 蓝天蔚称“天下可恃惟铁与血”，梁启超说“尚武者，国民之元气，国家所恃以成立，而文明所赖以维持者也”，陈独秀甚至攻击东方文化厌恶战争、“高谈礼教”是“卑劣无耻之根性”。引自宫玉振：《中国战略文化解析》，军事科学出版社，2002年版，第199—200页。

强，……具有相当多的平民化含义，并不希望建立军国主义思想”。[1]在深层结构中，依然不变的是中国战略文化中的天下情怀和道德理性，以及对于和平主义的高度认同。孙中山对“天下为公，济弱扶倾”的宏扬，李大钊对于强权政治的批判，毛泽东从社会主义角度对（东方消极）世界主义的解释，都彰显了世纪之交中国政治领袖们的哲学理念与文化信仰。

总之，把握中国传统外交哲学中的变与不变，辩证地看待中华文明两个时期的战略文化重点，从而找出主导性的方面，是认识和理解中国外交哲学的前提。就后一个时期而言，新中国的自卫反击战，并不能说明中国和平战略文化发生了根本性改变。这是因为：第一，中国外交政策的指导思想在50年的绝大多数时间内坚持的是和平共处五项原则，而和平共处原则是中国传统和平主义在新时代的继承与发展。第二，对于中国政府的几场对外武装行动要做具体的、历史的分析，无论从后果上、区域上、时间上、手段上还是其他方面，这几场战争都没有超出传统外交活动的范围，中国不占外国一寸领土、不在国外驻一兵一卒的先例没有被打破，中国像祖先一样将入侵或威胁入侵的外敌威胁击退之后就很快撤兵，迅速回到和平协商为主的对外关系模式上来。另外，还要把政府决策与民众层次长久而深厚的和平主义情绪，综合起来加以考虑。

2. 承继“和合”传统，重构和平共处原则

20世纪中后期中国民间与精英阶层盛行着一种和平主义思潮，正是这种思潮推动着政府确立了和平共处原则。虽然这个原则在确立之日起，就面临着国内外动荡与危机的重重挑战，甚至一度被“中苏

---

① 冯兆基：《军事近代化与中国革命》，上海人民出版社，1993年版，第165—166页。

论战”和“革命外交”原则所严重干扰，但总体而言，它仍然是中国对外关系的指导原则，期间中国外交的每一项重大成就，无不是这种和平主义外交战略的成果。20世纪70年代末邓小平与胡耀邦在外交战线“拨乱反正”以来，和平共处原则得到了持续有力的贯彻，为中国建构高度有利的安全环境，提供了足够的战略支持。

早在20世纪50年代初，新中国政府就开始考虑把和平主义战略确定为外交方略。1952年，中国与印度、缅甸共同倡导和平共处五项原则，有意把它作为一种新型的国际关系准则，主要包括互相尊重主权和领土完整，互不侵犯，互不干涉内政，平等互利，和平共处等五个方面的内容。五项原则是一个相互联系的整体，但核心是国家间和平共处。和平共处原则在20世纪形成国际法准则有着一定的时代性因素，但它能够由中国倡导并长期带头贯彻，不能不说有着一定的必然性，它与中国长期的和平主义传统有着很大的关系。一定意义上讲，和平共处原则是中国传统文化在新历史时期的观念重构。从历史上看，和平共处思想早在中国古代就有着较为明确的表达。

和平共处思想反映于中国最早的经书《易经》中。《易经》是群经之首，中国文化的源头，称得上中国第一部反映古代外交思想的重要著作。《易经》载有64卦，其中的比卦、观卦和兑卦体现了周王朝时期思想家们的和平主义思想。如比卦中的“不宁方来，后夫凶”主张，不安分的国家应该通过和平手段来解决争端；观卦中“观国之光，利用宾于王”是指判明政治清明的国家，发展与这些国家的睦邻友好关系；兑卦中的“来兑，凶”意指不坚持平等互利原则，而是利用霸权主义和强权政治的方法压服他国，最终不会有好的下场。[①]

平等互利思想作为一个整体在中国传统外交文化中没有明显

① 何茂春：《中国外交通史》，中国社会科学出版社，1996年版，第24—25页。

的对应记述，但有关论述自汉唐以来却是很多的。汉唐时代是开放时代，向外派遣大量使节固然有着“远抚长驾”的考虑，但“万国来朝”的交往中不可避免地萌生平等思想。唐太宗就主张华夷平等，“自古皆贵中华、贱夷狄，朕独爱之如一”，“夷狄亦人耳，其情与中国不殊”，应当把外国人与中国人平等对待，给予外国人以国人待遇，[①] 正是这种平等胸怀和世界眼光，才会出现 23 个外国人入朝当宰相的现象，才会出现中国历史上最强盛的时期。以中国为主导的东亚朝贡国家体系，既反映了文化上的华夏中心主义，也有着互利的影子，朝贡国获得的多是经济利益，而中国图的是天朝皇威，这种互为满意的交换关系虽然与政治礼仪上的不平等相依而行，但透出了一种平等关系。朝贡体系表面上是不平等的国际体系，但它原则上并不干涉藩属国的内政，并且经济上对藩属国加倍赏赐，是不平等中有平等，而发端于西欧的表面上平等的、弱肉强食的近代国际关系，实质上是一种强国控制弱国的不平等关系，两者有着本质的区别。[②] 另外，佛教也有大量讲求众生平等的教义，这些教义尤其在中下层人民群众中有长期的影响，并以特殊的形式制约着高居庙堂之上的决策层。

互不侵犯原则、主权思想在中国政治文化发展史上也有记录。互不侵犯原则最早的思想也许是孔子的“裔不谋夏、夷不乱华”（《左传·定公十年》），公羊学派将之发挥，认为“内中国而外夷狄，使之各安其所”（胡安国《春秋传·卷一》），到了宋代才走向成熟。宋代思想家们认为，天下太平是一种极高的目标，汉民族政权与少数民族政权之间应该各自居守自己的领土，互不侵犯，即“各人其人，各俗其俗，各教其教，各礼其礼，各衣服其衣服，

---

① 《资治通鉴》，卷一九八、一九七。

② 张维华主编：《中国古代对外关系史》，高等教育出版社，1993 年，第 356、358 页。

各居庐其居庐，四夷处四夷，中国处中国，各不相乱，如斯而已矣。”[①] 当然，互不侵犯原则之所以在宋代政治思想家那里得到张扬，一个客观原因是宋代长期面临着少数民族强大政权与汉政权的对峙局面，先是面积大北宋一倍的辽政权和实力不逊北宋的夏政权形成的三极格局，后是蒙古、西夏和金攻权形成的四极格局，不同政权之间开始相互承认独立，如1004年辽宋澶渊之盟确定辽宋为兄弟之国，1044年宋夏和约中承认了夏的独立地位，1225年金夏互称兄弟之国，传统上的宗藩关系或巨属关系开始被打破，辽夏逐渐转向农耕文化，建立了民族文字，金与宋之间往来文书的名称由“诏书”逐渐发展到“国书”，这些变化都是中国历史上少有的。政治思想只好承认政治现实，并为现实发展寻找理论依据。正是在不同民族政权长期鼎立的过程中，中国传统政治文化发生着重大变化，这种变化与儒家思想由孔孟之道向宋明理学转变是同步的，在对外关系哲学上越来越注重平等对待、互相承认主权、互不侵犯的原则。

和平共处原则在中华文化史上的丰富渊源，并不意味着进入民族国家体系的中国人必然会提出一个为世界所广泛认同的国际法准则，20世纪和平共处原则首先由中印等发展中国家倡导，还有着民族解放运动蓬勃高涨、第三世界国家力量日隆、世界进入和平与发展时代、国际关系民主化深入发展、新中国在亚非拉国家具有公认和广泛的大国形象和国际威信等诸多因素。然而，毫无疑问，没有中国政府的首倡和积极推进，就不可能有亚非会议的胜利召开，也就没有和平共处原则的国际认可，而中国政府对于和平共处原则的大力推崇，完全是新时期对传统和平主义文化重新建构的结果。

这种和平主义传统文化的重构活动，保留了古代和平共处思

① （宋）石介：《徂徕石先生文集》卷十。陈植锷点校，中华书局，1984年版。

想的全部精粹，同时，从时代和新中国国家利益和国际主义出发，主要增加了以下几个方面的内容。

（1）主权制度成为中华和平主义战略的新支点。在中世纪，中华和平战略往往发端于“和合”文化和克己复礼，称得上是一种文化理想主义的实践。几千年来，这种文化理性保证了中国和平主义战略的发展。进入20世纪特别是50年代以后，中国进入了民族国家体系，也就是说接受了一系列的国际制度，其中最基本的就是主权制度。从此，中国的和平战略又增加了一种约束，即制度理性的约束。中国人不仅要像古代先辈那样从内化了的文化自觉性去规范自身的对外行动，还必须学会，只有遵守主权制度，才能更好地融入国际社会，更好地保全与发展自己。现代社会中不少国家还发动战争，有着政治经济诸方面的原因，但文化理性与制度理性之间的关系如何，可能是洞察战争根源的一个重要视角。有的国家如美国，之所以在加入主权国家制度之后仍然不能杜绝其军国主义倾向，反而在冷战结束后有着不断扩张的趋势，其根本就在于其时而发作的文化非理性，美国战略文化中“非善即恶”、“敌恶我善”的二元对立结构以及世界主义的冲动，是美国文化非理性的基本来源。有的国家如伊拉克，实际上仍然是一个政教合一的国家，虽然建立了共和国，但并未真正地加入主权国家制度。1991年竟然吞并一个主权国家科威特，完全是一种无视主权体制的文化扩张主义的举动。可见，如果没有文化和平主义约束，就如同没有主权制度主义约束，就会影响对外政策。而现代化了的中国外交思想——和平共处五项原则，却是文化理性主义与主权制度主义的双重结合的产物。

（2）民族复兴和文明较量的客观需要，成为中华和平主义战略的新动力。中国古代的和平战略，是以天下一统、华夏中心和文化克制为背景的。近代以来特别是加入国际社会体系以来，中国在世界上的地位降到历史上的最低点，复兴中华民族的任务成为最高的战略目标，而这个时期中国发展又必须同时面对四对文明碰撞的大背景：资本主义与社会主义、现代主义与前现代主义、现代主义与后现代主义、东方文明与西方文明。这种独特的文明背景，使得中国人处于非常困难的战略夹缝中，必须从自己的国情出发，不能过分地偏向任何一方，才能获得有利的国际资源，而不被霸权国家和主导秩序所扼杀，成功地挽救中华文明于不坠，并使之重新成为世界性大国。中庸之道、国际均势、平等互利、和平共处都是在这种大的国际背景之下提出来的理性战略选择。目前，中国推行中国特色的社会主义，一方面与追求"世界革命"的托洛茨基主义和鼓吹"世界战争不可避免"的斯大林主义划清了界限，另一方面抛弃了体现在原始积累时代商业战争和殖民战争中的侵略成性的资本扩张主义。换一个角度，中国一方面严格遵守主权制度为主体的国际政治文化，反对欧美把后现代的康德型国际体系文化强加在尚未成熟的发展中国家间关系上，特别反对那种以人权高于主权的国际干涉主义；另一方面中国也反对那种不计人道主义后果的国际恐怖主义（反映在拉登策划的"9·11"事件），置主权制度于不顾的霍布斯主义（反映在伊拉克入侵科威特事件）。中国新型外交政策中的这种兼收并蓄的调和思想，既是中国古代文化的继续，又是新的国际格局和人类发展进程中实力较量的产物。在民族复兴与文明碰撞的时代，中国注定要奉行一种和平主义的外交战略。这是国际体系对于中国和平战略的外在规定，是文化与制度之外影响中国战略的第三种力量。

（3）和平共处原则还包含着一种经济全球化时代相互依赖确保地区和平的含义。从历史的角度看，世界政治在第二次世界大战结束之后进入了一个新时代，这就是一个经济全球化加速发展、经济相互依赖日益紧密的时代。在这个时代里，由于各主权国家更加注重对外开放、世界经济一体化不断发展，平等互利的经济合作一方面代替了传统时代以武力来增长财富的旧模式，另一方面国与国之间形成了"你中有我"、"我中有你"的不可分离的经济互相依赖关系。这种关系虽然没有消除权力斗争甚至增加了不对称性合作，但是的确使得互补性很强的国家之间，甚至竞争性国家之间的战争机会成本不断大幅度攀升。因此，互利合作而不是封闭自治成为全球化时代任何民族国家为确保自己和平与发展的追求目标和现实选择。古代中国的和平主义战略恰恰建立在经济封闭发展模式之上，近代历史已经表明，若继续封闭发展只能导致外敌入侵自身不保，只有在经济合作的动态与开放社会中才能更好地保证和平，这是古代国家进入民族国家体制对外交往的新道路，也是和平共处原则对于"和合"战略的时代创新之路。新中国建立后，中国政府提出"和平共处五项原则"，并非忽视了经济全球化的世界大势（当时的术语与现在有别），而是在认识到两种制度、三种力量长期共存、经济上竞争合作的时代特征的基础上才做出的决策，这种决策背景中无疑包含了新兴社会主义国家经济建设大力开展国际经济交往的重要内容。

六、和平主义仍然是当代中国最重要的软实力资源

某些国外学者武断地判定，新中国外交文化中具有非和平主义的基因。这种观点主要是针对 20 世纪 50 年代至 70 年代特别是朝鲜战争、中印战争以及革命外交而言的。而我们认为，应该从两场战争的真相出发，辩证地对待毛泽东的外交思想，从历史的角度把握这个时期的中国对外战略思想：

第一，应该看到，这个时期偏重于外向主义外交是有着一大背景，即 100 多年来中华民族的屈辱历史的自然反弹。依据汤因比的历史观，一个文明只要还能生存下去，其中恒常的演化规律是，这个文明必须对所受的外界刺激进行有力的反应。中华文明

在19世纪中后期受到外来文明的持续、猛烈压迫，侵略战争频仍，中国几次濒于亡国亡种的境地，国内政治社会与民间社会对于外来文化和外来政治体系有着强烈的抵触情绪，中国人民在站起来后采取一定的独立自主姿态并对侵略或蓄谋侵略的列强或周边大国进行有力的反击，是完全可以理解的，这不能断定这个文化是侵略性的，因为其前提是备受侵略的历史语境。“兄弟阋于墙，外御其侮”，是中国军事文化的基本准则。也是中华民族对待侵略者的基本准则，进入近代以来，民族危机日趋严重，中国反侵略战略中华文明仍然是和平主义的，反弹性并不大，仍然属于汤因比关于文明发展的一般规律。

第二，应该从更广阔的历史范围和近现代中国外交演化的整个周期来看待第一代领导集体治下的中国外交。即便把1949年至1979年全部算作中华文明的外交外向主义（其实这期间中国基本上执行和平外交政策），这比较起几千年的中国外交史是短暂的，与100年的受压迫史相较也是短暂的。从20世纪70年代末至今，中国外交又经历了30年，这30年完全是中国奉行和平主义外交政策的30年，它充分体现了历史上中国外交实践的规律，即在基本稳定周边之后，除非危及中央政权，中国是不会诉诸战争的。从1987年中印边境危机、1996年第四次台海危机、1999年中美炸馆事件、2000年中美撞机事件、2002年朝鲜核危机、2003年伊拉克战争危机等等事件的处理与决策都可以看出，中国极尽其可能地用和平手段解决两国争端。中国政策的正确性不仅反映了中央领导集体外交艺术的成熟，说明了中国政府关于国际形势的正确判断，而且也代表了广大人民群众的和平意愿，从深层次体现了中华民族外交文化的和平主义倾向。这种和平主义的战略倾向是内在的，不会因百年的落后而轻易改变，也不会因国运的强盛而轻易转型。

第三，最近的档案解密资料进一步证实，新中国参与的几场战争都是在迫不得已甚至是没有防备的情况下进行的军事行动，完全不是某些西方国家所宣传的中国进攻现实主义行为。以中印战争为例。20 世纪 50 年代末 60 年代初，中国内政外交皆处于历史上最困难的时期，国内发生了持续三年的自然灾害，周边安全环境也极为不利。中国政府对中印关系的恶化有一定的警觉，但一直把军事防御重点放在东南沿海，没有预料到印度会采取外交以外的极端措施。根据刚刚获准出版的《共和国要事口述史》一书中，前总参作战部长王尚荣的回忆记载，1962 年春夏之交，中国核心层对国家安全威胁方向的判断仍然把中印可能冲突排除在外："刘伯承任组长的中央军委战略研究小组连续召开两天会议，研究东南地区作战问题。与会者得出如下共识：蒋介石一定会乘我经济困难之危，来搞我们，东南沿海出现战事的可能性是最高的。……不久，我又得知了毛泽东同罗瑞卿的谈话，仍以东南沿海为重点。在毛泽东谈话后，中共中央、中央军委随即就开会研究对蒋作战事项。然而，北线无战事，东南沿海的蒋军大规模军事冒险还没等到，西南中印边界沿线地区的形势却骤然紧张起来。"[①] 从 1962 年 9 月 20 日起，侵入"麦克马洪线"以北中国领土的印军向中国边防部队发起进攻，中国政府按外交惯例，向印度政府提出了七次最严重的外交抗议，在未被理睬的紧急情势下，中国政府为了争取起码"30 年的和平"，才于 10 月 20 日开始反击。这说明中国政府事先没有对印战争的战略谋划，完全是在外交途径无法达至目标的情况下进行军事活动的。实际上，这一点已经被西方战略界和学术界的严肃学者如费正清和马克斯韦尔等

① "王尚荣谈新中国诞生后几次重大战事"，朱元石主编：《共和国要事口述史》，湖南人民出版社，1999 年版，第 277—278 页。

人所分析和预料到。①

朝鲜战争是一场对中国国家独立、制度建设、政治发展和经济进步影响深远的一场战争，也是对东亚地区安全、中美双边关系甚至国际关系进程产生决定性作用的标志性事件。国外学术界个别人士把中国介入朝鲜战争看成好战的举动，这绝对是一种误解。半个世纪以来，由于各种各样的原因，朝鲜战争缘起的真相一直被掩盖着，中国介入朝鲜战争所背的"黑锅"也无法扔掉。1991 年苏联解体特别是俄罗斯重新建国之后，俄罗斯方面有关朝鲜战争的秘密档案部分解密，关于是何方导致朝鲜战争的谜底终于大白于天下。它更加证实了过去中国政府的申辩：在朝鲜战争爆发之前，以毛泽东为首的中国政府坚决抵住了各种国际压力，支持要和平不要战争的坚定立场；如果杜鲁门 1950 年 6 月 27 日不派兵赴台湾海峡，中国还不会决定介入战争；中国从来没有主动希望组织一场反美战争的战略意图。美国第七舰队进入台湾海峡，意味着美军进入并占领中国领土，而且使得中国尽快实现祖国统一的国家战略化为泡影，这无异于美国向中国宣战，而且美军在东北轰炸中国领土的行为也是存在的，因此，中国是被迫卷入战争，西方国家仅通过中国出兵朝鲜这一项行动就断言中国奉行战争政策，完全是一场误解。②

第四，中国参加的几次战争都是像历史上一样，没有超越出周边地区。新中国与周边国家发生的几次战争，对象都是朝贡体系的从属

---

① 美国学者费正清认为，尼赫鲁企图建构一种"中国威胁"和"印度被侵略"的"现实"，结果世界多数国家包括印度民众都误认为中国是"侵略者"，"外界几乎一致认为是中国无故入侵印度，这更证明了人们对中国的印象，即北京遵循一种冒险的、沙文主义的外交政策"。但真相是，中国在处理这一事件"富有情理"，"有武力来维护自己的权利，但做得并不过分"。费正清得出结论，"中印边境冲突表明，中国的扩张主义是反击性的，并不是主动的或天生的，只要有人像尼赫鲁那样自寻事端，就会遇到麻烦"。见费正清：《观察中国》，傅光明译，世界知识出版社，2002 年版，第 161—163 页。

② 社会科学院世界历史所张志华研究员在 2000 年 5 月复旦大学主办的纪念朝鲜战争五十周年及中美关系研讨会上的发言。

国，中国没有像西方国家那样在战争结束之后，实行变相的或直接的军事占领政策，而是撤回军队，重新进行国际谈判。中印战争就是一个典型例子，1962 年 11 月 20 日，正当中国军队在自卫反击战中获得巨大战果，国际社会普遍认为中国军队必将趁机扩大胜利时，中国政府却大出各方意料，做了一个“在国际关系中史无前例的决定”，宣布从 1962 年 11 月 22 日零时起，中国边防部队在中印边界全线停火，且从 12 月 1 日起中国边防部队将从 1959 年 11 月 7 日存在于中印双方之间的实际控制线后撤 20 公里。中国政府为了和平解决争端而做出的这种“崇高而宽大的”姿态，赢得了国际社会特别是第二、第三世界人民的尊重，罗素认为中国的决定“应当被全世界作为慷慨的行动来欢迎”，埃及《共和国报》则称中国政府的决策维护了和平，拯救了万隆精神。[①]

实际上，中国自步入民族国家体制以来，历届政府不管是反对日本法西斯和美国侵略军的远征作战（中国远征军入缅作战、中国志愿军入朝作战），还是收复领土的边界战争（中印自卫反击战、中苏珍宝岛自卫反击战、中越自卫反击战），都没有借机在外国驻一兵一卒，也没有侵占争议区的任何领土，更不要说去侵占他国的领土了。中国政府的这种做法，与工业化时期英国、美国、俄国的做法格格不入。比如，美国在建国时有领土约 330 万平方公里，经过半个多世纪的扩张，使其面积达到 930 万平方公里，增长了约 3 倍；英国工业化初期海外殖民地有约 19 万平方公里，工业化后殖民地面积高达 1900 万平方公里，增加了约 100 倍；法国也有类似的经历，它在工业化初期有约 32 万平方公里的海外殖民地，这个数字最后增加到 660 万平方公里，增长了约 20 倍；另外，俄罗斯也不甘示弱，在 1871 年到 1900 年的 30 年间里，就在

① 王泰平主编：《新中国外交 50 年》，北京出版社，1999 年版，第 228—230 页。

亚洲扩张了领土约 50 万平方公里。[①] 中国近代史上，特别是近半个多世纪以来，这种“消极防御、打完就回、不占外土”的外交实践，维持了近代中国版图基本上没有发生变化，也雄辩地证实了中国和平主义战略的可信度。21 世纪初，中国与俄罗斯、中亚五国以及越南、印度等周边国家最终解决边界问题，都再一次证明了中国人的和平主义思想打下了良好的基础。

第五，20 世纪 50—70 年代，决策层和精英层中长期存在着如何贯彻民族主义的两条路线的斗争，即以对外斗争为主，还是以和平共处五项原则为主的斗争。从 1949 年至 1976 年的 28 年间，真正地搞斗争哲学、不讲和平哲学的时期，只是在“文化大革命”的 1966—1971 年的五、六年里，集中体现在批判“三和一少”的修正主义论调方面。在另外的 20 多年里，和平共处原则居于主导地位．只不过和平共处总原则下的具体策略上有不同的侧重点，比如对于中印边境冲突，毛泽东倾向于进行有理、有利、有节的反击，“恩来，你讲和平共处，我讲武装共处，听起来像是要对立，实际上都是为了和平共处”。[②] 自卫反击作战一结束，对印战略就很快回到和平共处的主流轨道上来。1963 年周恩来总理曾经概括出了中国外交的基本思想：一是要等待，不要将己见强加于人，二是决不开第一枪，人家可以先对我不好，我们决不会先对人家不好。三是凡是对我们友好的国家，我们就可以以更好的态度对待他们；如果敌视我们，我们就以同样的态度进行抵抗。也就是说，友好在先，抵抗在后，“来而不往非礼也”，否则我们就会被看成懦弱可欺。四要“退避三舍”，你来，我先退，给你警告，再来再退，再给警告，但事不过三。周恩来说：“我们中国人办事，就是根据这样一些哲学思想。这些哲学思想，来自我们的民族传统。”[③]

---

① ［美］斯塔夫里阿诺斯：《全球通史》，吴象婴、梁赤民译，上海社会科学院出版社，1992 年版，第 314 页。

② 赵蔚文：《印中关系风云录（1949—1999）》，时事出版社，2000 版，第 17 页。

③ 任晓主编：《国际关系理论新视野》，长征出版社，2001 年版，第 324—325 页。

第六，和平主义思潮一直强有力地存在于中国民众层。我们选择典型时期的典型个案对此加以说明。1960年7月7日正值全党动员民众批评修正主义（和平主义的代称）的高潮，居于特殊核心地位的解放军总政治部学校工作处整理了一份材料，名是“第一坦克学校第一大队第三中队三派人在‘战争与和平’问题上的争论”，内容是：该中队部分学员从报纸上看到苏联关于裁军的建议及赫鲁晓夫在罗马尼亚工人党第三次代表大会上的讲话摘要后，议论纷纷，展开了辩论，形成了三派意见。第一种意见认为，（1）现在摆在全人类面前有两条道路，一是和平共处，一是核战争，谁也不愿意走后一条路，因此普遍裁军一旦实现，就能消除战争危险，实现永久和平；（2）列宁关于“帝国主义就是战争”的原理是相对真理，不是绝对真理，现在时代变了，战争是可以避免的；（3）和平共处是我们的目的，可以通过和平共处挤垮资本主义，只要实现裁军，资本主义国家人民就可以通过议会、谈判，和平过渡到社会主义。第二种意见认为：（1）列宁关于“帝国主义就是战争”的原理没有过时，帝国主义侵略本性至死不变；（2）和平共处不是目的，而是一种斗争手段，希望通过和平共处挤垮资本主义，那是不切实际的幻想，只有加强自己的国防和世界人民反帝统一战线，并与帝国主义作坚决的斗争，才能保卫世界和平；（3）爆发战争和制止战争，并不取决于核武器，对战争胜负起决定作用的，不是原子弹而是人，是政治。第三种意见则认为前面两种看法都有道理。据了解，持第一种意见的人占全部人数的31.6%，其主要代表人物没有经过战争锻炼，不爱学习政治，贪图个人安逸，因此容易与某些修正主义观点发生共鸣；持第二种意见的人占全队的50.6%，他们中间75%的人是工农出身，60%的人打过仗，在和平环境没有忘记阶级斗争，平时重视政治学习，又听教员说现代修正主义是“一种国际现象”，脑子里有所警惕，增强了抗毒能力；持第三种意见也即中间派的人占

17.7%，他们中间有的人文化理论水平低，缺乏鉴别能力；有的人是觉得涉及兄弟党之间的关系，暂不表态；有的人则是在等待领导出来讲话后再发表意见。经过反复辩论，阅读文件和进行教育之后，三派人逐渐起了变化，持第二种意见的人更加理直气壮了，吸引了其余两派的人向他们靠拢。因此总政得出结论，“深入系统地进行一次反对现代修正主义的教育和学习，是十分必要的”。① 另一个材料也从侧面说明了同样的问题。1960 年 7 月 13 日，湖北省委第一书记王任重报总书记邓小平并转毛泽东审阅一个反映群众和平主义思想的材料，它包括武汉大学哲学系哲学教研室党支部学习纪念列宁诞辰九十周年的三篇文章的情况。该支部有党员 37 人，其中态度明确，识别力较强的有 21 人，他们一致认为赫鲁晓夫有严重的修正主义观点，并列举了其在对待美帝国主义的态度，对战争和裁军的认识等问题上的具体表现……未表示明确态度的有 10 人，而认为赫鲁晓夫的观点是正确的有 6 人。材料认为，“现代修正主义观点在我们党内并不是没有市场的”。② 这从一个侧面说明，即使在无限上纲上线的“革命主义”时代，民众阶层中还有着相当大的和平主义思潮。

综上所述，20 世纪 50—70 年代的中国外交，虽然形成了一种追求自强与战略独立的安全观念，并在对外关系中显示了一定的实力因素，但不能说中国对外关系的本质就是实力政治。追求实力是现代国家的基本特征之一，即现代性的组成部分。中国要上升为一个现代国家，不可能不具备集体自卫的暴力特征。然而，研究中国战略的任何大师级学者和清醒的战略家们都知道，离开了文化理想主义，离开了儒家思想，离开了“和合”文化，就不能完整地理解中国战略，甚至也不能把握 30 年的中国外交史。无

① 《建国以来毛泽东文稿》第九卷，中央编译出版社，1992 年版，第 259 页。
② 同上书，第 245 页。

论从朝鲜战争与中印战争的发生看，或从反对修正主义时代中国精英与民众阶层相当顽强的和平共处思想来看，还是从更大范围的中国外交史比较而言，中国外交哲学的实质总体而言都不能是扩张主义或实力主义的，而只能是和平主义。

中国和平主义的战略文化传统，不仅规定了几千年的中国外交方向，而且仍然建构着现代中国的外交战略。加入主权民族国家体系的100年里，中国一方面遵从主权平等、互不侵犯、平等互利的国际法准则，循规蹈矩地尽自己应尽的国际义务，另一方面有理、有利、有节地开展国际交往与国际斗争，维护来之不易的民族独立与国际身份，在两方面的活动中均处处可见中国和平主义战略文化的影子。尤其值得一提的是，在中国经济实力稳步持续发展的3个公认的“黄金时代”，即1927—1937年、1979—1989年、1993—2003年，中国都没有主动发动对外战争，也没有任何的对外战争威胁，这说明国际社会没有必要为中国的崛起而感到害怕。可以预见，只要不发生大规模外敌入侵，不出现国内社会结构的革命性变化，反华势力不趁经济全球化的大车打压中国，造成民族主义的极端反弹，中国的和平战略难以在相当长的未来发生根本性转向。

如果必须对中国外交哲学作简单的判断，我们宁愿从历史经验中寻找结论：古代中国外交哲学的主流是文化理想主义，战略文化传统是和平主义；近代以来的中国外交哲学吸收了西方现实主义和现代性的理念，反抗哲学、革命哲学、斗争哲学和图强哲学彰显于战略文化的表层，但制约中国战略发展方向的却仍然是文化深层结构中的和平主义。消极世界主义的天下观，“和合”文化孕育下的对外关系理念，以及现代主权制度的理性约束，共同构成了中国外交的和平主义本质。

第七章 新国际主义与中国软实力外交

一、软实力的特性及其与国际主义的联系

软实力与国际社会化联系。把国家力量划分为硬实力与软实力，从某种程度上是物质主义与理念主义在工具理性层面上的体现，这种体现是随着国际社会的发展而日益显性化的。在社会交往并不发达的时代，两种理念在国家力量体现方面是不平衡的，软实力往往从属于硬实力。甚至可以说，在很长的一段历史时期内，国际政治斗争中基本上是硬实力决定斗争结果。西方学术界有时把这种时代称之为霍布斯时代。到了欧洲国际社会日益形成并不断发展之后，国家之间的冲突与合作有了一定的规范与制度，也就有了现代意义上的国际公共事务领域。

这样，一种叫作主权原则的国际政治文化出现了。当不同的国家在仍旧追求国家利益的同时，外交行为中出现了一定程度的国际主义，即以彰显国际的共同利益为口号或目标的国际行为，西方学界又把这个时代称之为洛克时代。我们当前仍处于洛克时代或者洛克时代向更高层面的时代转换的时代。在洛克时代，那些能够依靠自身非物质力量的优势获得其他国家认同与尊重的国家，被认为是软实力比较强大的国家。

1. 软实力与国际社会化的发展

软实力研究的兴起，某种程度上是国际政治社会化大发展的产物。冷战结束以后的国际政治研究中，之所以形成软实力研究的热潮，原因是多方面的：

一是因为全球化与经济相互依赖的拓展要求各主权民族国家既要从国家物质利益出发推进本国的成长，又要借助国际社会的力量来共同对付一些国际公共领域的共同危机，体现出一些国际责任与合作精神，而后者展示的主要不是物质力量，而是精神力量、文化力量与制度力量。

二是国际政治社会化的又一轮发展进一步增强了国家对于国际社会的依赖性以及国际社会对于国家行为的规范约束，也就增强了国家形象、国际认同以及制度创新等新指标在国家综合国力中的地位。

三是核武器的扩散困境、世界经济的不平衡发展、环境污染与可持久发展的冲突以及石油等自然资源的开发瓶颈等等，都在一定程度上宣告了物质性增长（主要指经济增长）规模与空间是有限度的，而软实力自然就成为国际竞争的突出领域。

四是国际恐怖主义、极端民族主义等国际社会中的不和谐因素，进一步刺激各国政治家与国际政治学者反思以往的外交理论与模式的缺陷，特别是对一些所谓的“领袖国家”的对外交往模式进行检讨，单边主义、军国主义、强权政治、新殖民主义、霸权主义的做法不得人心，有损于大国实力，而增强软实力自然映入战略视野。

五是美国一些政治学者从美国的霸权利益出发，希望找到维护美国新霸权的力量源泉，遂把眼光从经济、军事、科技转向了制度与文化，一方面希望另辟蹊径，扩大美国的软实力领域；另一方面也希望在软实力领域展开一轮“软实力竞赛”，依靠美国在软实力方面上的某些优势把其他对己威胁的国家拖垮斗倒。

六是国际关系理论的最新发展，也为国际关系学界研究软实力提供了直接近便的理论支持，新自由制度主义以制度为本位，而社会建构主义又把文化奉为圭臬，制度与文化的力量自然成就了软实力的研究空间。哈佛大学肯尼迪政府学院院长约瑟夫·奈是当前语境下软实力一词的发明者。15 年前，他就从新自由制度主义的基本立场出发，出版了《美国一定能领导世界：美国力量属性的变迁》，时隔 15 年，他又进一步丰富了以前关于软实力的概念，写出了《软实力：世界政治中的制胜之道》，全面地界定了软实力的内涵，即“软实力是通过吸引而非强制的方法使他者满足自身意欲达致的目标的能力”。也就是说，软实力是一种“塑造与影响他者偏好的能力”，其力量来源是“对他者的文化吸引力、国内奉行的政治价值观念、外交政策的合法性与道义权威”，其实现的方式是吸引他者以及互相选择。[①]

2. 软实力较硬实力更多地与国际主义相联系

在国际政治中，实力虽然都是在比较的意义上获得实在内容

① Joseph S. Jr., *Soft Power*: *The Means to Success in World Politics*, New York: Public Affairs, 2004, p. 31, pp. 5—11. 转引自陈向阳：“论软实力与中国外交”，载郭树勇主编：《国际关系：呼唤中国理论》，天津人民出版社，2005 年版，第 343—344 页。

的，但是，实力生成的向度是不同的：硬实力主要依靠绝对添加与自我满足为标准，而软实力主要依靠社会认同与他人尊重为标准；硬实力属于物质文明，软实力属于政治文明或精神文明；硬实力主要源于内在建设，而软实力源于国际互动；硬实力思维追求绝对的国家利益，软实力思维追求国际共同利益或在追求这种共同利益中实现相对的国家利益；硬实力的增长路线是现实主义，而软实力的增长路线是建构主义或自由主义；硬实力发展的隐含的前提是绝对的安全观，软实力发展隐含的前提是共同安全观；硬实力更多的与民族主义联系在一起，而软实力更多地与天下主义、世界主义或者国际主义联系在一起。

表 1　硬实力与软实力的比较

序号		硬实力	软实力
1	权力文明归属	物质文明	精神文明或政治文明
2	实力规定标准	绝对添加与自我满足	社会认同与他人尊重
3	实力生成重点	内在建设	国际互动
4	国家利益目标	追求绝对的国家利益	相对的国家利益
5	基本增长路线	现实主义	理想主义
6	隐含安全观念	绝对安全观	共同安全观
7	本体论立场	物质主义本体论	社会本体论或者理念主义本体论
8	世界观念倾向	多与民族主义联系在一起	多与天下主义或国际主义联系在一起

一定的学术研究要局限在一定的范围内研究。上述表 1 中的

硬实力与软实力的比较，并不是将两者截然区别开来，只是把它们之间的侧重点加以突出而已，其实，两者之间有着许多的交叉特质。我们在研究软实力的时候，既要强调软实力日益显要的地位，又要注意硬实力对于软实力的基础性作用，既要认识到软实力的国际主义色彩，又不能忘记它的民族建设的根基，既要抓住它的国际社会建构的特点，又不能抛开它对硬实力的依附性。

3. 软实力的十个特性

第一，软实力不仅指制度力量与文化力量，还应包括国际认同、话语实践以及外交艺术。我们认为，推动国家合秩序性发展的能力、发动合法性战争的能力、将世界文明内化的能力，以及大国塑造自身国际形象的能力，都是软实力的重要组成部分，这样，我们关于软实力的界定就与约瑟夫·奈有了较大的不同。

第二，软实力既具有一定的独立性，又有一定的依附性，它必须以硬实力为基础，并往往借助硬实力发挥作用，但它又能独立直接地发挥力量，并且对硬实力产生巨大的推进或者阻碍作用。

第三，软实力既具有普世性，也具有特殊性，但最终要体现为普世性，它必须通过一定的机制与方式与国际社会的认同进行对接，因此那种认为软实力一定要具有普世性的观点是有理由的，但我们也要重视这种软实力在展现普世性之前特别是国际制度化与国际社会化之前的民族独特性的一面。

第四，软实力是任何国际关系行动体都具备的力量源泉。不仅大国存在一个硬实力与软实力的问题，小国也有这个问题。一个小国虽然硬实力可能很小，其软实力却可能很大。比如，梵蒂冈虽然没有多少GDP与军事力量，却对全世界的亿万人口和众多社会产生了较大的精神影响。

第五，由于硬实力的客观物质性较强，软实力的社会建构性较强，因此不同国际关系行为体之间在硬实力上体现出较强的因果性，而在软实力上体现出较强的构成性，从而也表现出硬实力易于量化的特点，以及软实力的模糊性、不确定性、非量化性的特点。

第六，软实力的增长模式是可持续性的，一个国家即使在形象工程方面有良好的绩效，一旦在处理内政外交方面产生了恶劣的国际影响，其软实力会陡然下降，且很难在短时期恢复过来，这与硬实力的下落与提高有较大的差距。

第七，软实力既是内生的，也是外生的，外生性与内生性相辅相成，相互转化；内生性是基础，但外生性往往具有决定作用，因为从本质上讲，软实力是在一个开放的世界里由国际社会建构而成的。

第八，与硬实力相比，软实力在大国国际地位中的影响随着世界政治文明与国际政治文化的进步越来越重要，这是因为国际政治的社会性越来越强的缘故。

第九，软实力与硬实力要同时建设，不能以硬实力为先而软实力为后，也不能以软实力为先而硬实力为后，更不能理解为软实力是在硬实力发展到一定阶段的内在要求，软实力与硬实力具有共时性的特点。

第十，软实力与硬实力具有不可分割性，而且是可以相互转化的。军事力量往往被认为是硬实力，但是运用军事力量的战略意志与合法技巧方面却是软实力。“神六”、“天宫”上天体现了中国的硬实力，但是发展“神六”、“天宫”的意志以及“神六”、“天宫”精神却是软实力。软实力通过某种机制可以转化为硬实力，比如，理论形成了新的工艺，出现了新的产品，新的经济体制解放了生产力，先进的军事思想通过培训体制提高了战斗力等等。

综上所述，硬实力与软实力的八项对比与软实力本身的 10 项特性，我们认为，软实力最突出的特征有三：第一，软实力是在国际交往与国际社会发展的历史过程中日益表现出来、而且份量不断增加的一种国际政治力量。第二，它多数情况下是依托于特定民族的精神文明而彰显出来的世界性的制度或者文化力量。第三，在现阶段，它还不能彻底摆脱硬实力的物质依附以及民族国家利益的目的性限制，但是它在全球化与世界政治文明发展中不断削弱或淡化这种依附和限制，表现为一种鲜明的理念主义与国际主义取向。

本章的基本观点是：软实力与国际主义是有内在的联系的。一个国家具有强劲的民族文化力量或者制度创新力量原本为本土的，然而要想成为真正意义上的软实力，往往要上升为国际政治文化或者世界文明现实的或潜在的组成部分，才能使之发挥更大的国际影响。[①] 中国的国际主义外交需要以增强软实力为重点，而中国的软实力战略需要推进国际主义的外交路线。

二、国际主义是中国对外政策中不能抛弃的强大软实力

国际主义与民族主义都是现时代一个民族兴旺发达的缺一不可的精神财富。由于中国目前的崛起，既是一个民族复兴的过程，又是一个国家融入国际社会的过程，既是一个国家认同重建的过程，又是一个和平发展的过程。中国处于从前现代向现代转化、现代向后现代转化的两重历史进程之中，不免需要借重国际主义与民族主义的双重资源，但是，从其根本性而言，中国的对

① 并不是所有的软实力都是国际取向的，有的完全是民族精神或民族素质的一部分，这种精神也难以国际化。比如以色列民族的忧患意识，德意志民族的纪律观念等等。这一类软实力往往属于长期历史演化而成的单一民族的种族特质。更多现代国家的软实力，如人权意识、宪政精神、外交水平、政府质量、宽容社会等等，都具有国际社会化或者社会学习的特点，早已或正在成为世界精神文明的一部分，成为国际社会的基本规范了。

外政策中要将国际主义而不是民族主义置于关键的地位。况且，借重民族主义也需要在国际主义的大的框架内实现。

1. 国际主义的概念界定

任何一个与周边国家有着持久互动关系的大国，都摆脱不掉国际主义的诱惑。由于人类有一种天生的获得承认的政治倾向，又天生是社会动物，因此，一旦国家强大起来，它也会滋生出国际主义甚至世界主义、天下主义的冲动来。即使是一个国际社会的小伙伴，它为了维持对己有利的一份国际利益，也需要为人类共同的利益做出贡献。特别当这个国家处于一种负担一定护持责任的国际秩序中时，这种国际主义的“负担”更是挥之不去的。而正是那些在几百年的硬实力拼撞中“磨炼”出来的国家，目前成为世界政治中提倡国际主义最积极的先锋。

国际主义并不是一个容易界定的概念。国际主义的一个哲学前提是，自我意志的全面或彻底实现，必须以非我意志的实现为条件；当自我是个人时，这种逻辑就是人权平等、反对奴隶制度的逻辑；当自我是民族时，这种逻辑就是民族自决、反对民族压迫的逻辑；当自我是民族国家时，这种逻辑就是国家主权平等而且解放全人类的逻辑。国际主义的最初来源就是第三种逻辑。一个国家要实现自身的最终利益，必须建立在支援其他国家实现其合理的国家利益的基础之上。在以民族国家为基本行为体的国际政治中，国际主义的实现过程就是支援其他国家实现合理的国家利益，进而实现本国的国家利益以至全世界的人类利益的过程。而对于已经或者正在冲破国家行为体实践框架的国际关系行为体来说，他们的国际主义过程往往体现为直接服务于国际社会的公益事业，或者全人类的共同利益。

在本章中，我们把国际主义分为两类：一类是为了自身的民族利益而有限度地让渡国家利益，以维护国际利益或周边利益甚至天下利益的借口而实现国家利益而体现出的一种对外积极合作的政策思想与政策；一类是将自身的利益与世界利益以及人类的利益完全融合在一起的观念与政策。第一类主要体现为一种工具理性的国际主义观念，第二类主要体现为价值理性的国际主义观念。这两种观念无论在过去、现在还是将来都是存在的，而且也可能存在于不同国家的某些政策的一些侧面。尽管我们并不排除在中世纪甚至更早的时候，也有着国际主义的政策与观念，但是为了研究方便，我们仍然把世界交往发展到一定阶段、服务于国际共同利益的世界主义观念称之为国际主义。这样，中国古代为了维持朝贡体系而进行的类似含义的许多对外行动，以及希腊、罗马以及欧洲封建社会的一些宗教取向的国际行动，都不在我们的研究之列。因为从根本上讲，国际公共利益的形成，是资本主义的发展与世界生产力扩张的产物，是国际社会共同价值观念的反映。

2. 20世纪中国的大国成长曾经凝结了国际主义外交路线的成果

自中国爆发民主革命，采取现代的政治体制，加入到世界性的民族国家体系之后，中国政府与中国人民为了国际社会的福祉而做出的国际贡献，均带有国际主义的成份。民国时期，中国政府对于德国开展无限制潜艇战的谴责，中国政府积极参与或筹建国际联盟、联合国，中国政府倡议建立世界反法西斯统一战线，中国向缅甸等地派出远征军打击日本法西斯，中国人民以各种形式支援亚洲其他国家的民族解放运动，等等，都是某种程度上的国际主义行为。但是，由于北京政府和南京政府本身的政治腐败，当时的中国又处于十分软弱的地步，中国外交的最主要任务是救亡图存、修改废除不平等条约，而不是直接、积极地参与国际公共事务，因此，新中国建国之前的中国国际主义，并没有完全获得我们今天所指的现代意义上的国际主义，尽管中国人民为世界人民的和平与富强做出了巨大的贡献。

新中国建国前后的几年里（20 世纪 40 年代末—50 年代初），中国崛起的步伐陡然加快，这一方面与伟大的中国共产党领导全国人民取得新民主主义革命的胜利，中国土地改革与社会主义改造基本完成，中国国民经济体系初具规模，中国人民解放军的力量空前强大等等因素有着直接的关系，也就是说，与中国的硬实力增强密不可分。但是，我们也不能忽视这一个时期中国共产党与新中国政府在国际主义贡献方面的成绩。这一个时期，由于中国积极加入苏联为首的社会主义阵营，反对帝国主义对于朝鲜人民民主共和国的侵略，参加亚非会议，支持世界人民的和平运动，支持亚洲、非洲、拉丁美洲各国人民反殖民主义和保卫民族主权的斗争（以支援埃及反抗英法侵略最为代表），支持各国工人阶级和劳动人民的社会主义运动，中国赢得了较为具有战略意志、独立自主与和平的国际形象。这既是中国硬国力发展较为迅速的时期，也是中国的国际主义较为适当发展的时期。

关于这一段历史，就联系到一个理论争鸣。即中国的国际主义究竟促进了中国综合国力的增长，还是迟缓了中国综合国力的增长？我们认为，答案是肯定的，首先，“一边倒”的外交政策是正确的选择，而这种选择本身就是一种国家利益与国际主义高度结合的产物；第二，在 20 世纪四五十年代，民族解放运动风起云涌，民族独立与反对殖民主义压迫仍然是国际政治的主题，中国政府从这个时代主题出发，支援亚非拉人民的民族独立，无疑大大提高了中国的国际地位；第三，中国的国际主义也获得世界人民与友好国家的经济援助与精神鼓舞，增长了中国人民的国民士气与民族自信心，激发了建设社会主义祖国的热情，反过来促进了国内的生产建设。

新中国建国前后，中国共产党的领袖们再三强调国际主义并不是一种策略的需要，而是中国巩固政治独立与提高国际地位的逻辑使然。关于国际主义，刘少奇同志曾经多次著书立说，申明国际主义对于新中国建设的重要性。他认为，中国是一个被压迫的民族获得解放的国家，也是无产阶级专政的国家，这个国家要从完全的意义上巩固自身地位，进而获得完全的解放，就必须贯彻一种无产阶级的国际主义，当然，这种国际主义是一种与爱国主义密切结合的国际主义。“无产阶级的国际主义对于民族的看法，及其处理世界民族问题的基本原则，是从本国人民群众的根本利益出发，同时也是从全世界各民族的人民群众——即全人类共同的根本利益出发。民族的侵略，既然是阶级剥削制度的一种产物，无产阶级不剥削任何人，而且为追求一个不剥削人的社会制度而斗争，它就必须反对一个民族去压迫另一个民族。无产阶级不能在人类社会上保存任何人类压迫人的制度，否则，就不能使自己得到解放。因此，无产阶级坚决反对任何的民族压迫。它既反对任何异民族压迫自己的民族，同时，又坚决地反对自己的民族去压迫任何其他民族，而主张一切民族在国际和国内的完全平等与自由联合及自由分立。并经过这种分立（目的是要打破目前各帝国主义国家对于世界大多数民族的压迫和束缚）与自由联合（即在打破帝国主义的压迫之后由各民族实行在完全自愿的基础上的联合）的不同具体道路，逐步走到世界的大同。”[①] 如果说刘少奇的国际主义充满了使命感的话，那么，周恩来的国际主义就是一种务实的外交政策指导思想了，他在1952年就指出，新中国的外交工作要有七条指导思想，第一条就是“坚持国际主义，反对狭隘民族主义”，“社会主义的爱国主义不是狭隘的民

① 刘少奇：《论民族主义与国际主义》，东北书店，1948年印行，第5—6页。

族主义，而是在国际主义指导下的加强民族自信心的爱国主义”。[①] 抗日战争结束之后到20世纪50年代中期的新中国对外交往中的国际主义，基本上是一种较为适宜的国际主义，这种国际主义基本上实现了周恩来总理所说的“加强民族自信心”的战略目标，巩固了中国的政治独立，获得了较大范围的国际承认，得到了大量的国际援助，也为新中国树立公正、和平、正义的国际形象奠定了坚实的基础。

3.20世纪60年代—70年代的国际主义对软实力有挫折也有成绩

国际主义必须与民族主义很好地结合起来，这是一个历史规律。如果超出时代的要求，超出民族利益的承受能力，去推行国际主义的外交政策，就会发生曲折。20世纪50年代以后特别是六七十年代，国际政治发生了很大的变化。国际政治的主题也在发生变化，民族解放运动与帝国主义、殖民主义的矛盾不再是主要矛盾，由此，以无产阶级意识形态为主要内容的国际主义不应当在中国外交路线中占据过去时代的地位。但是，出于中苏冲突、国内政治斗争以及中国硬实力片面发展的种种困难和不平衡状况等因素的考虑，新中国把国际主义置于了不恰当的位置，奉行既反帝、又反修、大力支援第三世界地区人民的外交路线，给中国的崛起带来了波折。中苏论战中，中共把国际主义置于爱国主义之上，明确指出，中国的外交基本路线是：“在无产阶级国际主义的原则下，发展社会主义阵营各国间的友好合作关系；在五项原则的基础上，争取和社会制度不同的国家和平共处，反对帝国主义的侵略政策和战争政策；支援一切被压迫人民和被压迫民族的

① 周恩来：《我们的外交方针和任务》，载宋恩繁、黎家松主编：《中华人民共和国外交大事记》第一卷，第324页。

革命斗争。”[①] 这条路线显然结合了爱国主义与国际主义，国际主义的成份是十分突出的。

这种国际主义路线直接或间接造成的负面作用，是使中国未能与主流国际社会建立良好的互动，失去了发展市场经济、提高国民福利的大好时光，反而增强了国内阶级斗争的烈度，使中国濒于国民经济崩溃的边缘，在国际上与主流国际社会处于某种对立或者疏远状态，周边安全环境进入历史上最恶劣的境地。这条路线直接或者间接的积极作用是，在毛泽东、周恩来等老一辈革命家的正确指导下，控制了“革命外交”的影响范围，维持了中国的独立自主与较为强大的战略意志，团结了广大的第三世界国家，赢得了多数亚非拉国家对于中国社会主义建设的尊重与支持，[②] 实现了中法、中美关系正常化，倡行了反对霸权主义的国际原则，促成了中国重返联合国。中法建交、中美关系正常化、中国重返联合国等，都较大程度上体现了中国强大的软实力。

中国共产党之所以在20世纪六七十年代如此重视国际主义，有着几个方面的因素：首先，20世纪40年代中国革命的成功，以及50年代中国社会主义建设的成就，使得中国革命与建设模式在世界无产阶级革命以及民族解放运动中赢得了良好的声誉，产生了巨大的影响，这是一种中国对于人类贡献的客观基础。其

① 黄安森、严宜生、杜康传主编：《当代国际共产主义运动》，中国人民大学出版社，1991年版，第595页。

② 根据国家统计局的报告，20世纪60年代至70年代末，是中国对外援助最为积极的年代。在这个阶段，中国政府在周恩来总理访问亚非14国时提出的中国援外八项原则的指导下，先是重点加强了与亚非民族主义国家的经济合作关系，先后帮助受援国建设了一批工农业生产项目和社会基础设施，后在1971年联合国恢复中国的合法席位后，迅速扩大了对外援助的范围，从原先的亚洲、非洲地区扩大到拉丁美洲和南太平洋地区，援助总额与规模、内容也有大的变化，总之“自新中国成立至1978年底，中国共向66个国家提供了援助，帮助其中38个国家，建成880个成套项目。在八项原则指导下，中国对外援助创立了国际经济关系中真诚合作的典范，博得了受援国政府和人民的广泛赞扬和高度评价。”见国家统计局编：《新中国五十年系列分析报告之十四：对外经济与合作成绩喜人》，1999年。

次，苏联在履行无产阶级国际主义义务过程中没有表现为一个纯粹的国际主义者，反而越来越多地代表了俄罗斯大国沙文主义的利益，多次干涉社会主义国家的主权，在“背离”列宁主义的国际主义道路上越走越远，引起国际共产主义运动中不少兄弟党的不满，中国等国家的共产党希望苏联改正错误，在被拒绝之后就对其进行了批判，中苏两党关系破裂后，中国自然与持相近见解的其他兄弟党在一起，希望继续执行列宁主义的国际主义路线；第三，中国是一个大国，也是第二大的社会主义国家，最大的发展中国家，相对来讲，具有奉行国际主义外交路线的国家实力；第四，中国正处于民族复兴与大国重新崛起的过程，百年来的屈辱一扫而光之后，一种旧有的民族自豪感、自信心以及天下为公的情怀油然而生，治国平天下的抱负感也转化成为一种外交实践，这是一种民族感情与传统文化的自然流露。第五，我们对马克思主义特别是列宁主义的国际关系思想和国际主义思想怀有很深的感情，希望继承马列主义的世界革命的事业，这种希望与感情影响了对不断变化了的时代主题的正确判断，不能及时地对时代做出准确的掌握，误认为当时的时代仍然处于“帝国主义和无产阶级革命时代”，甚至“帝国主义走向全面崩溃和社会主义走向全世界胜利的时代”，在这种时代判断之下，奉行一种无产阶级的国际主义路线，是一种自然的外交选择了。最后，不可否认，美国等西方资本主义大国对于中国国家安全的威胁，对于中国重新崛起的遏制，对于中国社会主义制度的和平演变策略与武力颠覆企图，激发了中国人民与中国政府的反帝决心，认识到中国的独立、统一、和平与安全的最终获得取决于世界上所有的帝国主义国家的衰亡。

表 2 新中国以来中共历次全国代表大会政治报告中的“国际主义”与“爱国主义”提法

会议名称	年份	大约总字数	国际部分大约字数	国际部分字数占报告比重	“国际主义”出现次数	“爱国主义”出现次数	“中华民族”出现次数
八大	1956	31792	4845	15%	1	1	0
九大	1969	22398	5252	23%	4	0	0
十大	1972	9886	2564	26%	2**	0	0
十一大	1977	31077	3499	11%	1	0	0
十二大	1982	32005	4439	14%	3	3	1
十三大	1987	32091	566*	2%	0	1	3
十四大	1992	26353	2116	8%	0	1	1
十五大	1997	28396	1546	5%	0	2	4
十六大	2002	28186	1254	4%	0	4	17
十七大	2007	28062	1575	6%	0***	2	15

（资料来源：毛泽东：《建国以来毛泽东文稿》第 1—9 册，中央文献出版社，1990 年版。

说明：*“十三大”政治报告中只在最后一段用了 566 个字提及国际事务，如果加上报告开头 953 个字的对外经济交流部分，共计 1519 字的对外事务政策阐述。

**“十大”报告中个别“国际主义”的用词旨在否定苏联干涉主义，完全是从负面的意义上讲的，不作统计。

***“十七大”虽然未使用“国际主义”这个词语，但使用了“国际义务”这个国际主义思想的核心概念。）

三、积极探索“新国际主义”，加强中国软实力

1. 从国际主义到新国际主义的嬗变

我们在上文提到，国际主义分两类：一类是为了实现国家利

益而推行的国际主义；一类是为了实现全人类解放而推行的国际主义。这两类都是不可分的。任何为了工具理性而奉行的国际主义，其实也是全人类解放事业的一部分。在马克思时代，巴黎公社、第一国际、第二国际等一些行动，有着第二类国际主义的较多色彩；而在列宁时代之后特别是斯大林时代与毛泽东时代，第一类的国际主义的色彩就更多了。实际上，第一类的国际主义，就是爱国主义与国际主义相结合的国际主义，也就是刘少奇所谓的民族主义与国际主义结合起来的国际主义。

国际主义是一个不断发展变化的概念。迄今为止，国际主义发生了三次转变：

第一次是从马克思的国际主义到列宁的国际主义。列宁认为，国际主义要高于民族主义，任何沙文主义都不利于国际主义，但是国际主义不是不要考虑民族的因素，世界革命不可能在全世界或者欧洲主要发达国家一下子实现，一国可以实现社会主义革命的成功。

从列宁的国际主义到斯大林、毛泽东的国际主义，这是国际主义的第二次转变，由于社会主义在一国建成的现实，加上国际帝国主义阵营对于社会主义国家的安全威胁，民族主义放到了高于国际主义的地位。到了 20 世纪 80 年代，以中国为代表的一些社会主义国家为了改革开放，实际上已经放弃了无产阶级国际主义至上的观念，例如，中共“十二大”报告关于国际主义与爱国主义有这样的说法：“把爱国主义同国际主义结合起来，从来是我们处理对外关系的根本出发点。我们是爱国主义者，决不容忍中国的民族尊严和民族利益受到任何侵犯。我们是国际主义者，常常懂得中国民族的利益的充分实现不能离开全人类的总体利益。”①

---

① 《中国共产党第十二次全国代表大会文件汇编》，人民出版社，1982 年版，第 43—44 页。

第二次转变后国际主义的原则未在社会主义国家重新恢复昔日的地位，根本原因在于全球化与经济相互依赖时代的到来，社会主义国家在与资本主义国家和平竞争中的劣势地位，以及国际共产主义运动进入低潮。

国际主义正在发生第三次嬗变，这与民族主义的相对失落有一定的关系。[①] 民族主义与国际主义是一对此起彼伏的矛盾统一体。由于全球化的进一步发展，国际经济与社会相互依赖的形成与深化，国际合作领域的大幅度增长，民族主义处于守势，国际主义正在成为世界各国特别是主要地区性大国维护国际稳定、促进共同发展、保证世界和谐、解决全球性危机、培育全球社会、贡献公共物品、共创人类美好未来的时代要求。这种时代要求，预示着新一轮的国际政治文化的发展方向，准备着世界政治文明的价值基础，凝聚着国际社会的基本共识，为新兴大国的国际形象塑造、国际责任分担、世界文明内化、国际共识建构、国际制度创新等软实力的拓展，提供了广阔的空间。

关于国际主义的内容，进入 21 世纪以来，中国学者进行了认真的研究。有学者从国际共产主义运动的角度提出观点认为，国际主义必须是与爱国主义密切结合的国际主义。“无产阶级爱国主义和国际主义是密切联系、相辅相成的……一个国家的无产阶级实现了本民族解放和社会解放的历史任务，也就为全世界无产阶级和被压迫民族的解放做出了贡献，而且在本国无产阶级获得解放之后才更有可能去援助别国无产阶级的解放斗争。从这个意义上说，无产阶级的爱国主义是国际主义的基础，无产阶级国际主

① 民族主义作为一种反全球化的力量，也在出现新的发展，甚至在一些社会或经济转型国家出现了新的抬头，从辩证法的角度讲，这都是正常的发展，而且还会有进一步的发展。但是，相对于国际主义的客观发展趋势来看，民族主义的这次兴起并不能表现出一种兴盛的态势，更不可能与全球化的大势相提并论，因此，从较为宏观的角度看，我们称之为“民族主义的相对衰落”。

义是爱国主义的发展，离开了国际主义的爱国主义势必是狭隘的。”① 这种观点基本上继承了新中国建国以来特别是十一届三中全会以来一段时期我党对于国际主义的基本界定。一种新观点认为，新时期的国际主义是一种特定的思想体系，是指新的时代主题即和平与发展的时代的国际主义，新国际主义不再是以过去时代主题下的世界性的无产阶级革命为宗旨，而是以加入国际体系与国际制度、寻求合作共赢、参与建构地区共同体为基本的理念。② 第二种观点更贴近新世纪中国外交实践的经验与趋势，也更贴近国际社会关于国际合作的一般理念。可以看出，新时期的国际主义并不是马恩时代或者列宁时代的国际主义了，而必须结合新的时代要求。

国际主义在与新时代的结合上，至少有两点是清晰的：一是要密切结合爱国主义，进一步将爱国主义置于国际主义的指导地位，以国家利益而不是意识形态作为衡量国际主义的尺度，这是将毛泽东的国际主义思想进一步向爱国主义方向的过渡与转变。二是将国际社会的共同需求作为国际主义的另外一个出发点。中国共产党正在由革命党向执政党全面深入的转变，中国也由“革命国家”向“现状国家”转变，即向国际体系全面深入的转变，后一种转变的标尺就是中国到底多大程度上成为一个融入了国际体系的国家，成为一个为国际社会所接受和认可了的主要大国。这个过程就是中国和平发展进而和平崛起的过程，也是大国奉行新国际主义的过程。从上述两种意义上讲，新型的国际主义滥觞于20世纪80年代，到了90年代随着中国融入国际社会的深入，新型的国际主义有了更加明确的发展方向和有力的动量；进入21世纪以来，新型的国际主义进入了全面发展、不断调整与充实的新时期。

从具体操作的层面上看，新型国际主义包括以下几个方面：

① 高放：《国际共产主义运动别史》，中国书籍出版社，2002年版，第120—121页。

② 秦亚青、朱立群：“新国际主义与中国外交”，《外交评论》，2005年第5期。

第一，政治上，支持有关国家的反对核扩散、反对国际恐怖主义、反对霸权主义、强权政治以及文化殖民主义的活动。中国筹划组织“六方会谈”、与国际社会一道谴责“基地”组织对美国发动的恐怖主义袭击、反对民族分离主义对于俄罗斯的危害，都是新时期国际主义的体现。第二，经济上，对国际社会的弱势国家进行经济援助与债务减免。据统计，截至2006年，中国已向160个国家和区域组织提供了各种经济援助，援助项目达2000多个，减免了发展中国家的部分对华债务，其总额逾150亿元人民币。[①] 中国政府还决定对与中国建交的39个最不发达国家部分商品实行零关税待遇，并在3年内提供100亿美元的优惠货款。第三，在全球治理上，积极参与国际危机与灾害管理。在全球化时代，国际危机爆发点增多，人类生存的自然环境也在恶化，全球性危机不断增多。中国的国际主义体现在两类危机管理上，第一类是国际社会的危机管理，包括经济危机、金融危机、战争危机、核危机，中国政府在平息东南亚金融危机的过程中已经发挥了大国的责任。第二类是自然灾害与传染性疾病的应对。例如，2005年，中国组织了3次大规模的国际灾害经济援助活动，包括初春向印度洋海啸受灾国提供的5亿元人民币及2000万美元多边捐助，仲夏向美国提供的500万美元救灾援款，以及深秋向巴基斯坦地震灾区提供了2000吨救灾物资。第四，在军事外交上，踊跃加入联合国维持和平行动。中国政府在过去的16年里向世界各地派出了13项、3362人次的维持和平部队，赢得了“文明之师、和平之师”的国际形象。第五，在文化教育上，向世界特别是落后国家和地区实施免费或者低费的人才培养和文化传播计划。在过去的半个多世纪里，中国政府为发展中国家培训了近2万余名管理和技术人才，并计划在未来3年里再培训3万名各类技术人员。第六，在世界

---

① http：//news. tom. com/2006—07—17/000N/84003780. html.

道义上，对于一些坚持国际主义取向的各类国际非政府组织也给予适当的同情与支持。

历史表明，新时期的国际主义不仅有力地支持了世界各国特别是发展中国家的政治独立、经济发展与社会进步，而且推动了国际稳定与世界和平，为世界秩序与国际体系的护持也做出了贡献，有利于各大国关系的正常发展，也同时有助于优化中国的国际形象，化解反华势力“妖魔化”中国的战略企图，对于帮助中国政府反对“台独”与创新良好的和平发展的国际环境，都起到了重大的作用。

2. 从党的政治报告中解读新国际主义

20 世纪 80 年代我国外交指导思想的转变，取得了巨大的成就，不仅营造了新中国建国以来最好的国际安全环境，国内政治生活趋于稳定，国民经济持续高速发展，人民生活水平总体上得到较大改善，国际地位大为提升，而且为下一阶段的中国迅速崛起准备了硬实力基础。20 世纪 90 年代特别是新世纪初的中国国力的空前提升，都是凝聚着 20 世纪 80 年代外交革命的持续影响。当然，外交革命之所以成功，与国际格局、国际进程、中国实力以及中国领导人偏好仍然有着密切的关系。20 世纪 90 年代，国际格局由“两极格局”向“单极格局”转化，形成了“一超多强”的过渡格局类型，美国成为唯一的超级大国，在全球战略与地区战略包括东亚战略方面居于优势地位。中美出现了一定的结构性矛盾，中国面临的国际格局压力要大于 20 世纪 80 年代；幸运的是，国际格局压力虽然大了，但是国际进程对于国际格局的冲击力与影响力也大了，而国际进程的发展总体上向着反对强权政治与霸权主义的方向前进的。在国际进程的多种维度中，全球化与经济相互依赖依然是基本力量，多边外交与国际合作仍然是主流的旋律，在全球性问题特别是核扩散等问题面前，美国更加需要包括中国在内的各地区性强国的支持，这样，结构性矛盾就有了被进程性力量冲破的可能性。从中国领袖们的偏好来讲，中国领导人有着强烈的国际合作理念，仍然把国家利益和国际利益作为中国外交的基本方针，这样就避免了中美新的冷战的出现，成功地化解了结构性矛盾对于中国崛起的不利影响。只有中国的崛起是和平崛起，是共赢合作之下的和平发展，中国融入国际社会的努力就会不断营造中国大国成长的良好环境。实际上，20 世纪 90 年代以来的这种局面一直持续到今天。

表 3　新中国以来中国共产党全国代表大会政治报告中 16 个重要概念的出现次数

报告	独立自主	和平共处	世界和平	新秩序	联合国	国际社会	合法★	主权	人类贡献☆	国际关系	强权政治	第三世界	世界革命	世界大战	帝国主义	霸权主义
八大	0	11	5	0	1	0	1	2	1	2	0	0	0	0	28	0
九大	3	2	0	0	0	0	0	5	0	0	0	0	4	3	30	0
十大	1	2	0	0	1	0	1	1	1	1	1	4	1	1	20	2
十一大	1	2	0	0	0	0	0	1	1	0	0	5	4	3	13	3
十二大	2	4	8	2	1	0	1	7	1	0	1	14	0	1	4	5
十三大	4	1	3	0	0	0	6	0	1	0	0	0	0	0	1	1
十四大	4	3	2	5	6	2	0	8	2	1	3	1	0	1	0	3
十五大	4	2	5	2	2	1	4	3	1	0	1	1	0	1	1	2
十六大	3	2	4	2	1	2	9	5	2	2	3	1	0	1	0	3
十七大	3	1	9	0	1	1	5	7	1	3	2	0	0	0	0	2

资料来源：毛泽东：《建国以来毛泽东文稿》第 1—9 册，中央文献出版社，1990 年版；

说明：本表格中选取的 16 组概念，全是固定用语，只有"人类贡献"例外。

★这里的"合法"泛指整个报告中使用的合法一词，而非仅限于国际关系部分中的合法一词。

☆这里的"人类贡献"，是指宽泛意义上的用语，在不同的政治报告中有不同的表述。

"十四大"以来特别是"十七大"以来的中国外交，面临着不同于20世纪80年代的国际形势：中国越来越成为世界第四大甚至第三大经济强国，中国的发展中国家身份正在发生悄悄地变化；中国的发展模式未在美国模式的竞争中败下阵去，反而在一些发展中国家得到某种仿效；国际社会对于中国对于世界贡献和国际责任的预期越来越强，这对中国20世纪80年代奉行的低姿态的战略方针形成了反差；全球性问题越来越多，对民族国家特别是大国国际治理能力形成了越来越大的挑战；中国在国际上越来越自信的同时，国内政治变革和地方扩大对外交往自主权的呼声日益高涨，同时一种反全球化和要求回归传统文化的本土诉求也十分强劲，等等。新的国际格局变化要求中国不断探索、丰富外交战略思想。

第一，20世纪80年代的外交思想遗产。20世纪80年代的外交革命留下了丰富的思想传统，其中几个方面是不可忽视的：一是80年代继续把中国共产党在长期的革命斗争与社会主义建设中对外交往的传统传承下来了，比如独立自主的原则、和平共处的原则，这些原则即使在党的“九大”与“十大”时也没有放弃过；二是恢复了建国初期的正确主张，比如，20世纪80年代中国共产党又高举起“世界和平”的大旗（“世界和平”在党的“八大”政治报告中曾出现5次，后来从“九大”、“十大”、“十一大”的政治报告中消失[①]，20世纪80年代重新出现在党的政治报告中，其中在党的“十二大”报告出现8次，在“十三大”报告中出现了3次），向世界表明了中国人民坚持真正的和平共处的思想，不再把

① 中国共产党在“八大”之后，对战争与和平的世界形势做出了“左倾”的、过于严重的错误判断，做出了“我们要准备早打、大打、打核大战”，“备战、备荒、为人民”，“大分散、小集中”地搞三线建设，谋求建立“国际反霸统一战线”等多项与国际形势与国际社会公意不符的战略决策，把欧洲的和平主义斥为“绥靖主义”，在1975年的宪法里把过去提倡的“为世界和平和人类进步的崇高目的而努力”的内容换成了“争取和社会制度不同的国家和平共处”，直到1982年宪法中才恢复了“为维护世界和平和促进人类进步事业而努力”的原有正确的提法。见颜声毅：《邓小平国际战略思想概论》，长征出版社，2002年版，第54页。

战争与革命作为对外交往的基本任务；三是先在20世纪80年代初期放弃了“世界革命”，后在20世纪80年代后期放弃了“国际主义”的提法；四是把中华民族与爱国主义的大旗鲜明地高举起来；五是开始了关于中国与国际秩序、国际体系关系的思考，这种思考带着一种摸索的性质，在党的“十二大”上提出了“新秩序”的问题，但在“十三大”上又消失了（参见表2）。上述五个方面的外交思想遗产，对于20世纪90年代特别是21世纪初期的中国外交来说，都是十分沉重又是十分宝贵的财富。谓其沉重者，是因为这是中国民主革命和社会主义建设长期艰苦奋斗中摸索出来的教训与经验，带着中华民族的民族性格与传统政治文化的迹象，包含了丰富的中国国情因素，对它的任何丝毫的动摇都有可能损害中国的国家利益，对它的任何不负责的修正都要付出很大的思想混乱。谓其宝贵者，是因为其绝大部分体现了对今后相当一段时期的时代内涵与国际形势的大致正确判断，包含了许多可以指导长期的、具体的外交实践的宏观原则，也没有把理论的大门关上，反而给后来的外交思想发展提供了大量的创新空间。20世纪90年代特别是新世纪初期的外交方针，大多继承了20世纪80年代外交革命的遗产，坚持爱国主义与独立自主，奉行和平共处、促进世界和平，反对霸权主义与强权政治，皆成为中国新世纪外交文化的一部分，内化为中国外交大战略的一部分了。又比如，“国际主义”不提，“世界革命”不提，多讲“合法政策”与国际合作等等。这说明大的时代并没有发生根本转变，转变的因素可能包括中国的实力及其引起的国际格局。“十七大”报告与“十三大”报告有一些相同之处。除继续高举“十三大”开始提出的“中国特色社会主义”旗帜之外，还有三个共同之处：一是两者都未提国际“新秩序”概念；二是两者都未提“第三世界”概念；三是两者都仅提了一次“和平共处”原则。这似乎说明，在“十三大”和“十七大”的中共领导人眼里，中国融入国际社会的任务都很紧迫，中美合作的共同利益都很巨大，中国提升国际地位的战略依托力量都需要重新定位。当然，这也许只是概念上的巧合，历史毕竟要不断赋予近似的概念以新鲜的时代内涵。

第二，国际规则体系的反叛与顺应。国际秩序问题是一个国家存在于世界的基本问题。在新中国建国之后的30年里，这虽是一个重大的实践问题，但没有上升为一个新的重大的理论问题，仿佛是一个早已解决的不成问题的理论问题了。因为在取得社会主义革命成功的职业革命家看来，革命胜利就赋予了新中国的合法性，目前的世界是帝国主义控制的，而无产阶级与社会主义革命必将且正在走向全世界的胜利，因此，一个即将被破坏了的旧世界是不值得同情的，也不具备合法性。到了20世纪80年代，党的“十二大”提出了一个“新秩序”的问题，这是一个重大的理论进步，然而，这个“新秩序”究竟是现有总的世界秩序底下的子秩序，是在现有秩序的基础上改造出一个国际政治经济的新秩序，还是其他？报告没有点明，也不可能点明，它只是运用“新秩序”一词表明了中国共产党对于世界正义的一种关注，其实质也是对即将放弃的“国际主义”旗帜的另一种形式的局部替代。这种替代不是简单地拾起国际主义的内涵，而是向全世界表明，中国决不对强权政治和现有不公正的秩序作无原则的附和，中国是一个具有战略意志的大国。到了“十三大”，“新秩序”一词没有再提起，这至少说明中国并不把建立新的国际新秩序作为外交工作的重头戏，也反映了这种理论的探索不得不对当时的中国多边主义外交实践采取现实的态度（20世纪80年代是中国加入多边条约最多的年代，中国融入世界的步伐是很大的，从绝对值上超出了20世纪90年代）。到了“十四大”，由于众所周知的原因，中国不得不对美国等西方国家对于中国的遏制政策进行回击，政治报告中使用了5次“新秩序”（新中国建国以来历届中国共产党全国代表大会政治报告中最多的一次）、3次“强权政治”（20世纪80年代末以来政治报告中运用最多的一次）、8次“主权”（建国以来政治报告中运用最多的一次），而将一贯使用率较高的“世界和平”降低到了2次。“十四大”之后，随着市场经济的建立以及中国融入世界步伐的加快，中国与世界秩序的关系必须从理论上加以调整。“十七大”报告中，这种调整到了前所未有的局面。这种理论调整主要有三个方面。一是对“新秩序”的内涵进行重新界定。“十五大”之后，政治报告中“新秩序”的次数就大为降低，而且从用语上也从过去的“建立国际经济新秩序”，改为“致力于推动建立公正合理的国际政治经济新秩序”，到了“十七大”变成了“推动国际秩序朝着更加公正合理的方向发展”，“新秩序”从严格的意义上看不再使用。二是在政治报告中加大了“联合国”的份量。联合国是一个全球性的国际组织，联合国宪章代表了国际法基本准则与国际政治文化的基本框架，反映了当代世界的实力对比，也是现有的国际秩序的基本反映，肯定联合国或者联合国宪章的积极作用。一方面可以谴责违反联合国宪章的强权政治行为，更重要的是表明中国愿意加入到以联合国为代表的国际秩序中来。“十四大”、“十五大”、“十六大”、“十七大”的政治报告提及“联合国”或“联合国宪章”的次数总共为10次，是建国以来其他政治报告提及总数的3倍多。三是在政治报告中开始使用“国际社会”这个词。“国际社会”是20世纪90年代以后政治报告中使用的新词，其含义是指除中国之外的绝大多数国家、政府间国际组织、国际非政府组织以及广大世界人民，在很多时候指代那些对国际议事日程具有发言权的发达国家和一些有影响的发展中国家。“国际社会”一词的生命力在于它本身的模糊性，它是一个褒义词，但没有人能够确切地说出它的全部含义，在不同的语境下它的含义是不同的。“国际社会”与“国际秩序”或者“世界秩序”之间有着间接的、内在的联系，当然也有着较大的不同，国际社会往往是一个特定语境下的、即时的国际舆论主体，而国际秩序则是长时间固定不变的权力分配、制度安排与集体认同。但是，无论如何，政治报告中运用“国际社会”，既能够表明中国在乎世界的规范，又能够暗示中国不是一个现有国际秩序的挑战者，也可以反映中国融入世界的决心。

“十七大”政治报告在重视国际社会方面以及融入国际社会方面的一个突出特点是，不但像过去那样指出中国“遵循联合国宪章宗旨和原则，恪守国际法和公认的国际关系准则”，而且在制度融入方面特别强调“继续按照通行的国际经贸规则，扩大市场准入”，明确表示“支持完善国际贸易和金融体制”。后者突出了中国在融入之中有创新，创造性融入世界秩序的某种愿望。

第三，大国成长中的人类贡献与国际责任需求。新中国建立以来，中国共产党就把中国发展的前途与对于人类的贡献程度紧密地联系在一起，除了“九大”政治报告中没有涉及“人类贡献”一词或相近的表述之外，每一次全国代表大会的政治报告中都涉及中国对于世界的贡献。当然，不同的政治报告对于“人类贡献”表述不同，侧重点也不一样。党的“八大”政治报告中肯定了中国“对于世界局势的和缓做出了显著的贡献”，显然把人类贡献的内容设定在世界和平层面上。自“十大”、“十一大”至“十二大”，政治报告都把中国发展和中国外交的目标设定在“对人类做出较大的贡献”（“十大”、“十一大”）或“对世界有较大的贡献”（“十二大”）上。这里的概念虽然是模糊的，但也表明了中国积极进取的国际理想以及对于自身实力的不满足意识。“十三大”之后，中国共产党把“人类贡献”的内涵具体化和丰富化，“十三大”称中国要“对世界和平与人类进步事业做出新的贡献”，这里的“世界和平”是对“八大”的发展，而这里的“人类进步事业”则是比20世纪70年代的抽象意义上的“人类”内涵大大丰富了，这里的内涵不仅仅是指无产阶级国际主义，而且应该还包含比它更加丰富的内容，这个内容包括了意识形态标准以外的内容以及世界物质文明的内容。到了“十四大”，政治报告中出现了两次表述，表述的内容不一样：一次是中国要“为世界的和平与发展做出自己的贡献”，第二次是中国要“对世界社会主义事业和人类进步事业做出重大贡献”。在一个政治报告中运用以上不同的表述，反映出了一种进步，这种进步是首先将“十三大”政治报告中的一部分的“人类进步事业”具体化为“发展”，其次明确了“人类进步事业”包含着“世界社会主义事业”以外的内容，最后也指出了中国要对世界社会主义事业做出贡献。这最后一点的含义是十分深远的，表明中国也不会完全放弃过去的无产阶级国际主义事业。“十五大”与“十六大”的政治报告仍然强调中国要“对人类做出应有的贡献”，并且承认中国已经“为人类文明进步做出了巨大贡献”，并应该也将会“为人类进步事业做出更大贡献”。总之，中国并没有放弃理想主义追求，也没有放弃自己对于人类的责任感。在“十七大”的政治报告中，虽然没有像以前几次政治报告明确地提及“贡献”一词，而是采取了更加隐含的做法，以“承担相应国际义务”、“共同呵护人类赖以生存的地球家园”、“继续同各国人民一道，为实现人类的美好理想而不懈努力”等词句来表达中国对于人类贡献的承诺。

“十七大”的政治报告，与“十三大”之后的其他政治报告一样，都没有使用“国际主义”这个敏感的概念，但是却使用了“国际义务”概念，这是一个外交战略上的重大转变。“八大”政治报告中曾经使用过“国际义务”这个用语，后来就以“国际主义”将之代替。“十三大”之后，既没有提“国际主义”，也没有提“国际义务”。20年后的今天，重提“国际义务”，表明国际主义的地位上升了。在过去的1/4世纪里，中国共产党从来没有像今天这样系统地提出中国之国际责任的纲领。在“十七大”政治报告中，这种国际主义思想集中体现在政治报告的国际关系部分（“十一、始终不渝走和平发展道路”的倒数第二段中），主要有三个组成部分，一是向发展中国家“提供力所能及的援助，维护发展中国家的正当要求和共同利益”；二是“将继续积极参与多边事务，承担相应国际义务”；三是“发挥建设性作用，推动国际秩序朝着更加公正合理的方向发展”。我们这里谈论的国际主义，主要是指中国对于发展中国家、国际公共事务领域以及国际秩序的基本倾向。实际上，“国际主义”的内涵还要丰富得多，“十七大”政治报告的整个国际关系部分始终在强调“合作”（15次使用）、“共同”（14次使用）、“共赢”（4次使用）的国际交往理念，均为国际经济自由主义思想的集中体现，属于广义上国际主义的范畴。

3. 发展新型国际主义，强化国家软实力

软实力的全面发展，离不开国际主义的外交路线，只有国际主义化了的、为国际社会所认同的软实力，才能真正地发挥国际影响力，确保中国的大国成长在较为有利的国际环境中进行，才能尽可能化解成长进程中的国际恐惧与国际敌意，才能借助多边国际合作的力量实现自身的国家利益，才能为世界做出更大的新的贡献。根据新国际主义的基本理念，结合大国社会性成长的规律，[①] 我们认为，发展软实力，需要在加大中国的合秩序性发展、世界文明内化与大国形象塑造方面再下功夫。

（1）继续推动以融入现有基本国际制度为主要内容的国际社会化行动。新国际主义就是要把国家利益与国际利益结合起来，而结合起来的制度化保证就是推动国际制度的融入与创新。中国只有进一步加入了一些国际制度，才能被国际社会认可为国际社会化的国家，才能产生一些国际集体认同，从而为中国发挥国际影响奠定国际合法性的基础。中国在联合国维持和平行动中的作用不断增加，既是一种硬实力的体现，更是一种多边框架下的国际主义行动，对于扩大中国的影响力起到了直接的作用。在这种

① 郭树勇：《大国成长的逻辑——西方大国崛起的国际政治社会学分析》，北京大学出版社，2006年版。

意义上讲，国际主义就是多边主义。

（2）加大内化世界政治文明的速度与力度。百年以来，中国内化世界政治文明的过程，经历了被迫接受、主动接受以至于自觉内化等三个阶段。中国被迫接受了主权原则、现代外交制度以及市场经济体制，中国也主动接受到集体安全原则、非战原则、反法西斯原则、反对霸权主义、法治原则等。中国对于和平主义、不干涉内政、平等互惠等原则已经达到了内化的程度。中国接受世界政治文明的水平，也体现了中国新国际主义的水平，反映了中国软实力的层次。中国下一步的内化世界政治文明的重点将是国际社会关于公民的政治与社会权利的某些公约。

（3）重点塑造大国形象。塑造和平发展时代的中国大国形象，已经成为新国际主义以及软实力建设的紧迫课题了。大国形象不仅包括政府外交形象，还包括民间外交形象；不仅涉及政治合作领域（反对霸权主义与强权政治），而且涉及经济交往（对外投资与对外经济援助）、社会沟通与文化交流（志愿者的国际教育活动、政府教育援助、免费或低费的孔子学院）等诸多领域；不仅包括世界贡献、特殊国际责任、现代身份建设，还包括区域治理，重点是全球特别是区域内的危机管理（经济危机、海啸等自然灾害的应对、艾滋病防治等）。

（4）加强有利于软实力建设的全国性外交应急等级协调机制与非等级协调机制。由于外交工作已经不再是外交部一家的工作了，经济外交、文化外交、灾害外交、民间外交越来越多地获得了与政治外交共同前进的地位，中国与国际社会的互动已经是多层次、多维度、多主体的过程了，国际交往中的软实力建设必须纳入统一的管理协调机制之中，才能取得较大的成果。目前，国内精神文明建设有一个强有力的机构即全国精神文明办加以指导，那么，鉴于软实力对于中国和平发展大战略的至关重要作用，似乎有必要建立一个专门统筹进行软实力与中国国际形象建设的全国性等级协调机制或者职能部门。等级协调机制是指从中央到地方形成中国国际形象塑造的一盘棋，形成中央对于地方的领导与监督；非等级协调机构主要是指在中央各个部门如外交部、财政部、国防部、商务部、教育部、农业部等各部门的对外援助工作中要切实协调起来，更加有效和细致地完成援助与合作工作。

和平发展时代中国软实力的建设，是一个长期的历史任务，包含着丰富的内容，需要政府与民间社会动员全国人民的力量，发挥政治、文化、社会等多方面的资源，既要注重国际主义，又要重视爱国主义，做到国际主义与爱国主义的真正的结合。我们希望，中国政府通过弘扬适度的国际主义，增强国际责任感和国际治理能力，美化国际形象，化解可能因国力迅速增长和狭隘民族主义再兴引起的国际误解与恐惧，提高国家成长的国际合法性，达到硬实力增长与软实力增长的和谐统一。

第八章 担负适当的国际责任符合软实力战略

2005 年 9 月，美国前副国务卿佐利克在美中关系全国委员会上发表了《中国往何处去：从正式成员到承担责任》的著名演讲，频繁使用“stakeholder”这个中国政策界难以直译、但又不言自明的概念，明确要求中国承担国际责任，做负责任的大国，与美国建设“利益相关”的战略伙伴关系。这显然意味着美国对华战略的重大转变的信号。半年之后的 2006 年 3 月，中国总理温家宝同样在重要场合即十届人大四次会议上郑重宣布，中国已经成为一个负责任的大国。从此，中国的国际责任成为了中美两国以至国际社会关注的焦点话题，国际责任似乎成了中美关系的一个新领域，中国的新闻界、政界和学术界对此反映强烈，甚至在 2006 年底与 2007 年初出现了“中国责任论”与“中国威胁论”相提并论的观点。目前，关于中国国际责任的论说主要向两个方向发展，一是中美的战略界与理论界在探讨中美如何责任分摊？中国在目前的国力与国际环境条件下的国际责任到底有哪些？二是国内部分政策研究者试图在“中国威胁论”与“中国责任论”之间找出某种联系。笔者认为，这两个研究方向都值得严重关注。我们认为，作为美国国家战略的“中国责任论”与作为中国主动承担与国家实力成比例、与中国大国形象需求相适应的国际责任意识，是完全不同的。从大国社会性成长的角度看，担负适当的国际责任符合中国的软实力战略。

一、国际责任的概念与理论

当下的中国外交和国际关系语境中谈中国责任或国际责任，实际上面临着一个严肃的挑战，即中国在大国成长的关键时期，需要采取一种什么样的国际战略姿态？在国际公共事业多方面陷入危机之中，在全球危机管理的时代已经到来的情况下，中国如何确定自身的国际义务？中国在硬实力获得长足进步的同时，在软实力特别是在关乎国际认同的世界贡献方面要做出何种的承诺？总之，中国在不可能沿承历史上其他大国战争崛起的老道路时，中国的和平崛起战略具体地讲应该如何贯彻？

中国在应对佐利克讲话过程中表现出来的敏感与热情，体现了中国对于中美关系和来之不易的国际社会环境的重视，同时也多少反映了中国对于大国成长的理论准备不足，对于软实力战略的贯彻理论准备不足，对一个革命国家到现状国家转变过程的末端阶段的战略准备不足，也对于新时期的中美关系及其新合作模式理论准备不足。笔者认为，有必要认真研究国际责任的理论，特别是大国成长关键时刻的大国责任问题，为中国和平发展战略的真正贯彻提供理论指导。本书愿意为这一研究工作做一点初步的探索。

1. 前期的相关研究成果

“责任”或“义务”本是政治哲学的传统研究对象，两者无论在汉语语境或者在西方语境中，绝大多数是混用的，或者把“责任”与“义务”相提并论。[①] 国际责任的理论研究属于新兴领域。“长期以来，国际政治的理论家们似乎一直对大国权力的兴衰及其对国际关系的意义倍加关注，而对大国的责任问题论述不丰。”[②] 西方学者研究国际责任问题主要有三类：一类是国际法学者，一类是现实主义学者，一类是新自由制度主义学者，反而与国际责任研究理论渊源最为紧密的社会建构主义学派在其代表作《国际政治的社会理论》中没有涉及它。[③] 自 19 世纪末 20 世纪初，奥本海等国际法学者把国际责任界定为：国家对国际社会的不法行为而担负的义务。“在国际法上，国家对于它的违反国际义务的行为承担责任。这种责任是国家作为国际人格者的地位所附加的。国家的主权不能提供否认这种责任的依据。不遵守一项国际义务即构成国家的国际不法行为，引起该国的国际责任。”[④] 现实主义者 E. H. 卡尔认为存在国家的国际义务，但是在损害关键国家利益的

---

① 西蒙认为，“责任与义务几乎在同等程度上作为‘道德要求’”，“我将把‘政治义务’作为‘政治义务与政治责任’方便简略的表达方式”。见 A. John Simons, *Moral Principles and Political Obligations*, Princeton: Princeton Uninversity Press, 1979, p. 12. 转引自毛兴贵编：《政治义务：证成与反驳》，南京：江苏人民出版社，2007 年版，第 5 页。

② 潘忠歧、郑力：“中国国际责任与国际战略的理论思考”，《国际观察》，2007 年第 1 期，第 23 页。

③ 温特在其代表作中过多地谈论了本体论问题，而未能将建构主义的国家主义、伦理学关怀以及战略意识细化，这是他的明显缺陷。见［美］亚历山大·温特：《国际政治的社会理论》，秦亚青译，上海人民出版社，2000 年版。

④ ［英］奥本海：《奥本海国际法》（詹宁斯、瓦茨修订，王铁崖等译）第一卷第一分册，中国大百科全书出版社，1995 年版，第 401 页。

情形下国家可以不负国际义务。[1] 政治现实主义代表人物汉斯·摩根索（1948 年）在《国际纵横策论》中则用权力和利益来定义国际责任的，“既然在这种世界局势中美国处于极端优势的地位，因而也处于负有首要责任的地位”。[2] 基辛格（1972 年）则反对一味强调国际责任的做法，“其他国家有利益而我们却有责任；其他各国关心均势，而我们则关心和平的法律条件”；[3] 外交最重要的任务是实现国家利益和奉行权力均衡。英国国际社会学派领军人物赫德利·布尔（1977 年）则从国际政治社会学和伦理学的观点，提出了负有特殊的国际责任是大国的必要条件，仅有硬实力的强大如纳粹德国或拿破仑法国那样还不能称为真正意义上的大国，大国有义务去促进国际平等、维护秩序和维持均势等。[4] 新自由制度主义的代表者基欧汉（1984 年）将新制度经济学中的“科斯定理”引入国际政治学，“由于不存在一个世界政府，因此，产权与法律责任的规则虚弱不堪”，幸运的是，国际机制可以担负国际治理的功能，“国际机制履行法律责任模式，提供相对对称的信息，以及降低谈判成本，从而能够更加容易地达成国家间协定”。[5] 这里的国际法律责任与国际法学派在国际约定产生国际责任这一点上有相似之处，但是却强调明确的国际责任有助于国际合作，从而强调国际机构（本身也是国际公共物品）对世界政治的重要性。

---

① ［英］爱德华·卡尔：《20 年危机（1919—1939）国际关系研究导论》，秦亚青译，世界知识出版社，2005 年版，第 140、169 页。

② ［美］汉斯·摩根索：《国际纵横策论——争强权、求和平》，上海译文出版社，1995 年版，第 32 页。

③ ［美］亨利·基辛格：《美国对外政策》，上海人民出版社，1972 年版，第 71 页。转引自金应忠、倪世雄：《国际关系理论比较研究》，中国社会科学出版社，2003 年版，第 130 页。

④ ［英］赫德利·布尔：《无政府社会：世界政治秩序研究》，张小明译，世界知识出版社，2003 年版。

⑤ Robert O. Keohane, *After Hegemony: Cooperation and Discord in the World Politics Economy*, Princeton: Princeton University Press, 1984, pp. 87－88.

与西方学者不同，国内学者对国际责任的研究历史更短，相对集中在最近几年，以社会建构主义的理论视角最多。也许在20世纪90年代之前，中国学者就从侧面提及国际责任（特别是国际法学者），但笔者能够找到的国际关系理论论著中，较早的相关文献是王逸舟教授（1995年）的《国际政治析论》，书中对国际关系中主权面临挑战的形势提出了政府责任问题，并指出在全球危机深化的形势下中国作为对联合国等国际组织“负有重要责任的国家”，要有世界眼光和国际合作精神。[①] 随后，阎学通教授（1997年）在《中国国家利益分析》中，把国际责任包含在国家利益之中，提出了“对国际事务承担更多的责任，的确已成为中国的重要利益”的观点。[②] 门洪华教授（2001年）则从新自由制度主义研究集体安全机制出发，提出了“为中国成为国际社会中负责任的世界大国创造条件”的战略设计。[③] 但更多的学者是在佐利克讲话之后才从理论的角度特别是从社会建构主义的角度进行论述。肖欢容（2003年）认为中国的地区主义战略中应该体现出大国责任；[④] 刘飞涛（2004年）从大国认同的角度论证中国大国崛起必须具有应有的权力责任，[⑤] 郭树勇（2006）从大国社会性成长规律的角度提出了大国形象建设要求大国必须具备一定的特殊责任。[⑥] 李宝俊（2006年）、牛海彬（2007年）、张家栋（2007年）等人主要集中于从中国的国际身分、国际角色的变化及其重新建构的角度提出了中国应当承担更多的国际责任。[⑦] 蒋昌健（2007年）则认为对待中国成为“负责任大国”这一问题

① 王逸舟：《国际政治析论》，上海人民出版社，1995年版，第56、32页。

② 阎学通：《中国国家利益分析》，天津人民出版社，1997年版，第208页。

③ 门洪华：《和平的纬度：联合国集体安全机制研究》，上海人民出版社，2002年版，第436、461页注6。

④ 肖欢容：“中国的大国责任与地区主义战略”，《世界经济与政治》，2003年第1期。

⑤ 刘飞涛：“权力责任与大国认同——兼论中国应对国际社会责任的应有态度”，《太平洋学报》，2004年第12期。

⑥ 郭树勇：《大国成长的逻辑》，北京大学出版社，2006年版。

⑦ 李宝俊、徐正源：“冷战后中国负责任大国身份的建构”，《教学与研究》，2006年第1期；牛海彬：“‘中国责任论’析论”，《现代国际关系》，2007年第3期。

上，要处理好国际责任与国际关系民主化、集体责任与个体角色、责任与能力、责任历史正当性与现实合理性、权力授予与权力置换、功利型责任与伦理型责任、持续性责任与脉冲性责任、有条件责任与无条件责任等 8 对关系。[①] 李景辉（2007 年）则把“中国责任”的内涵界定为最基本层次上认同与维持现有秩序、中间层次上在区域安全与世界人道援助方面承担国际义务、最高层次上发挥大国作用提供国际公共物品。[②] 总之，西方国际责任研究长于法律与机制方面而没有较少结合社会建构主义的最新成果，也缺乏关于中国大国成长的经验总结；而中国学者近年研究在国际身份或大国形象方面取得丰硕成果，但对于国家利益与国际制度等视角的关注较少，对于中国责任的具体操作层面的学术研究尚处于起步阶段。

国际责任的核心问题是大国的国际责任，而大国的国际责任理论面临的主要问题是它的国际责任的来源是什么？如何处理国家利益与国际责任的关系？如何摆正各种国际责任之间的关系？对于一个正在成长中的大国来说，它的国际责任又意味着什么？回答这些问题并不简单，这里我们主要取社会建构主义与国际政治社会学的方法与视角研究国际责任的社会建构性；同时结合现实主义、新制度主义等学派的成果，探讨国际责任概念的内涵；并从大国社会性成长规律对中国责任进行评估。

2. 国际责任的词源学探究

“国际责任”这个词汇是一个舶来品，可能是从国际法那里传播而来的。这样说的一个理由是中国传统用语中没有“国际责任”一词，甚至在很长的时间内未将“责”与“任”两个词合在一起

① 潘忠歧、郑力：“中国国际责任与国际战略的理论思考”，《国际观察》，2007 年第 1 期，第 23 页。

② 李景辉：“浅析‘中国责任论’”，《面向太平洋》，2007 年总第 18 期，第 91 页。

用。根据《辞源》，“责”最初是动词，主要含义是“求，索取”（《说文解字》），后来的词性有所变化。其关于责任之意的应用，一般认为出现在《周书·金滕》中，“若尔三王，是有丕子之责于天，以旦代某之身”。《韩非子》中也有“主道者，使人臣有必言之责，又有不言之责”。后来，司马迁在《史记》中也运用了这个语义：“贯高曰：‘所以不死，一身无馀者，白张王不反也。今王已出，吾责已塞，死不恨矣。’”[①]“任”与“责”一样，最早都是动词，后来转为“责任”的含义。“任”在初期的主要含义中既有“保举”之意（来自《周礼》），也有“负担”之意（来自《诗经》）。《诗经》有言，“是任是负，以归肇祀”，[②]而《国语》中也有“负任担荷，服牛轺马，以周四方”的说法。这里的“负担”后来也引申为“责任”。故后来的《论语》也就有了那一句名言：“士不可以不弘毅，任重而道远。”[③]

可见，一个较为清晰的脉络是，自先秦时代，“责”与“任”各行其道，但含义又相近。根据《康熙字典》的解释，《孟子》中出现的“有言责者”，这里的“责”就是“任”的意思。[④]“责任”作为一个单独的词使用，可能是晚清的事情，其含义是“分内应做的事”。[⑤]清朝末年，内忧外患之下，士大夫和新式的知识分子多在强调“责任”，责任一词被广泛地应用起来。如果我们把“责任”前面加一个“国际”进入语义叠加的话，那么，中国人的“国际责任”的概念，想必就是“把国际社会的事视为中国人分内之事而应当担负的义务”之事。可是，中国人有天下之责，而很

① 《辞源》，商务印书馆2004年版，第2951页。

② 商务印书馆辞书研究中心编：《古今汉语字典》，商务印书馆，2003年版，第528—529页。

③ 徐复等编：《古代汉语大词典》（辞海版），上海辞书出版社，2007年版，第232页。

④ 《康熙字典》，汉语大词典出版社，2005年版，第1182页。

⑤ 《现代汉语大词典》编委会：《现代汉语大词典》，汉语大词典出版社，2000年版，第2244页。

少有国际之责，这是因为中国有天下主义而无国际主义的传统。“天下兴亡，匹夫有责”强调的是中国人的“天下责任观”而非“国际责任观”。

“国际责任”一词主要是指国家在强大的时候对国际社会应负的义务，而中国在晚清之后备受宰割，是没有资格谈国际责任的。窃认为，“责任”一词的引进可能与君主立宪以重振帝国的风气有关。甲午战争之后，中国对自己传统政治体制彻底失望，君主立宪之说蔚然成风，而君主立宪又以责任内阁为核心。如 1910 年 9 月出版的《蜀报》第 2 期与第 3 期上发表了的一篇极力劝说君主立宪的文章中有这么一段话：

> “立宪者，我国根本之图，而宪法即国家之根本大法也。……以根本大法，而不从根本上解决，枝枝节节而为之，尺尺寸寸而计之，机关不全，主义不决，大信不昭，责任不备，惟是循从前补苴之习，瞭山眊睫，断港续流，我国宪法不知何日成立，朝廷忧劳未知何日纾也。……谓成立机关，在宪政编查馆耶，君主立宪皆有责任内阁宜也。然查筹备案内，无责任内阁成立年限，亦无宪政编查馆。即假定责任内阁明文，只第九年宜布宪政文下，有宪政编查馆云云。……国之筹立宪也，为其立法机关之不完备也，行政机关之无主任也，则企图立法机关之完备，非先开放完备之立法机关不可；欲图行政机关之主任，非先建设主任之行政机关不可。……惟国会早日成立，各省政治团体乃所监督。而其考核进行，可行则行、可止则止之责任，乃有机关为之取决，为之负担。臣窃念我国幅员之广，欲去其妨碍，不能不早日实行国会制度，建设责任政府也。……其殆权责不专，

主任不明，亟妆速设责任政府。”①

在这一个时期，士大夫把“责任”作为“主任”的对应用语，意指更高权威下的愿意承担不当作为的义务。这是“西学东渐”的结果。古代中国，由于皇帝对全中国的行政负责，因此不存在责任的政府实体，建立责任政府既是对皇权的改良，也是一种否定。

正当清末民初中国讨论责任政府的时候，西方最为著名的国际法教材《奥本海国际法》出版了，这部影响深远的著作中把“国际责任”作为重要概念和基本理念加以论述。将国际责任作为对于国际不法行为或国际义务的违反的惩罚。《奥本海国际法》及其所反映的海牙国际会议之世界主义、和平主义运动浪潮向进入世界体系的各个国家扩展之际，而清王朝在鸦片战争中战败后实际上也慢慢地纳入世界体系中来，国际责任的观念不可避免地向中国传播。但是在中国只有依列强规则而行的国际责任意识，而无主动担负国际义务的国际责任意识。这与当前情形下的中国处境实在是天壤之别。

什么是国际责任呢？根据词源学的考察，我们认为，国际责任就是国内社会中的个人或组织对社会与国家所担当的责任，向国际社会中的国家对国际社会与国际治理所担当的责任的自然延伸。责任的前提存在着一个社会分工、法律义务与高级权威，隐含了一种权利与义务的相对平衡。当中央政府（或者皇帝）赋予你责任时，你就可能因不作为或不义而受到处罚。将国内社会中的责任向国际延伸，理想的定义是：国家对于国际社会所担负的应有的义务或责任。然而，这个定义遇到的最大的问题是国际社

① 净民：《五月二十一日上谕恭注》，载《蜀报》，1910年第2、3期，转引自张丹、王忍之主编：《辛亥革命前十年间时论文集》（第三卷），三联书店，1977年版，第726—735页。

会是无政府社会，由谁来判定国际行为体的国际责任呢？这就需要理论对此做出回答。

3. 国际责任的理论解读

（1）国际责任是国际社会契约化的结果。国际责任或国际义务的实质是国际道德，而道德的本质则是由社会建构的。格林说过，“个人是无法自我产生良心的，他需要社会为他造就良心”。[①] 国际社会的良心即国际道德和国际责任也是国际社会造就的结果。国际责任造就的形式是国家之间的契约体系，或者称为国际社会契约化运动。其最初级的形式是国家的双边条约；国际条约如果有多边机构的依托，就是国际组织，这是国际社会契约化的中级阶段；高级阶段则是形成了一个区域的共同体；最高阶级则是世界政府的形成。目前国际政治的社会化仍然处于中级阶段，在欧洲接近于高级阶段。无论在哪一个阶段，参加国际契约的国家都有相应的条约所规定的国际义务，而判断国际责任的主体就是国际组织。联合国目前是有着广泛影响的唯一的全球性国际组织，它对成员国的国际义务或责任有着明确的规定。如《联合国宪章》第二条提出，“各会员国应一秉善意，履行其依本宪章所担负之义务，以保证全体会员国由加入本组织而发生之权益”。第四条又讲，“凡其他爱好和平之国家，接受本宪章所载之义务，经本组织认为确能并愿意履行该项义务者，得为联合国会员国”。第二十四条则说，“为保证联合国行动迅速有效起见，各会员国将维持国际和平及安全之主要责任，授予安全理事会，并同意安全理事会于履行此项责任下之职务时，即系代表各

① 转引自：［英］爱德华·卡尔：《20年危机（1919—1939）国际关系研究导论》，秦亚青译，世界知识出版社，2005年版，第146页。

会员国”。[①] 由联合国等较为权威的国际组织所界定的国际责任，并不能得到一贯的执行，这是因为克服集体行动困境的三个基本条件即行动责任的法律框架、完善的信息以及零交易成本，这种理想状态在国际政治中是不存在的。“国际机制无法建立等级分明的社会中那样坚实难砥的法律责任模式，国际机制的设计者们也意识到这一点……当然，世界政治缺乏等级结构并不妨碍国际机制零打细敲地建章立法。然而它的重要性不在于其冠冕堂皇的法律地位，因为世界政治中建立起来的任何法律责任与产权模式都有可能被主权国家的行动毁于一旦。”[②] 尽管如此，国际政治社会化的步伐在加快，国际关系整体性在加强，国际法与国际组织对于主权国家的约束在强化，国际责任体系构成了世界体系的基本内容。

（2）国际责任与国家利益相辅相成。国家利益与国际责任是既对立又统一的关系，是既区别又建构的关系。首先，现代国家不是孤立的，天生是社会动物，存在于国际社会之中，因而国家利益在其内容上有着国际地位、国际合作、国际认同等由国际社会承认的内容，是本土利益、国际利益与人类利益的统一体，而国际利益、人类利益则是与国际责任一致的。其次，从一般利益的实现上看，适当的国际责任有助于国家利益的实现。基辛格认为，“抽象的侵略概念使我们增加所承担的义务。可是，否认它包含着我们的利益，则会减少我们要履行这些义务时的持久力”。[③] 第三，国际责任从来都是由符合长远战略目标的国家利益来定义的。在世界政治文明不断发展，国际社会化步伐加深的大趋势下，

---

① 郑启荣、李铁城：《联合国大事编年：1945—1996》，北京语言文化大学出版社，1998年版，第352、353、358页。

② Robert O. Keohane, *After Hegemony: Cooperation and Discord in the World Politics Economy*, Princeton: Princeton University Press, 1984, pp. 88—89.

③ 金应忠、倪世雄：《国际关系理论比较研究》，中国社会科学出版社，2003年版，第131页。

真正的现实主义战略家都会理性地确定那些符合国家长远战略目标的适当的国际义务，而反对那些不符合国家战略目标的国际义务。布热津斯基说得好，“美国对多边义务的态度，尤其是那些与其狭隘的眼前目标不完全吻合的义务，可以说是一块试金石，从中可以看出它是否准备促成一种平等的相互依存关系而不是不平等依存关系的全球化”，“美国对某些国际公约的明确反对也许不无道理，但美国近年来拒绝签署的一系列公约不乏向人们传递着一种令人不安的信息，譬如说关于控制气候的京都议定书、国际刑事法庭条约、儿童权利公约（只有索马里支持美国投了反对票）、生物武器禁令实施机制的议定书草案、反弹道条约、关于禁止地雷的条约等”。① 逆国际社会化的战略目标的设定，都既不履行国际责任，也不符合国家利益。

（3）国际身份建构国际责任。根据国际政治社会学原理，身份是个体的社会存在状态，国际身份也就是国家等国际关系行为体在国际社会中的类别及存在状态。② 在政治哲学中，社群主义者吉尔伯特和约翰·霍顿等人发现群体身份认同能够自然地创造责任。③ 由身份建构责任，最大的特点是责任不是强迫的，也与契约性义务不同，而是对于自我之于国际社会地位中的深刻的认同感而产生的。虽然（国内）政治学的假定（“共同体先于社会”）与国际政治学的假定（“国际共同体晚于国际体系”）恰恰相反，④ 但

---

① ［美］兹比格涅夫·布热津斯基：《大抉择：美国站在十字路口》，新华出版社，2005年版，第252页。

② ［美］亚历山大·温特：《国际政治的社会理论》，秦亚青译，上海世纪出版集团，2000年版，第289页。

③ 前者认为，具有群体身份认同的人形成了一个复合主体，从而构成了包含政治义务的真实契约理论，后者则得出结论，“认同感和相应的责任是成为一个国家的成员并承认自己的政治义务的题中应有之义”。见 M. Gilbert，“Group Membership and Political Obligations”，*The Moralist*，1993，January，pp. 126 — 129；John Horton，*Political Obligation*，Atlantic Highlands，N. J.：Hannities，1992，p. 154. 转引自毛兴贵编前引书，第112、114页。

④ 郭树勇：《建构主义与国际政治》，长征出版社，2001年版，第206页。

是，社群主义的研究对揭示国际身份与国际责任之建构关系很有帮助。如果国内意义上的共同体的责任生成还缺乏一定的现代意义上的社会互动与社会认知的话，那么，国际共同体则完全是成熟的社会互动的最高产物，无论是欧盟还是美加共同体，都经过了较高程度的复合相互依赖的社会化运动。因此，在国际政治中，身份认同比国内政治的情形更能够决定共同体成员的责任。由于处于越来越紧密的社会性联系之中，国家实质上处于各种叠加的国际身份网格里。每一个国家都既是主权国家，又是某个地区性国际组织的成员国；既是某一种政治制度的承载者，又是某种经济制度的信仰者；既是全球最有影响的联合国的成员国，又处于某种共同体之中。因此，这个国家可能是“主权国家”、“APEC成员团”、“美洲国家组织成员国”、“核不扩散制度发起国”、“最大的资本主义国家”、“唯一的超级大国”等国际身份的集合体。上述不同的国际身份决定了这个国家的不同的国际责任。

（4）国际责任要与权利、能力、传统或主体性要求相适应。国际责任的确定是个综合的进程。首先，国际政治与任何政治一样，也遵循权利与责任的统一，“大国宣称自己拥有或者被赋予这样一种权利，即在涉及整个国际体系的和平与安全的重大问题上发挥着决定性的作用。它们负有义务根据所承担的管理责任对自己的政策加以调整，而且其他国家也认为大国负有这个义务”；[①] 其次，能力是责任履行的前提与基础：没有能力就不会产生责任，而在不可抗力面前无能为力也不会产生国际责任，[②] 有什么样的能力就应该担负国际社会对这种能力的责任期待，而随着能力的增

① ［英］赫德利·布尔：《无政府社会：世界政治秩序研究》，张小明译，世界知识出版社，2003 年版，第 162 页。

② ［英］奥本海：《奥本海国际法》（詹宁斯、瓦茨修订，王铁崖等译）第一卷第一分册，中国大百科全书出版社，1995 年版，第 403、407、429 页。

长也要相应增加责任，美国曾经在这方面有过成功的例子；[①] 第三，国际责任还与历史传统有千丝万缕的联系，这是因为国际责任基本上是一种社会建构，而人类历史实践的建构过程充满了传统、场景与语境的印记，在力量不能解决问题的时候，现实只好向传统屈服：英国、俄罗斯和伊朗对中亚的安全负有国际责任，中国对东北亚和东南亚的和平与稳定负有国际责任，美国对拉丁美洲负有国际责任；第四，国际责任还摆脱不了主体性的因素。国家出于理性进行国际契约化或国际合作，从而履行国际责任，这显然是一种结构性或理性的国际责任论；但不能排除理性之外的国际责任，如一个国家出于人类解放的目的进行国际主义援助，或为了人类的安全而自动撤除中程导弹。换言之，国际责任的生成从来就不乏看似非常幼稚的国际道德的影子。

二、大国成长中的国际责任问题

国际责任本质上是社会建构而成的，是国家在国际社会中的政治义务。那么，为什么在国际政治中更多地强调大国的国际责任呢？大国除了一般国家所具有的国际责任之外，还有何种特殊性的国际责任呢？大国在成长的过程中如何处理国际责任问题？我们需要从历史经验与理论推理来加以探索。

1. 国际责任往往是大国社会互动的产物

在国际无政府状态下，国际权威的主体除了联合国之类的权威性国际组织外，最主要的形式还是大国的集体治理。既然如此，

---

① “（美国领导人）并没有被下述危险所蒙蔽：即由于在不到几十年中国力和财富的突然增长而忘记或忽视了由此给自己带来的义务。在美国，首先是领导人，随后也有公众舆论，都认识到了这些义务。”参见［德］康拉德·阿登纳：《阿登纳回忆录（1945—1953）》，上海人民出版社，1976 年版，第 648 页。

责任在国际政治领域就有一种特别的含义，即它一般不是指代所有国际关系行为体之责任，而主要是指国家特别是指具有强大实力的大国。在国际社会中，“大国总是面临着如何使其他国家认同自己在国际体系中发挥特殊作用这个问题。大国在国际社会中发挥管理作用的前提是，在国家社会中有足够多的国家明确承认大国的这种作用，从而使得大国的行为具有合法性。”[①] 追求特殊的国际责任，是具有社会人品格的大国追求更高国际地位的理性选择，而大国之间为了大国身份认同的竞争与互动，在战争、外交、均势等国际社会平衡机制的运动与对冲之下，最终造成了这样一种局面：大国之间就国际责任达成了共识，并形成了对国际事务握有重权的“大国俱乐部”；中小国家服从大国关于世界秩序的安排，条件是大国提供国际安全、发展援助等国际公共物品；那些无视秩序与大国责任的“挑战者”被驱逐出大国行列；全球范围内形成一种新的国际社会政治文化氛围。因此，很大程度上，国际责任的分摊与转让是大国权力谈判与身份互动的产物，其最优的结果是一种较为稳定的国际责任体系的形式，其最恶的结果是以战争为最高形式的大国间意识形态对抗与文明冲突。

2. 承担特殊国际责任是大国社会性成长的内在要求

正如人天生是生物性与社会性的统一一样，国家也处于追求物质财富与国际社会承认的双重任务之中，大国成长既反映了保罗·肯尼迪在《大国的兴衰》中的物质性成长的逻辑，也贯穿着重视社会性成长与绝对主义的逻辑，是物质性成长与社会性成长的统一。而大国社会性成长的主要内涵之一在于“大国要不断地担负超越狭隘国家利益之上的国际特殊责任”。在国际社会条件

---

① ［英］赫德利·布尔：《无政府社会：世界政治秩序研究》，张小玥译，世界知识出版社，2003年版，第183页。

下，国家利益是狭隘的民族利益与国际公共利益（对应着国际公共责任）之和，虽然国际公共责任具有所有国家分摊的方面，但是历史的发展证明，大国总要承担超出平均国际公共利益的部分，承担得越多，越容易树立良好的大国形象与国际声誉。在霸权体系下，国际公共责任（国际公共利益）作为国际公共物品主要由霸权国家提供，而在多极体系下，大国分担国际特殊责任成为一种惯常现象，并且随着国际权力结构的变化而不断重组分摊比例。[①] 也就是说，崛起中大国要建立支持其权力合法性的国际威望，要负担足够的国际责任。

3. 大国需要承担的一般国际责任

任何大国都是主权民族国家，都是国际社会的一员，因此，普通主权国家的一般性国际责任是大国不能逃避的。我们认为，主权国家的一般国际责任有三类，一是基于国际法的国际义务，二是基于国际道德的国际义务，三是基于国际身份角色的国际义务。首先，根据国际法，一般的国际法责任分为两种，一种是“国家对国际不法行为的责任”，另一种是“国际法不加禁止的行为所产生的损害性后果的国际责任”，前者是常常称为初级或主要规则，主要是指“一国根据国际法应当承担的义务”，主要有国际法的强行法规则、条约规定的义务、习惯国际法规则和预防义务和相应的国家责任，如尊重主权、保护外国人安全等；后者则是次级规则体系，用于指那些虽不违反传统国际法但有可能造成损害性的国际后果的国际责任，比如外层空间的保护、国际环境保护等。[②] 其次，在国际政治中，道德与法律的区别不如国内政治中

---

① 郭树勇：《大国成长的逻辑——西方大国崛起的国际政治社会学分析》，北京大学出版社，2006 年版，第 223 页。

② 邵沙平主编：《国际法》，中国人民大学出版社，2007 年版，第 501 页。

那样大，因为国际法本身就没有强制执行力，因此，基于国际道德的国际义务往往与基于国际法的国际责任不容易区分开。如保护人类环境，这是全球伦理学的内容，是国际道德的要求，而与此同时，国际法编纂机构也在考虑将它上升为一种国际法，即认定属于“国际法不加禁止的行为所产生的损害性后果的国际责任”。然而，基于道德的国际义务在逻辑上与基于国际法的国际义务是不同的，它常常与公正、正义与人道主义联系在一起。比如，当A国的邻国B国陷入动荡或饥荒时，A国基于道德有义务去提供一定的援助，或者自动接纳一部分B国的难民。A国虽然没有加入全球核不扩散条约，但它对B国爆发核试验仍然可以进行某种程度的谴责。第三，基于国际身份角色的国际义务。每一个国家都拥有多重的国际身份或一定的国际角色。随着国际格局、国家实力与战略目标的变化，国际身份、角色定位及其影响下的国际义务也在变。因此，一个国家基于主权国家身份要有互不侵犯和平等互利的义务；基于地区身份要有保护地区安全的义务；基于民主国家身份要有反对独裁暴政的国际义务；基于发达国家身份要有向发展中国家提供援助的义务；基于沿海国家身份要有保护公海安全的义务；基于世界基督教圣地国家身份有着保护全世界宗教权利的义务等等。

4. 大国的特殊国际责任

大国是建立在国际治理的合法性之上的、由其他各国承认的国家，不但要有上述基于国际法、国际道德与国际身份角色的一般性国际责任，还负有以下不可抵御的国际特殊责任。

（1）与强大国家实力相联系的国际责任。能力是责任的基础与依托。大国最显著的特征就是强大国力（这里的国力是硬实力与软实力的结合），因此，大国有义务向国际社会提供公共物品。

地区性大国要对本地区的国际事务负有义务，而全球性大国则是对全球事务负有义务，而那些居于全球力量的国家即超级大国，在历史上要承担一定的全球责任。布热津斯基说过，“在已经存在的绝对霸权和正在兴起的全球共同体之间以及在民主价值观与作为全球力量必须履行的责任之间如何打造平衡，仍将是美国的主要难题”。[①] 这里布热津斯基认识到美国作为全球力量应当负有全球责任。这里与强大国力联系的国际责任，主要是在和平、安全与经济制度的保障上。联合国维持和平部队的经费要由联合国负责，而联合国往往要从美国、日本等经济最为发达的国家那里征收。

（2）与国际威望相联系的国际责任。大国除了国力较为强大之外，往往也有较高的国际威望。那些追求地区或者全球主导地位的国际合法性，或十分注重自身国际形象的大国，则它的国际责任也相对大一些。这种国际责任的产生，部分是由于这些国家为实现自身长远战略目标而积极界定自身利益获得国际合法性的缘故，部分是国际社会其他国家对于主导国家的责任期待所界定的结果。正如新任的统治者要实行国内大赫一样，正在崛起的大国往往要在某些国际领域显示自身的威望，为此就不得不担负一些额外的国际义务，以获得国际社会的好感。俄国在美国独立战争期间联合若干欧洲国家成立反英的武装中立同盟，俾斯麦治下的德国在 19 世纪中后期召开的柏林会议对近东危机的处理，美国在日俄战争之后对日俄两国进行的艰难调停，都是与这些国家树立大国形象、显示大国威望有着密切的联系。

（3）核武器拥有国家所具有的国际责任与国际伦理。拥有核武器是当代大国的基本标志之一，核武器在向大国提供了力量倍增器的作用之外，其实也对大国的国际责任提出了特殊的要求。

① ［美］兹比格涅夫·布热津斯基：《大抉择：美国站在十字路口》，新华出版社，2005 年版，第 252 页。

由于核战争已不再是传统意义上的国际政治的继续，因此，核伦理学已经成为一门专门的学科。进入“核俱乐部”的大国，承担着多种层面上的国际责任：首先要保护好核武器，使之不发生任何技术性的安全事故，以确保人类的核安全；其次，要承诺不首先使用核武器，使世界免于核战争的危险和核毁灭的前途；第三，如果侵略者使用了核武器，那也要尽量控制核武器的杀伤力与打击范围，使之处于战术核战略的级别上。在目前的国际格局与全球治理条件下，大国核伦理的最主要内容是全力防止核扩散，努力促成禁止核试验，并把核裁军事业推向前进。

（4）基于传统影响的国际责任。由于国际社会建构国家及国际责任的过程，是一个长期的历史实践过程，因此，国家外交战略以及与之有关的国际责任领域也受到历史传统的影响，特别是那些大国或者正在成长为大国的传统强国，都有着传统外交的强烈特征。那些依靠内陆地缘政治优势发展起来的大国，往往对于国际上的战略要塞、内河、关隘有着特殊的利益与责任；那些依靠海权发展起来的大国，往往对于出海口、公海自由或者海峡要地有着深厚的感情和国际义务；当然，最明显的是殖民体系时代，各个强国在世界各地拥有的殖民地。虽然殖民体系已经瓦解，但是这些昔日的殖民地的经济、文化、社会都留下了深深的宗主国统治的痕迹。世界文明的发展终究要彻底扫荡这些痕迹，但是，在目前的国际社会发展阶段还不能无视这些影响力，尤其当联合国等全球超国家的国际机构的治理能力尚不足以替代大国对于国际事务的治理能力时，大国的传统影响就是一个基本的国际政治现实。既然大国在那些地区拥有特殊的利益，也就是有着相应的国际责任。

（5）基于战略意愿的国际责任。明显而强大的战略意志或战略意愿是大国形象的基本构成，是大国行动自由的重要引力，也是大国外交主体性的主要特征之一。国际责任不只是国际结构的产物，也是国际进程的产物，其中大国的战略意志起了关键作用。仅仅有能力不能决定责任，责任的认定还需要行为体本身的积极认同。这里，战略意志与战略目标和国际身份均有一定的联系，而后者更为根本。大国的特殊责任很大程度上来自大国的雄心壮志与合法性身份认定。梁启超当年就把这种国际责任与美国门罗主义之中所体现出来的咄咄逼人的民族扩张精神联系起来。他认为，美国的崛起是实行了一种与达尔文社会进化主义相联系的民族帝国主义精神，这种精神是当时世界政治中的"公德"，美国把国际责任扩展到南美洲的独立，实是对于国家崛起难能可贵的主义精神。"夫门罗主义何自起乎？一千八百二十三年，美国大统领门罗宣言曰：'欧洲列国，现在西半球所有之属地，吾美不干预之。虽然，若其地既已独立，而为美国所认者，欧洲列国或干涉之，则是对于吾美而怀敌意者也。'云云。夫美国果有何权利而为宣言乎？无他，美国不徒以己之独立而自足，隐然以南北两大陆之盟主自任，以保护他人之独立为天职也。"[①] 这里，大国的国际责任是国家利益与国际道德的统一体，是国际社会赋予与行为体积极追求的统一体，是自然责任与特殊责任的统一体，也是只有大国才拥有的责任领域。

总之，大国成长过程中面临着不可避免的国际责任问题，即使那些一般性的民族国家也不能推卸来自国际社会化的国际责任，而大国的国际责任显然要大于一般国家。

三、承担适当国际责任符合中国软实力战略

我们在完成了大国成长的国际责任理论的一般性探讨之后，

① 梁启超：《"饮冰室合集"集外文》（下卷），夏晓虹编，北京大学出版社，2005 年版，第 1261 页。

就回过头来回答文章开篇之初的问题，如何看待中国在大国成长中的国际责任问题?

佐利克的那个著名发言，代表了国际社会特别是西方主要发达国家对于中国大国责任的一种要求，这种要求简而言之，就是要求中国与美国共同治理世界，将中国的财富适当支出建设全球公共物品的提供平台。美国的理由很简单，中国已经是一个大国了，中国必须对世界有更多的贡献，这种贡献体现在全球性问题的防治和国际危机的管理上。美国要求中国加大对联合国的会费，要求中国向传统上影响力不大的地区如中东地区施加外交影响力，要求中国在朝鲜核危机管理方面取得明显的实效，要求中国对于反对国际恐怖主义和核不扩散作出更加积极的贡献，还要求中国在能源战略方面与国际规则和发达国家采取一致性行动等等。这些要求有的是“合理的”，有的是“不合理的”，有的“符合国际法”，有的“对中国有干预之嫌”。但是，一个信息是明确的，到了中国积极参与国际治理，主动对国际事务负更大的责任的时候了。我们首先要认清美国战略界抛出的“中国责任论”有其战略欺骗和麻痹的一面，一厢情愿地把中国绑在美国承担其全球责任的战车上，从而把中国的实力消耗在与其国际地位与国家实力不相称的国际行动上，实际上以另外一种方式使中国重蹈苏联的覆辙。对于中国战略界的这么一种提醒，我们不能漠然视之，因为软实力竞争正如军事竞争等硬实力竞争一样，都会造就大国的兴衰。然而，我们在保持高度的战略清醒的同时，却不能对适当的国际责任置之不理。对于一个成长中的大国来讲，固守国际政治中的审慎传统也许是一种美德。但是，如果这种战略审慎要以不伸张国际道义和不承担适当的国际责任为代价的话，在国际政治社会化如此强烈的今天，就是一种战略失误了。这是因为：

一是“中国责任论”的主观性并不影响中国义无反顾地承担国际责任。我们不能排除“中国责任论”的某种主观性：即以佐利克为代表的美国政治势力要求中国承担国际责任，主观上是服务于美国国际利益的，也可能暗含了对于目前中国在国际事务中的不作为行为的变相指责，从而为中美之间的软力量竞争与合作拉开新的序幕。但是，这种主观性是由客观性决定的：大国成长是社会性成长，大国要承担国际社会的责任与义务。现实地讲，中国不但要承担一般主权国家所必须担负的国际义务，还要完成大国的国际责任。这既是中国特殊的国际身份（最大的发展中国家、联合国五个常任理事国之一、核大国、最大的社会主义国家、六方会谈的组织者、上海合作组织的核心国等等）的要求，也是中国强大国际行为能力（世界第四大经济体、人口最多、军事力量强大等）的要求，更是中国战略目标的要求。在国际社会化日益深入的时代，大国崛起的战略目标的实现要求更多的国际责任。

二是"中国责任论"客观上反映了新时代大国社会性成长规律对于中国的要求。如果"中国责任论"的含义仅仅是"中国已经变得日益强大，成为以美国为首的国际社会的利益攸关者，应当承担更大的国际责任"的话，它显然反映了国际社会对中国大国地位的某种认可，也反映了新时代对于中国社会性成长的要求。我们知道，在世界大国兴衰史上，随着国家间社会性联系日益密切、国际关系整体性日益发展，大国崛起的战略目标对于崛起中大国的国际责任、国际准则、大国形象、国际治理能力的要求愈来愈高。[①] 中国崛起面临着一个新的特殊的时代，这个时代一方面由于核武器和全球社会的形成而使得战争崛起已经不可能，另一方面中国是在与西方迥异的文明传统、社会类型、政治体制的条件下向大国迈进的，这就给中国的崛起带来了更多的困难。因此，"中国威胁论"的破除就会比 19 世纪末的"德国威胁论"、20 世纪初的"苏俄威胁论"、20 世纪八九十年代的"日本威胁论"更

① 郭树勇：《大国成长的逻辑》，北京大学出版社，2006 年版，第 229—230 页。

难破解，中国大国形象的树立重任来得更为巨大。

三是要认真对待中国国际行为能力与国际身份的准确定位问题。能力固然决定责任，但是中国的国际行为能力到底有多强？从经济与军事能力的总量看，中国是强大的；但从人均GDP以及军事斗争准备程度讲，中国还有很大的差距；在国内民族企业与跨国公司竞争的过程中，中国经济的海外扩张能力与竞争能力并不很强，这大大制约了中国的国际交往能力；中国是一个后发的工业化国家，这注定了在自然环境保护、工人福利水平等方面面临很大的国际舆论压力，这也从国内责任方面制约了国际形象建设。另外，中国的国际身份定位也有一些不确定性，由于中国的迅速成长，中国的“发展中国家身份”越来越受到西方大国的质疑；中国致力于建设“有中国特色社会主义”的事业，这种由中国人自己设定的新型国际身份却容易被西方国家误解，将它与苏联的社会主义模式混为一谈；中国明确高举“民主”与“人权”的大旗，却迟迟不被一些大国所认同，这也影响了现代国际身份的塑造。能力与身份的上述问题，需要认真对待，确定一种不可过当、与国内实情相符的国际责任。

四是中国责任的表达要照顾地缘政治传统与民族外交文化的影响。责任也是历史与文化的范畴，必须结合国家传统与民族特性这些特殊性因素的考虑。国际责任的普遍性要求总要贯彻到民族生存的时空特殊性之中，并从特殊性的贯彻中体现出来普遍性。国家地缘传统与民族特性是中国责任确定的两个重要方面：一方面，中国的地缘政治传统要求我们把国际责任的重点放在亚洲而不是全世界；在亚洲之中，国际责任的优先对象是周边地区而不是中东地区；在周边地区之中，国际责任的重心是东亚（东北亚、东亚与东南亚）而不是中亚和南亚；在东亚之中，国际责任的重心在东北亚。当然，这种传统的影响正随着经济全球化与海权兴起的变化而变化，但在可以预见的将来，国际责任的现实考虑不能无视地缘政治传统的限制。另一方面，中国的国际责任又有着民族外交文化的复杂与矛盾的背景。中华民族有着抽象的“天下主义”的情怀，同时在具体的实施方式上又是“修德来远”、“和平主义”、“非扩张主义”、“先礼后兵”的消极外交文化，这使得中国人既有理想主义的冲动与国际主义的理念，又不主张过分张扬的国际责任意识。

总体看来，国际责任本质是国际社会建构的结果，广义上属于国际道德的领域，而在狭义上则是国际政治义务、国际道德义务和国际法律义务的总和，它是指国际行为体基于国际义务、国际意愿、国际身份认同以及国际行为能力而产生的责任，是国际社会的成员对于国际事务所担负的分内之事，是一种与其国际行为能力、国际权利与国际身份认同等因素相符合的国际义务。在无政府状态文化占主导的国际政治中，在现实主义和新现实主义仍然占据着强势话语权的国际关系理论中，国际责任理论尽管学理性很强，但是作为政策意义上的影响力以及对于现实生活的解释力仍然是薄弱的，在国家利益、均势、国际权利、国际战略等概念体系的对立下常常显得软弱无力。然而，正是这种“显得软弱无力”的国际道德与义务，却是大国社会性成长过程中起基础性作用的力量，因此，软实力战略的贯彻应是一条坚定不移的大战略路线，国际责任的承担则是这种路线的重要路标。没有国际责任的主动与适当的承担，中国的大国形象就无从树立，中国的国际认同感与国际治理合法性就无从确立，“中国威胁论”是无法从国际社会的深层消失，中国的和平发展就会遇到更多的困难。最后，笔者想指出的是，和谐世界秩序、国际责任与大国成长也许并不是今天才出现的话题，70 年前，国际关系理论的开创者之一，英国现实主义学者卡尔在其名著《20 年危机（1919—1939）——国际关系研究导论》的结论中也曾经进行了总结。这也许对于我们了解中国成长的希望与困难、“中国责任论”的正当与复杂性均有所启发：

“政治具有致命的双重性，总会使对道德的考虑与对权力的考虑缠绕在一起。我们永远也不会建立起一种政治秩序，使弱者和少数人的要求会与强者和多数人的要求受到同样及时的重视。权力可以打造为权力服务的道德，强制可以有效地达成意见的一致。在考虑到所有这些因素之后，还有一个需要注意的因素：国际新秩序和新的国际利益和谐只能建立在一个上升大国的基础之上，这个大国至少要被普遍认为是容忍度高、非强制性的，至少要比其他任何可能的替代方式更能得到人们的接受。创造这些条件是一个或诸个上升大国的道德责任。”①

① ［英］爱德华·卡尔：《20 年危机（1919—1939）国际关系研究导论》，秦亚青译，世界知识出版社，2005 年版，第 213 页。

第九章 合法性战争与中国崛起

合法性战争是近代国际关系史上那些遵循国际法与国际条约的战争（以后简称“依法战争”）、反映时代本质要求的战争（以后简称“时代战争”）、维护主权独立的防御战争，以及由国际社会的多个国家反对某个“落单国”的多边国际战争。合法性战争是国际社会形成之后的一种国际合法性现象，它能够一定程度上代表国际规则和世界文明，比起毫无道义的武力征战，更能够获得国际社会的支持，从而更有利于国家的成功崛起。世界历史经验表明，法、英、俄、美等国的大国成长史，不乏合法性战争的推动作用。合法性战争与目前的和平发展方针并不矛盾。中国追求和平与发展，尽最大努力以和平手段实施国力的成长，但不放弃维护自身独立的战争权利。对于台湾问题如此，对于任何违反国际社会基本规则的法西斯主义、国际恐怖主义以及其他反人类罪行也是如此。中国都会在适当时候坚持正义战争的权利。中国崛起的历史说明，中国的崛起得益于合法性战争。

一、中国重新崛起历史中的合法性战争

中国的重新崛起始自辛亥革命，经历了民主革命、民族独立战争、资本主义发展、新中国社会主义建设、改革开放等数个阶段。中国重新崛起的历史，是一部中国人民反抗侵略、发愤图强的历史。这期间，共参与战争 7 场，即第一次世界大战、中苏边境战争、中日之间的不宣之战（1931—1941 年）、世界反法西斯战争（1941—1945 年）、抗美援朝战争、1962 年中印边境战争以及 1979 年中越战争。

1. 第一次世界大战

中国加入第一次世界大战是中国加入国际社会后的第一次合法性战争，也是一场十分关键的合法性战争．中国成为战胜国，处在维护国际独立的较为有利的国际态势上，特别为以后不平等条约体系的废除奠定了基础。

第一次世界大战爆发后，中国政府面临要不要积极加入“协约国集团”以夺回德国在中国山东权益的重大战略问题。中华民国第一任总统袁世凯在英、法、俄等协约国的鼓动下本来下决心要参战的，但在日本的强烈反对下未采取实质性的行动。1917 年 2 月，美国与德国断交后积极说服中国向德国宣战，2 月 28 日北京段祺瑞政府抓住国内、国际形势的有利时机，向英、美、法、俄等协约国阵营提出了中国参战的三大条件：一是逐步提高中国的关税至值百抽七点五；二是废止《辛丑条约》及附属文件中有

碍中国防范德国人行动的有关军事部分的条款；三是延缓庚子赔款，并不加利息。9月8日，协约国阵营照会并答应中国政府：庚子赔款停付五年，德、奥庚子款永远撤消；关税按实价百抽五征收；中国有必要时为防止德奥敌侨，可以在天津周围二十里布防。① 在得到协约国体系的同意后，中国政府以维护国际法、保护中国公民财产和拥护国际社会公益为名向德奥阵营宣战，② 并派17万多华工到欧洲提供战争服务，死亡达2000多人。

中国政府参加第一次大战虽然有着国内政治斗争的背景，但学术界对于参战的宗旨的设定反映出对中国成长与国际社会的关系的正确把握。一些对国际政治颇有研究的政治家兼学者如张君劢、梁启超等人，极力推动中国政府参战，当时的段祺瑞政府为此专门成立了“国际政务评议会”，以宣传对德作战和加强政策研究。用评议会书记长张君劢的话说：“国家在世界上能立功，然后才可以取消不平等条约；徒托空言，是无济于事的。我们读意大利建国史，知道加富尔曾参加与意大利无关系的克利米战争，其目的是要在国际上立功，而后在和会陈述意大利的苦衷，一方面要排除奥国的压迫，他方面要求英法人的同情。我当时所有主张对德宣战，实含有此意。”③ 张、梁等人所主张的中国要通过战争在世界上立功，其实质就是要通过国际社会主流国家所认可的战争贡献来获得国际地位，实现在平时条件下实现不了的战略目标。

① 何茂春：《中国外交通史》，中国社会科学出版社，1996年版，第542—543页。

② 大总统布告：“我中华民国政府，前以德国施行潜水艇计划，违背国际公法，危害中立国人民生命财产……遂于三月十四向德政府宣告断绝外交关系……我政府责善之深心，至是实已绝望，爰自中华民国六年八月十四日上午十时起，对德国奥国宣告立于战争地位。所有以前我国与德奥两国订立之条约、合同、协约及其他国际条款、国际协议属于中德、中奥关系者，悉依据国际公法及惯例，一律废止。……公法之庄严，不能自我失之；国际之地位，不能自我圮之；世界友邦之和平幸福，更不能自我而迟误之。所愿举国人民，奋发淬厉，同履艰贞，为我中华民国保此悠久无疆之国命而光大之，以立于国际团体之中，共享其乐利也。”，见王芸生编著：《六十年来中国与日本》第七卷，三联书店，2005年版，第77—78页。

③ 程文熙编：《中西印哲学文集》，台湾学生书局，1981年版，转引自郑大华：《张君劢传》，中华书局，1997年版，第52页。

张君劢所提及的意大利参加克里米亚战争，也是一场多边国际战争，战争的胜利为意大利国家建设和地区性崛起提供了巨大的历史机会。中国也是一样，第一次世界大战的胜利使得战胜国之一的中国的国际形象大为提高，也是民国时代以来中国政府第一次公开提出修改旧约，开创了中国20世纪三四十年代“修约外交”的道路，虽然一度因为山东问题与日本和国际联盟之间的交易而使中国没有及时实现通过合法性战争恢复主权的目的，但是却为日后第二次世界大战期间中国主权的进一步恢复与大国地位的提升准备了道义基础。

2. 中苏边境战争

1929年8—12月，中国与苏联因“中东铁路事件”而爆发边境战争。1929年，中东铁路中方督办、理事长吕荣寰暂停中东铁路管理局局长叶禾沙诺夫的职务并下令驱逐59名“赤色各高级职员”，用武力接收中东铁路，史称“中东铁路事件”。[①] 成因比较复杂，既有中国人民与中国政府努力回收东北主权与苏联政府发生的斗争的因素，还有东北奉系当局与南京政府反对共产主义宣传和共产党在东北建立组织的因素，还有苏联与西方帝国主义国家围绕远东秩序进行斗争的因素，但是，第一个方面的因素无疑是最重要的。因此，苏联政府先是对中国政府提出最后通牒，又有苏联红军侵入中国境内，最后导致了中苏边境战争全面爆发，中国方面军事上损失惨重，至12月才在中国政府向英、美、法等非战公约国家求助后，三者出面调停以及中苏秘密会谈的条件下恢复了边境和平。此次战争，虽然苏联政府方面有着所谓的奉俄中东铁路协定的法律文件背景，但是，这个协定不是与中国政府签

① 何茂春：《中国外交通史》，中国社会科学出版社，1996年版，第587—588页。

署的，其国际合法性效力值得怀疑。而对于中国一方来说，既是一场自卫战争，也是一场时代战争（中国政府有着回收中国主权、谋求国家独立的时代大任务），因此，这场战争对于中国来说是合法性战争。

3. 中日之间的准战争状态（1931—1941年）

第二次中日战争，普遍认为是从1937年间的中日全面战争开始作为开端的。但我们认为，1931年“九·一八”事变后，中日间已经处于战争状态。[①] 1937年只是1931年战争的扩大，从国际政治上来讲，并没有什么本质上的变化。从1931年至1941年，中日两国的战争处于一种奇怪的“战而不宣”（中国政府）和“不宣而战”（日本政府）的状态，这种准战争状态的出现，主要是两国都从国际战争法与国际形势、国际战略的角度考虑的结果，因此，我们把它作为一场国际意义上的独立的战争。中国政府之所以对日本没有宣战，除了政府本身的腐败、备战力量薄弱、战争决心不彻底与反共本质作怪外，还有一些国际法与国际战略上的考虑，如20世纪30年代初国际社会有一种趋向，把“宣战”作为“侵略”的标志（如苏联等国签署的《关于侵略定义的公约》），中国担心若主动宣战，会被视为“侵略国”；又如日本会利用法律上的战争状态所赋予的交战国权利对中国沿海进行封锁；再如美国也可能对中日两国都实施“中立法”，等等。[②] 当然，日本没有对中国宣战，也是考虑到国际联盟可能会对实施侵略行动的日本

---

① 由中日韩三国学者与教师共同编著的教科书也认为1931年是中国抗日战争的开端，见《东亚三国的近现代史》共同编写委员会：《东亚三国的近现代史》，社会科学文献出版社，2005年版，第207页。另可见：木户日记研究会：《木户幸一关系文书》，东京大学出版社，1966年版，第308—315页，转引自李广民：《准战争状态研究》，社会科学文献出版社，2003年版，第308—309页。

② 李广民：《准战争状态研究》，社会科学文献出版社，2003年版，第272—275页。

进行经济制裁。但是，这场战争的正义一方仍然属于中国。自1931年至1941年的中日10年战争，发生在国际反法西斯阵营没有完全形成之前，是一种自卫战争，而且也获得了国际社会的道义支持（虽然美国、苏联、国联在不宣而战的初期，都采取了中立的和不制裁的做法），比如美国的不干涉主义的出台，苏联声明尊重中国主权和谴责日本侵略中国，国联李顿报告书对于中国东北主权的道义支持，其实本质上都是对于《九国公约》的肯定，也是对于日本破坏以《九国公约》为基础的华盛顿秩序的否定，因而国际社会表达了对中国战争合法性的肯定。这种情况也适用于1937年之后的战争性质判断。1937年11月3日，在中国政府的要求下，国联召开了布鲁塞尔九国公约缔约国会议，中国、英国、美国、法国、意大利、葡萄牙、比利时、荷兰、挪威（1922年后加入九国公约）、丹麦（1922年后加入九国公约）、瑞典（1922年后加入九国公约）、加拿大（英国自治领）、澳大利亚（英国自治领）、新西兰（英国自治领）、印度（英国殖民地）和苏联（非公约成员国）参加了会议，由于日本与德国极其反对此次会议的召开，两国未参加会议。不少学者认为，这次国际会议没有成功，因为会议没有发表一个谴责日本侵略的声明，美国等国家采取了“中立”政策。但是，我们认为，由于这次国际会议是在中国强烈要求召开的，而又为日、德两国强烈反对的，且苏联这个非公约国家也积极参加会议，甚至一些未完全独立的民族也竞相参加会议，因此，会议的召开本身就表明了至少两点含义：一是国际社会对中国的被侵略状态是持同情态度的；二是日本的行为对于华盛顿会议与《九国公约》形成的远东秩序产生了损害。日本在国际社会的心目中已经成了一个秩序破坏者。如果日本在中国的战争行动，不是一种合秩序性发展的话，那么中国反抗日本侵略战争的合法性也得到了国际社会的肯定。

4. **参加世界反法西斯战争**

从严格意义上讲，“七·七”事变之后，中国的抗日战争就揭开了世界反法西斯战争的序幕，特别是1940年9月27日世界法西斯运动三国正式签署结成军事同盟的《柏林协定》之后，中国与日本的战争也可以视为世界反法西斯战争的组成部分。但是，由于中国政府迟迟没有对日宣战，因此，我们有理由把正式宣战作为中国参加第二次世界大战的基本标志。1941年12月7日，日本发动太平洋战争并向美国宣战，8日，英国与美国对日宣战，9日，中国政府对日本、德国和意大利三个轴心国宣战，并建议成立反法西斯国际统一战线。12月11日后，德国、意大利、保加利亚、罗马尼亚、匈牙利、斯洛伐克相继对美国宣战，同时，英联邦国家、拉丁美洲国家以及部分欧洲流亡政府相继对轴心国家宣战，国际反法西斯统一战线正式形成，世界反法西斯战争也正式开始了。中国政府抓住历史机遇，首先提出建立国际反法西斯统一战线，得到了英、美等主要国家的积极认同，特别是美国同意由中国、美国、英国、苏联和荷兰五国在亚洲采取联合军事行动，而且中、美、英三国军事联合会议于12月23日在中国召开，26个国家于1942年元旦发表了包括中国在内的“联合国家宣言”，中国成为“四强之一”，中国在国际社会中的地位得到极大的提升，中国的对外战争获得了绝对意义上的国际合法性。

5. **抗美援朝战争**

我们认为，不能把朝鲜战争与抗美援朝战争完全等同起来，因为两者在战争合法性分析模式上是不同的。1950年6月25日，围绕着朝鲜半岛统一这个主题而进行的这场战争，既具有民族解放的合时代性特点，又具有反对雅尔塔秩序的逆社会化特点，既有两个主权国家之间的侵略与防御的问题，也有外部侵略势力干预的问题。关键的问题在于，当时刚刚成立的联合国在这次战争的性质判定上，也令人不安地支持了南朝鲜与美国。因此，我们必须正确地对待这场战争的合法性问题。我们认为，如果说北朝鲜没有先发制人的话，由于北朝鲜的战争行为具有民族解放与无产阶级革命的时代意义，因此，北朝鲜参加战争的合法性是大于南朝鲜的，后者虽也占有两条理由即有 15 个国家加入的多边国际战争支持以及联合国安理会授权组成的“联合国军”，但是，自卫战争①与时代战争的之和拥有更充足的理由。

但是，不管北朝鲜是否先发制人，中国人民志愿军抗美援朝的战争合法性是不容置疑的。美国杜鲁门政府对台湾海峡的军事行动在先，麦克阿瑟在中国东北的侵略行动在先，中国的战争具有保卫主权的防御性质，中国的战争也有支持朝鲜人民解放运动的时代背景。另外，中国并不反对“三八线”造成的国际现状，中国介入战争之前的外交声明与结束战争的谈判策略都说明中国是东北亚国际秩序的维护者而不是挑战者。

6. 1962 年中印战争

1962 年中印战争主要是中印两国在 1962 年 10—12 月在中印边境东西段爆发的直接军事冲突。这是中国政府在第二次世界大战结束以后在边境地区参加的第二场防御战争，也是保持争议地

① 关于朝鲜战争中的自卫性质对于战争合法性的意义，政治家与外交家们同样也注意到了。1952 年 4 月 23 日，周恩来总理就很委婉地谈到了这一点：“在朝鲜战场，和美国在一起的虽然有 15 个国家，可是万一战争发生在中国，是否也有那么多国家参加对中国作战呢？这是很值得怀疑的。”这句话，不能仅仅解读为中国强大令帝国主义阵营望而却步，还应理解为“联合国军”如果到中国国土上就是侵略，就会失道寡助，“资本主义世界并不是铁板一块”，就会分裂，就会失去以联合国名义干预东北亚政局的原有身份。参见宋恩繁、黎家松主编：《中华人民共和国外交大事记》第一卷，世界知识出版社，1997 年版，第 322—323 页。

区现状、维护中国主权的战争，完全是合法性战争。第一，印度军队的军事行动先于中国军队。20世纪60年代初，中国的安全环境日益恶化，美国支持蒋介石当局在东南方向大陆施加军事压力，苏联在西北与东北方向也对中国虎视眈眈，国内政治动荡，经济形势非常严峻，根本无暇在日益空虚的西南方向边境采取主动的战略行动。印度政府企图先下手为利，于1961年5月起就侵入中印边境西段地区，建立了43个军事据点（至1962年10月），并于10月17日在中印边境东西两段悍然向我采取炮击行动，中国政府则是在中国军队受到印军多次进攻打击伤亡惨重的情况下被迫进行自卫反击的。第二，印度所谓的“麦克马洪线”是非法的、缺乏国际法支持的文件。这条线是英国政府于1914年3月14日背着中国中央政府私自与西藏地方政府在德里用秘密换文的方式划出来的，既没有在西姆拉国际会议上讨论过，更没有征得中央政府的同意，自然也未得到包括袁世凯在内的历届中国领导人的承认。当时参加西姆拉会议的中国代表陈贻范拒绝在“西姆拉条约”上签字，还根据中国中央政府的指示于1914年7月3日正式向会议声明，凡是英国与西藏本日与他日所签订的条约中国政府一概不能承认。[①] 既然“麦克马洪线”是非法的，那么，基于这个非法边境线进行的战争行动也是非法的。第三，中国政府表示出了极大的维护国际现状与边境秩序的诚意。虽然“麦克马洪线”是非法的，但中国政府本着和平共处、维持秩序的原则，并不想把自己的意愿强加于人，而是从战争结束之后，主动将军队撤回非法的“麦克马洪线”以北。1962年中印边境战争是1959年中印边境冲突的继续，尽管军事行动的烈度不同，但其性质是一样的，都是中国安定西南边境，保卫国家主权与领土完整，维护国际秩序的合法行动。

---

① 王泰平主编：《新中国外交50年》（上），北京出版社，1999年版，第215页。

7. 1979 年中越战争

1979 年的中越战争是中国军队反击越南在边境的侵略行为、保卫国家主权、惩罚地区霸权主义的国际战争。这场战争虽然在军事上有一定争议，而且容易被人遗忘，但从政治学特别是国际政治学来讲对于中国却是一场合法性战争。中越两国的边境争端上升为边境战争，越南以武力侵犯中国边境导致中国军队的自卫反击，这符合现实的逻辑，能够证明中国的战争行动具有防御的合法性。如果站在国际政治社会学的角度看，这场战争的意义更加伟大。首先，这是中国支持柬埔寨人民反抗侵略的战争，也是反对越南在东南亚地区霸权主义行动的战争。中国的战争行动增强了中国帮助弱者、反抗强权的良好国际形象。更重要的是，中国的战争行动是 20 世纪 70 年代末 80 年代初国际社会反抗中亚、北亚与东南亚霸权主义体系斗争的重要组成部分。众所周知，这个时期，苏联支持越南、蒙古等国家对中国进行了战略包围，而且竟然悍然向阿富汗、柬埔寨等国发动了侵略战争，联合国和以中国、美国、英国、法国为代表的国际社会对于这种有组织、有谋划、有野心的集体侵略行动进行了强烈的谴责，并采取了经济、外交、政治或军事上的广泛措施进行制裁，中国的对越战争就是这种国际反霸联合阵线的一部分，因此，我们有理由把中越战争作为国际社会意志的体现，是中国执行国际社会意志的战争行动。实际上，也正是这次军事行动之后，中国与美国等西方主要国家进入了一个战略合作的新时代，中国与国际社会上缔结了数量最多的国际多边条约，中国真正进入了一个融入世界体系的时代，中国不仅具有主权国家之名，也有了融入国际社会成员之实。

二、对中国崛起中合法性战争的初步分析

自民国建立至今，已近百年矣。百年以来，中国国力特别是国际地位是呈明显的上升趋势。中国重新崛起进程中的种种成功有着许多的原因，笔者认为，中国人民的革命战争、自卫战争以及反法西斯战争、反霸权主义战争是推动中国崛起的基本力量之一。战争并不完全是恶的历史杠杆，合法性战争本身就是一种历史之善。

中国的百年崛起得益于中国的革命战争与合法性战争，具有充足的历史证据。自民国以来的 7 场对外战争全是合法性战争，这些合法性战争保证了中国在十分孱弱的情势下没有再受到国际社会的一击，反而从国际社会的同情与支持下慢慢地积聚了力量，在斗争中锻炼了人民，更重要是废除了不平等的国际条约，恢复了国际合法性，进而也鼓舞了国内人民的民族士气与民族自信心，使中国逐渐走向了统一。因此，我们认为，中国的 7 场合法性战争在以下七个方面推动了中国的崛起。

一是保持了中国的领土完整。反思中国崛起的历史进程中，有学者戏称中国的崛起是天命使然，即天佑中华也。原因很简单，20 世纪初庚子之变后中国在面临数国瓜分之际，出现了第一次世界大战，把列强的主要精力吸引到欧洲；20 世纪 30 年代当日本即将灭亡中国之日，日本成了国际法西斯阵营的一员，而中国则得到了世界反法西斯运动的广泛支持；20 世纪 80 年代末 90 年代初，苏联等社会主义国家不是瓦解就是改制，从大国地位或者强国地位迅速下滑下去，而中国则经受住了国际风云变幻的洗礼，维持了社会主义强国的地位。这种戏言式的观念固然反映了一种历史发展的偶然性，但是这种偶然性是由某种必然性支撑的，必然性体现在中国政府与中国人民适应世界大潮，采取了正确的国家大

战略来实现国家利益的结果，其中一项涉及中国通过合法性战争维持了领土的完整。如果没有中国参加第一次世界大战以及第二次世界大战，德国之山东权利会毫无疑问地转让到日本，英国在西藏等地的侵略就可能变成现实，东北地区、蒙古地区、台湾地区都可能被俄国、日本等列强“依法”霸占。由于中国是战胜国，战败国与中国的一切不平等条约都被废除，自然也包括关于过去土地割让或者变相占领的地区。《九国公约》、《开罗宣言》、《波茨坦公告》尽管有其局限性，但客观上有利于中国的领土完整。当我们在收回香港、澳门等地时，我们不应当忘记这种领土的归来是无数先烈用战场上的鲜血换来的。

二是恢复并维持了中国的对外主权。合法性战争不但保持了领土完整，而且也收回了许多财政、关税主权、司法主权。这些主权的废除既有革命时期，也有和平时期，但大部分都是在中国参加国际多边战争或者战争胜利之后的过程中实现的。中国现代外交史上，至少有三波中国的“修约外交”，第一波是第一次世界大战之后由北洋政府倡议实行的，即部分收回关税权、废除领事裁判权、撤销外国邮政权、撤退外国驻华军警权、以及“废除和提早终止”外国租借地的外交动议，其结果虽大部未能如愿，但在山东权益、赎回无线电台、限制势力范围、废除领事裁判权等方面也有所收获，也为未来主权恢复奠定了基础；[①] 第二波是第二次世界大战前后由南京国民政府倡议实行的，主要是实现第一波的未竟计划，如收回租界等法外法权、恢复关税主权以及其他形式的主权。第三波是中越边境战争之后邓小平加大了中国向国际社会的融入力度，并收回了香港、澳门。可见，中国对外主权的回归得益于中国的合法性战争。

三是重振了中国的民族自信心。19、20 世纪之交，面对中华

① 颜声毅等：《现代国际关系史》，知识出版社，1983 年版，第 77 页。

民族危机四伏之时，中国学者们把恢复中华民族自信心作为国家之本，他们认为国之立于大地者，必其国人有其民族自信力；所谓自信力，即“凡我之所能为他人所不及”的能力；民族复兴或中华崛起的关键在于大力提高民族的自信心。[①] 而这种自信心的重振则在于中国的几次合法性战争。在中国的 7 场合法性战争中，与日本的战争以及抗美援朝战争最能够提高中国人民的自信心，前者改变了半个多世纪以来中国备受日本欺辱的历史，彻底改变了东亚国际政治格局，恢复了中国在东亚地区的地区性大国的地位，而后者是二战结束以后唯一的强国间战争，也是中国恢复朝鲜地区均势格局的有限战争，打击了美国霸权主义的气焰，维持了 50 年的东亚国际体系稳定。两次战争都是合法性战争，都获得了国际社会一定程度的肯定，特别是前者使得中国成为联合国的首创国之一，成为四大国之一。而后者表明，中华民族能够与世界上最强大的民族进行军事较量并获得胜利。

四是有利于中国靠近世界体系的核心位势。中国进入世界体系起初并非自愿而是被迫的选择，是列强通过炮舰和不平等条约体系强行把中国拉入了世界市场与世界分工体系里，中国的半殖民地半封建国家身份决定了中国只能处于边缘化了的世界体系位势。到了庚子之变后，形势渐渐发生了变化，中国通过第一次世界大战特别是第二次世界大战重新与各个主要大国签署了条约，形成了更为平等的国家间关系，并且成为了国际社会中的重要国家，进入了世界体系的核心位势。如果说第二次世界大战中罗斯福鉴于中国战区抗日的重大贡献将中国拉入“四大国”行列的话，那么，中越边境战争中邓小平的战略决策使中国处于多极化时代大国关系特别是中、美、苏大三角中较为有利的位势，这种有利

① 张君劢：《欧美派日本派之外交政策与吾族立国大计》，《再生》第二卷第 1 期，转引自郑大华：《张君劢传》，中华书局，1997 年版，第 237 页。

的位势推动了中国在 20 世纪 80 年代签署了近 100 项国际多边条约，拉动了中国经济成为世界经济的最持久的火车头。有人说，中国真正进入世界体系是在 20 世纪七八十年代，这句话的合理性在于这个时期中国的战略选择不但为国际社会的主要国家所体认，而且中国真正地成为稳固世界秩序的基本力量。

五是推动中国成为国际政治文化与国际制度的融入者。近代以来，中国一直在国际政治文化与中国传统政治文化冲突的矛盾中游行。一部分人主张恢复中国的朝贡体系与天朝国威，虽然只是一厢情愿，但毕竟有着深刻的历史根基，而更多的知识分子与革命者则要求革新中国古代政治文化传统。革命派、立宪派、保皇派等各种政治派别展开了激烈的对抗，要不要加入国际制度，加入何种国际制度，都是这种争论的焦点。中国加入第一次世界大战之后，中国的各种政治矛盾与文化冲突达到了一个急速变化和膨胀爆发的时刻，国内政变、国会解散、张勋复辟、五四运动等等，都是直接或间接与中国对德绝交和参加第一次世界大战有关，而第一次世界大战的参加，客观上推动了中国政治运动猛烈发展以及中国加入国际制度与国际政治文化，故史者说，“中国之加入参战，对内统一国民思想，对外增高国际地位”。[①] 这里的统一国民思想，不仅指统一了国民对于参战的思想，也指统一国民之于如何收加主权、重振主权，且也包括国民对于在有利的情况下参加国际社会的各种规则的思想。中国在巴黎和会上由于山东问题而没有签署对德国和约，但于 1919 年 9 月 10 日参加了对奥和约签字，终止了战争状态，因而也成为了国际联盟的会员国。

六是改善并提高了中国的国际形象。近代以前，中国是世界上最发达、最有影响力的大国之一。鸦片战争特别是甲午战争以

① 王芸生编著：《六十年来中国与日本》第七卷，三联书店，2005 年版，第 78 页。

后，中国的国际地位一落千丈，成为“东亚病夫”。论及中国，言必称政治腐败、军事软弱、社会落后、文化保守、技术迟钝；闻得中国，即想到人民一盘散沙，外交软弱无力；中华帝国的形象与印度、土耳其帝国、南美诸殖民地等区域政治实体相差无几，均代表了为欧、美、日各大国宰割的对象，等同于殖民地或被压迫民族等异类文明的国际身份。尤其是日本在明治维新之后的迅速崛起，使得中国形象更加相形见绌，日本在朝鲜问题、满洲问题、山东问题等问题上的嚣张气焰，加重了中国作为衰弱帝国或者民族的落后形象。参加第一次世界大战，世人开始另眼观中国，中国坚持抗日战争并最终在盟国的支持下取得胜利，更是令国际社会刮目相看，甚至感激不已，特别是罗斯福、斯大林都承认中国在第二次世界大战中的巨大贡献。中印边境战争中中国主动从争议地位撤军的做法再一次表明了中国是维持国际现状与真心向往边境和平的国家的国际形象。

七是为中国综合国力的全面提高扮演了第一推动力的作用。内因是变化的根据，外因是变化的条件。中国崛起的伟大变革中，中国人民拥有了民族复兴的坚强决心与坚韧不拔的意志，但必须找到一个寻求国际支持进而激发国内斗志的切入点，这个切入点在笔者看来就是中国合时机地参加了具有国际合法性的国际战争。参加第一次世界大战，无疑是中国重新崛起中一个重大的推动力。“参加欧战，为中国外交之一大转机”，[①] 乘着这个历史机遇，中国人民围绕着世界秩序的重建进行了不屈的国际斗争，这种斗争由于同时具备了国内合法性与国际合法性，而成为动员全国力量、追求国际认同的一个良好开端。第二次世界大战中，中国不再是起初的观望者和后来的被动参战者，而是率先成为国际反法西斯战争中的先锋，二次世界大战确实起到了其他因素不可替代的重

① 王芸生编著：《六十年来中国与日本》第七卷，三联书店，2005年版，第76页。

大推动作用。

三、大国成长需要把握合法性战争机遇

1. 中国近代衰落部分归因于对于战争合法性的漠视

中国之所以在近代衰落自然有着很多的原因，但是中华帝国拒绝与国际社会交往，拒绝把自身融入先进的世界政治文明、经济文明的大潮中去，而且在一些国际重大问题上奉行愚蠢的排外政策，是最根本的原因。我们不能简单地批判西方列强对中国的侵略，因为后者的侵略是帝国主义的本性，它起作用是要通过我们国内政治经济文化建设的薄弱而起作用的。而大清帝国的错误外交战略可能是列强入侵的基本因素。清政府的执政失败，不仅在于它在合秩序性发展上的缺陷，也不仅仅在于它的国际形象的笨拙，还在于其在对外战争方面的草率与呆板。

中国政府（清政府）首先向西方 8 个最强大的国家宣战，就是一个愚蠢的对外行为。近代以来，也许除了大革命时期的法国与如此多的大国处于战争状态外，可能没有什么国家出现这么大的战略失误了。法国的情况与清王朝的情况还不一样。法国面临着将敌军赶出国门，进而希望依靠革命力量而激发出来的国民士气来实现法国的昔日霸权的梦想的一面，而且法国当时的综合国力确实也在列强中居于前列。清朝的情况就不同了：一是因为清政府的国力已接近历史的最低点；二是清政府错误地听取了关于外国战略动向的情报（这个情报其实就是列强向慈禧太后提出了四点要求，包括让权与皇帝以及进行政治改革等，这自然使宣战行为带有强烈的帝后之争的色彩，是太后所不容的。因此，后来任何主张与列强和谈、反对与整个国际社会结怨的大臣非杀即免，造成了封闭政治与保守政治的又一次高涨。令人苦笑皆非的是，

这个情报是为别有用心的人所杜撰的），先是企图把国内动荡转化为外交危机，后又把外交危机延伸为国内政治危机与政权斗争；三是对于国内政治危机与国际危机的形势没有进行正确的判断，根本没有驾驭国内民众的能力，它没有获得人民的支持，与汉族起义军之间既有国家利益的重合也有民族利益之间的冲突；四是清政府根本无意谋求地区性的大国地位。即使清政府不存在上述四个方面的缺陷，也没有必要在西方两大敌对阵营已趋于形成的重大战略机遇期，同时向如此多的大国宣战。这显然不符合大国崛起的逻辑，有悖多边国际战争的规律。我们说八国联军进攻中国是一场非法性战争，并不是说8个国家的战争行动是绝对的非法性，它在某些方面拥有着一定的合法借口，这种借口是值得我们认真研究的，否则我们就对历史与中华民族不负责任。

八国联军的侵略性军事行动，部分起源于国内社会的极端排外主义以及清政府对于这种排外主义思潮的错误引导，或者本身体现了清政府统治集团内部的惧外、排外以及仇外情绪。这种仇外情绪也包含了中国社会转型、社会转型与文化转型中的新与旧、进步与保守的斗争。义和团反对帝国主义对于中国的经济政治与文化的侵略无疑是正义的，义和团的正义斗争永远载入中国人民革命史册，没有义和团的斗争，就没有“列强从此停止瓜分中国运动”，[①] 也没有后来更加富有理性的、有科学思想指导的、伟大的民主革命与社会主义革命。但是，义和团的行动一定程度体现了非理性的社会心理，它的斗争既是正义的，但又有一定的局限性，它没有把反对帝国主义与帝国主义国家的行政官员与人民群众区分开来；也没有把打击横行霸道的非法教民与在中国和平居

---

① “盖在庚子事变以前，列强角逐，中国俨被脔割，及庚子事变爆发，美国先有保全中国领土之宣言，英德继以同样性质之协定，奥法意日俄美诸国和之。……列强从此停止瓜分运动，直至九一八事变以前，三十年来，除帝俄已受其教训外，从无公然攫取中国之领土者”，参见王芸生编著：《六十年来中国与日本》第四卷，三联书店，2005年版，第2页。

住的守法教民区分开来；更没有把反对帝国主义与反对封建主义区分开来，从而为清政府的保守势力所利用，成为清政府对抗西方国家的基本力量，也成为清政府屠杀维新派或者光绪派势力的基本力量。义和团起义值得颂扬，但是清政府作为中国政府的代表，它的外交政策值得反思。在国内政治动荡形势既定的条件下，政府应当采取国家根本长远利益为主的战略，在遵循国际条约、国际法与外交惯例等国际社会基本规范的框架下，妥善处理全球化条件下国内逆国际社会化的力量日益增长的危机与冲突，增强自身执政能力与统治合法性。如果置国际社会的基本规则于不顾，径直向世界上主要大国宣战，就不仅仅是以卵击石、自不量力的策略失误问题，而是如何维护本国政府的国际合法性的问题了。当然，这一点，当时的清政府不可能做到，如果做到了，中国的君主立宪运动可能就不会失败了。反过来讲，正是清政府在失去了国内政治合法性的同时，又失去了国际交往的合法性，民主革命才成为一种历史的选择。

清政府虽然已成为过去，但是清政府向各主要大国宣战的教训却是值得我们汲取的。中国的政治文化、外交文化总是摆脱不了传统与历史的联系。保守主义、封闭主义、极端民族主义、排外主义甚至仇外主义，在我们这个五千年文明的国度有着较深的社会基础，特别是在全球化与反全球化矛盾冲突激烈的时候，很可能以一种扩大了的形式在国内政治斗争中表现出来，这尤其要求政府要处理好爱国主义与国际主义之间的关系，以及改革开放与维护国内稳定和谐的关系，决不能使中国的战争敌手从一个国家上升为数国，面临着清政府那样与国际社会为敌的不利局面。

2. 在迅速崛起时代把握合法性战争的战略机遇并非易事

新中国建立以后，在很长的时期内采取了一种埋头苦干的孤立主义战略，着力发展了战略核武器，在军事外交上也注重了与西方军事体制的学习，积极参加了国际裁军与军控。但是，中国军队在谋划合法性战争方面还处于探索和有待加强的阶段，一支平时几年甚至十几年不打仗的军队，最大的威胁就是对于战争的陌生，只有熟悉战争，并且以政治的高度约束战争，才能学会导演合法性战争。

冷战结束以后，由于中国融入国际社会的加强，以及全球性问题的增多，中美的战略合作领域在某些方面有较大幅度的扩大，中国面临着参与合法性战争的新机遇。中国在维持和平行动等问题上得到国际社会的认可。但是，在对于如何加强中、美、俄合作进行军事合作特别是战争合作方面，我们还比较陌生，缺乏与战略竞争对手和战略伙伴应急合作的决心与经验。比如，“9·11”事件之后，以美国为主体的国际社会发动了国际反恐战争，中国、俄罗斯都以某种形式参加了，但是未能以强有力的战略意志在边境国土上参与战争行动。虽然，中国政府与学术界对中国出兵参加国际反恐行动持有异议，但从合法性战争对于大国成长的意义的历史规律来看，一个进入迅速崛起期的周边大国于 2002 年果断地加入到阿富汗等地的战争，无疑是其崛起事业的重要战略机遇。

从某个角度讲，阿富汗战争历史给予了中国难得的机遇。阿富汗之合法性战争，能够赋予一个大国在和平时期十几年的军事训练与备战活动得不到的成果。为什么呢？一是因为美国需要大国的支持，如果中国参加了美、英等国的军事行动，俄罗斯也会参加，这样中亚的反恐战争就是一场以美国为核心的多边国际战争，这是一场缔造新的世界秩序的战争，中国如果以实际的多边军事行动参与缔造了新的世界秩序，其历史作用某种程度上可以与第一、二次世界大战相比；二是中国在祖国西部边境已经开始了打击国际恐怖主义分子的军事行动，但是主要是针对新疆境内的国内外恐怖主义分子的斗争，将这种斗争适当地溢出毗邻地区，并不影响这场军事斗争的性质，反而可以把国内的反恐斗争进行到底，也可以赢得联合国与国际社会的同情，而这种机会是很难再有的；三是阿富汗是中国的邻邦，中国采取军事行动具有一定的可行性与战略性，中国远离本土作战一是物质成本太大，二是社会成本太大，而在边境上作战并不损害中国的大国形象。我们当然也认识到参加这次合法性战争的不利因素是存在的，但是有利因素更多。问题是，在一个大国迅速崛起的时期，最需要连续打一两场合法性战争来巩固成果实现社会性成长，而偏偏这个历史进程中由于主导性大国的遏制与防范，很难有合法性战争的机遇，我们在当时拥有了这个时期，却与之失之交臂。我们再去到周边地区寻找与主导性大国（美国）具有共同利益的战机，真是难上加难。

这说明，我们对正在出现或者可能出现的军事冲突中的合法性资源研究不足。中国崛起的特点是在强国氛围内的国家成长。所谓强国氛围，是指一个大国的周边有多个大国，构成了一个不利于该大国成长的国际环境。中国的周围有太多的大国，包括俄罗斯、日本、印度、美国。历史上，我们的情况类似于德国、法国和日本，而远远不及美国、英国，后者均受到较少强国的包围。特别是美国，长期处于两洋屏障的安全之下，远离其他的大国政治，比较容易保持自身的国家安全，而且自身的大国成长的迅速与动量也不易被其他周边大国敏感地感受到。大国崛起史上，德国的强国氛围度最大，德国（前称为普鲁士）不但处于大国的紧密包围之中，而且是后起的国家，需要花费较多的外交力量用于大国之间的联盟与联盟瓦解上。一个崛起中大国的强国氛围越大，对于大国崛起的社会性成长的要求就越高，对于这个国家成长时的主要政治领袖的外交艺术要求也越高。我们从俾斯麦大国成长战略的研究中发现，德国在 19 世纪后半期的成功成长，在于天才地使用了外交手段，获得发动合法性战争的历史机遇。没有第一次世界大战这次百年不遇的合法性战争的机会，日本军国主义势力进行的物质性成长的努力就会功败垂成。因此，一个有志向的崛起大国，必须时刻地寻找战争的合法理由，必须深入地研究国际社会的发展动向，必须成立专门的研究合法性战争与国际法的有效机构，必须对一切有可能演化成军事冲突的危机爆发点进行预防性地合法性战争准备，这种准备是一种政治准备，也是一种法律准备。一旦这种准备是相对充分的，就要抓住时机，用飘扬着国际人道主义与国际法原则的军旗为中国的崛起而奋斗。

当前，中国面临着一些可能引发局部冲突的危机爆发点：一是东北亚，二是东海，三是台湾海峡，四是马六甲，五是中亚。这些危机中，中国合法性战争的最佳时机似乎已经过去，除非美国在中东、伊朗、中亚地区遇到太大的失败，否则不会在该地区出现较大的国际多边军事行动。马六甲海峡的军事冲突有可能演化为战争，但不是现在，时间要在10年之后。到时候是中美反日，还是日美反华，都需要认真研究。东北亚的战争演化成对中国有利的合法性战争的可能性较大，因为在这个问题上中、美、俄等主要大国有着长期的合作经验与共同利益，已经建立起一种最低程度的共识与信任。但是，我们对于东北亚战争合法性的研究丰富吗？我们是否必须结合起50年前的朝鲜战争进行对比研究呢？

有必要认真地研究一下东海问题上的合法性较量。中日的石油资源冲突都涉及两国的重要国家利益，中国在东海海底、经济专属区及大陆架上的石油开采竞争都有其战略利益考虑。问题是谁能在这次战争危机中争得国际社会的同情与支持。目前，对于日本的有利因素是，日本有一个影响很大的日美同盟，而且在可以预见的未来，这个同盟不会解散。这样，我们就被置于了一个不利的态势上。中国的有利因素：一是中国可能会得到韩国等周边国家的支持；二是中国与印度特别是俄罗斯有着在东亚地区的反霸合作机制；三是中国正在积极地寻求地区一体化。国际法对中国是否有利？这需要我们进行认真地研究。只有中国在有国际法的明确支持下，中国处于自卫战争的情势下，才能在东海迎接日本的军事挑战。如果有这个机遇，对于中国的崛起是很重要的。

从历史和现实的角度强调合法性战争对于中国崛起的意义，并不是排除和平手段解决国际问题争端特别是关系中国崛起根本利益的问题的可能性和现实性。相反，合法性战争是最接近于和平发展总战略的一种暴力手段。合法性战争要符合国际社会的基本意志，要有国际法和国际道德来支持其正当性，要达到国际合法性与国内合法性的平衡。和平发展也从根本上反映了国际社会的公意，因为和平是人类的最高道德之一，是世界生产力发展的基本保证，是和谐世界的有机组成。合法性战争与和平发展是一种同向性的正相关关系。随着战争合法性越来越少，世界文明的限制越来越多，只有一个立足于和平发展方针的崛起大国才能抓住合法性战争的机遇。

第十章 中国和平发展中的软实力战略

一、发展软实力，进一步推动中国的大国社会性成长

1. 推动中国的合秩序性发展

既然社会性成长与软实力建设同向而行，那么，合秩序性发展就在软实力建设中居于首要地位。合秩序就是要对世界秩序采取融入的策略，突出地体现在伙伴战略上。伙伴战略是中国合秩序性发展的基本取向。这里的“伙伴战略”接近于前文中提及的“伙伴者战略”，不仅指要与各大国的双边合作，还指与主导性大国的战略合作，以及全球性国际制度与基本规范的遵守。因此，要实施伙伴战略，中国就有必要成为现有世界秩序某种程度上的认同者和更大程度上的合

作者，绝对不能演化成一个现行世界秩序的挑战者。只有顺应世界合作大势，融入国际秩序，才能更好地促进崛起的国家利益。值得一提的是，“伙伴战略”与历史上英美等国的“伙伴者战略”有所同，有所不同。同者是指，崛起的大国与主导者之间维持基本的战略合作；不同的是，这个合作战略要适合时代变化和中国国情。近代西方大国的“伙伴战略”具有压迫广大中小国家和被压迫民族的本质。当代中国的“伙伴战略”与国民党政府奉行的以对美国依附和妥协为主要内容的“伙伴者战略”也不同，国民党政府一直是“跪倒在地上办外交”的，[①] 其亲美外交不但是国力软弱、反共反苏的产物，更反映了大地主大资产阶级政权对帝国主义的依赖性和妥协性。而目前探索之中的中国面向新世纪的“伙伴战略”，则是在坚持奉行独立自主、和平共处五项原则的前提下，服务于集中力量搞社会主义市场经济建设这个最根本的国家利益，结合国际体系朝着和平、合作方向的积极变化，而作出的宏观的、现实的理性选择。

2. 加强军事发展与国际社会的关系建设

加强研究国际社会与世界文明对于军事力量发展要求，也是软实力战略的重要组成部分。国家外交部门要与国防部门加强全局协调，把军事外交与战争合法性事业置于一个前所未有的阶段，既要维持中国的军事主权独立，又要使它符合国际社会的基本规范与惯例，使中国国家利益在大国折冲的利益夹缝和历史机遇中得到强有力地执行。具体地来讲：一是要深化新形势下的军队政治工作，因为政治挂帅是近代以来大国成长较为成功的国家的经验之谈，是确保军事力量在各国宪法允许的条件下实现国家大战

① 周恩来：《新中国的外交》，载《周恩来外交文选》，中央文献出版社，1990年版，第5页。

略目标的重要条件；二是要提高合法运用军事力量的水平；三是要更加出色地推进中国军事外交，因为军事外交是中国外交的重要组成部分，也是军队建设的重要组成部分，是中国军队与国际社会的桥梁；四是要积极参加由联合国授权的国际多边军事行动，包括多边国际战争。

3. 创造性地塑造大国形象

根据国际政治社会化规律对于大国成长的要求，中国崛起处于世界历史上国际社会条件“最苛刻”也“最丰厚”的时代。说“最苛刻”，是因为中国若再沿近代列强的成长道路，会遇到它们所遇不到的困境，比如，列强在200年前不可能遇到工业化过程中要注意全球气候变暖的全球危机及其治理规范的制约，但今天中国在经济发展过程中不仅遇到了这个突出的问题，且若处理不好很可能会受到国际社会的误解甚至制裁。又比如，中国在发展过程中也会在主权、人权甚至治理模式等问题上受到国际社会的干预，而这在100年前的美国也是不可能的。世界文明越是发展，国际政治的社会性越是增强，大国崛起的国际道义约束也会越繁杂，传统的对外交往模式的成本也会越高昂。这不仅是对中国政府的苛刻要求，也是对于中国国民的苛刻条件。中国国民在对外交往，包括劳务输出、海外贸易以及思想交流方面也要比过去两个多世纪的世界公民们更加注意国际社会的法律、道德以及惯例，否则就会引起各国人民的反感甚至敌意，反过来影响国家的形象，给中国外交带来被动。2004年西班牙的“焚鞋”事件以及2005年发生在一些国家的中国人被打事件都从一个侧面向我们提出了一个警示。说条件“最丰厚”，是指如果中国利用国际政治进一步社会化而带来的空间，开辟出一条新的力量增长道路，我们就会找出国力增长的新的生长点。目前中国政府追求和平发展战略倡议，可谓这方面的一个典型。

二、将“文化复兴”置于软实力战略的重要地位

1. “文化复兴”符合大国社会性成长规律

软实力建设是大国社会性成长规律的客观要求。从直接的角度来看，推进中国软实力的增长，实现中国崛起的大战略目标，要切实促进中国的合秩序性发展、大国形象的塑造以及军事外交与多边战争事业。但是，由于软实力战略的实现，还要考虑其外显性（与外生性密切联系的属性）里层的内生性，以及普世性先前的特殊性。唯其以国际社会规范的要求，加强软实力的内生性建设与特殊性建设，才能支撑强有力的外显性与普世性。如果说，研究软实力的外生性与普世性方面主要解决了中国软实力的发展方向问题，那么，以外生性与普世性的要求加强内生性与独特性研究，则主要旨在解决中国软实力的发展后劲问题。此两者，皆为大国社会性成长规律对于中国大战略的基本要求。我们认为，中国软实力建设战略的重要环节是文化复兴战略①，认为“以经济建设与文化复兴为中心”的大战略模式也许比单纯的小康社会战略目标更加丰富全面。

文化复兴是软实力战略的重要组成部分，它对中国的大国社会性成长事业有重大的意义。大国的社会性成长本质上是一个文化成长的过程。社会的核心是文化，而社会发展体现为社会化。

① 本文中“文化复兴”的含义基本等同于“文化崛起”。由于中国文化就其本身而言，已经失去了古代文化大国的许多优秀的传统，故需要恢复；而当中国文化恢复到一定程度，就必须与其他大国的文化进行竞争共存，相互学习，最后在吸收、借鉴的基础上超越其他强势文化，成为国际政治文化的主导文化，这才是文化崛起的境界。目前，中国处于文化力量弱势的阶段，要以恢复为第一步战略，故以文化复兴的术语比文化崛起似乎更为现实与贴切。

个体的成长体现为接受、内化与改造文化的过程。因此，个体的社会性成长从某个侧面体现为个体文化成长。在国际政治中，国家的成长虽然就其文化成长程度而言远低于国内政治中个人的文化成长，但随着国际政治社会性的增强与深入，国家文化成长之于国家复合成长的本质规定性也体现得越来越明显。合秩序性发展的其中一个侧面就是国际文化的认同，这说明大国成长体现为传统文化的发展同时，也要向世界主流文化转化。合法性战争说明，战争这一重要社会现象的操作必须要遵守国际社会的规则，即在国际法所认可的战争文化的框架内从事这一暴力行动才最有利于国家的成长。大国形象的培育其实正是文化成长在国际交往与自身发展过程中的多方面体现，是国家文化成长在精神面貌上的零散的不确定的反映。现代身份的塑造既是一个遵守国际法的过程，也是一个国内民主政治文化建设的过程。可见，文化成长是社会性成长的基本方面。

文化成长也是大国社会性成长的要求。首先，文化复兴比较接近于合秩序性发展的要求，因为文化复兴不会直接反映到权力实力上去，软实力向硬实力的转化比较潜移默化、比较隐性化、不会引起很快的国际均势变化，正是从这个意义上讲，李光耀提出了所谓的中国要文化复兴；文化复兴，能够促进国际文化的多样化发展，营造有利于国际制度创新的环境，为自身的制度贡献作一定的铺垫；文化成长，也是在文化上有所作为，这种文化成长不得自生自发的，而是不断地向国际主流政治文化靠近，而且为下一步的国际文化丰富与成长补充新资源的过程，中国具备着大国社会性成长中的文化认同提供者的能力。其次，文化复兴能够以非战争的手段增强中国在东亚、东南亚以至全球华人社会的影响力，促进经济增长与政治影响。不断增长的文化成长可以减少硬实力增长中东盟国家对我国的担心。文化成长可能会引起文化冲突与文化战争，但由于儒释道互补的中华文化的亲和性、开放性与和谐性，这种可能性较其他文化冲突模式或者大国成长模式大为降低。再次，文化复兴也可以强化中国和平发展的大国形象，为世界做出自己的独特贡献，为国际事务的治理起较大的推动作用。当然，最根本的是，中国的大国成长在政治、经济发展到一定阶段来看，必须认真考虑中国国内的文化建设问题——中国的文化安全（文化主权与文化成长），中国的经济发展支撑（信用体系的文化基础）、中国的政治改革困境（政治文化的重建）。

2. “文化复兴”的可能性与现实性

从可能性上讲，中国是世界上与美国可以相比的文化资源丰富大国。从国际政治文化的发展而言，一个更加符合世界政治文明发展方向的新的国际文化模式，不能离开中国文化的有力补充。西方文化在国际政治文化中过于浓重的色彩将由东方文化加以调和，而东方文化虽然有多元背景，其中的中国文化将随着中国崛起的步伐与成功而更强烈地外化为国际政治文化的中坚。对于这种可能性，也许西方学者看得比我们东方人更加清楚。据研究，近代以来，西方人有三次“东方文化救世论”：第一次是17世纪左右，以伏尔泰等为代表的欧洲学者认为东方文明帮助欧洲人结束欧洲神学造就的文化困境；第二次是第一次世界大战前后，以斯宾格勒为代表的欧洲学者认为东方文化可以帮助欧洲解决工业文明的危机；第三次则是第二次世界大战之后的20世纪六七十年代，随着晚期资本主义发展的极限外显，环境污染、生态危机与文明冲突的增加，使西方人再一次将文化药方转向中国。法兰克福学派的批判哲学、罗马俱乐部的人类警告中把中国文化抬升到了很高的程度（也有人把第二、三次东方文化救西方文化的时机合并为一次），比如“在汤因比为未来所构想的‘世界政府’中，以东方文化能够起着意识形态的作用；绿色主义者们把老子和道家的自然学说奉为‘圣经’，经常引用；汉学研究亦希望从孔、老、释那里寻求解决西方危机，调整人与物、人与人、人与自己关系，追求人的价值，寻找和谐人与自然、社会、人际、心灵关系的‘大道’”。[①] 目前，我们正处在西方人寻求东方文化解决西方文化危机的第三个时期，也为中华文化的复兴与世界贡献提供了难得的机遇，因为前两次机遇只是准备了外部条件，而中国本身还处在一个政治尚未完全独立、经济极为落后的时代，不可能抽出精力与财力进行文化建设。

从现实性上来看，与中国一道崛起的大国也比较重视文化复兴。大国复兴的先声往往是文化复兴，国家主义与国际主义很奇特地会结合在一起。日本的战后崛起中的某些成功的方面，值得我们借鉴。经济成长是成功的，文化复兴也是成功的。国际上一些学者认为，日本过去的成功得益于日本的传统文化。“日本人对文化的独特性的强烈意识，对天皇崇拜的传统，军人光荣感和勇猛的武士道精神，对纪律和刚毅的强调，产生了一种强烈的爱国主义和不畏牺牲的政治文化”，这种政治文化造就了日本的崛起，有助于其保护战略安全、市场获得以及营建“大东亚共荣”的地区秩序。[②] 战后日本的重新崛起也把文化复兴作为其大战略的重要组成部分。日本“政治大国”地位的时代是中曾根提出的，但中曾根这种“政治大国”论，是与“国际贡献论”、“文化复兴论”同时提出的。中曾根的“新国家主义”思想的政治崛起的第一步就是文化复兴。中曾根在其“新国家主义”思想的代表作《新的保守理论》中，提出了三个战略建议：一是改革日本的“陈旧”思想观念；二是弘扬日本的优秀历史文化传统；三是进行与“政

---

① 张立文：《和合学概论——21 世纪文化战略的构想》上卷，首都师范大学出版社，1996 年版，第 69 页。

② ［美］保罗·肯尼迪：《大国的兴衰——1500—2000 年的经济变迁与军事冲突》，王保存等译，求实出版社，1988 年版，第 253 页。

治大国”相适应的文化建设。[①] 中曾根“文化建设论”的核心内容是，要把哲学置于政治的核心，建立一种国家反省与民族文化重振的政治哲学，要加强日本国家认同，推动日本人对日本国家概论的强调、向往与热爱，“建立个人权力必须同国家价值和需要共存的新的价值体系即本质上的新国家主义”。[②] 日本的文化复兴运动是为日本的“政治大国”运动服务的，20 世纪 60 年代日本有一个文化热潮，中曾根因势利导，支持于 1987 年成立了“国际日本文化研究中心”，扩大日本的对外文化交流，“都是为了实现‘“政治大国”’、‘国际国家’做准备的”。[③] 这种准备完全采取了国际社会化的形式，正如中曾根自己所说的，“我们日本人必须积极地参加新世界文明的创造并做出贡献。为此，我们首先要对我国悠久的历史中所培育起来的文化的特点和传统作进一步深刻的分析，将能经得起学术批判的科研成果体系化，并积极向全世界作正确的说明。鉴于上述观点，决定设立国际日本文化研究中心……确立日本民族的主体性。”[④] 日本如果继续沿着中曾根的文化建设道路走下去，其结果恐怕为我们始料不及。诚然，日本的文化力量与中华文化力量尚有较大的差距，但是其日本政治家把文化复兴与“政治大国”地位的获得同时提出，这种思路却是十分值得我们学习的。

---

① 孙政：《中曾根〈新的保守理论〉中的新国家主义思想评析》，见南开大学日本研究中心编：《日本研究论集：2002》，天津人民出版社，2002 年版，第 83 页。转引自李建民：《冷战后日本的“普通国家化”与中日关系的发展》，中国社会科学出版社，2005 年版，第 46 页。

② ［日］中曾根康弘：《新的保守理论》，金苏城、张和平译，世界知识出版社，1984 年版，第 16 页。

③ 李建民：《冷战后日本的“普通国家化”与中日关系的发展》，中国社会科学出版社，2005 年版，第 49 页。

④ 日本综合研究开发机构编：《90 年代日本的课题》，彭晋璋监译，经济管理出版社，1989 年版，第 760—761 页。转引自李建民：《冷战后日本的“普通国家化”与中日关系的发展》，中国社会科学出版社，2005 年版，第 49—50 页。

3. 中国“文化复兴”或文化成长的基本思路

那么，如何实现中国文化成长？从国际政治社会学的角度看来，最根本的是要提升文化成长在国家大战略中的地位，应把“以经济发展与文化复兴为中心”作为中国大战略的基本内容。在此前提下，要注意以下几个方面：

第一，对文化安全的捍卫。不但要维持中国文化的核心价值，强化中华经典思想的继承，而且还要在这种文化复兴中重建国家认同。目前，台湾地区出现了非常严重的“去中国化”的现象，其实质是“去中国文化化”。我们必须以此为切入点，推动两岸良性互动，重建国家认同，在中国文化的复兴中实现海峡两岸的文化一统。目前中国的文化命运与台湾问题的解决看似不直接，其实很是关键。试问，台湾文化中有没有中国文化空心化的问题？如何我们不能在台湾问题上战胜这种去中国化，如何重建我们的国家认同、文化信心？祖国统一目前已经成为了一个核心问题，经济、政治方面之外不能忽视文化的问题。这也是文化安全的重要方面。

第二，注重保持与扩展中国文化的本质力量。中国文化的本质力量在于开放性、和谐性、文化同化力。在恢复与发扬这种本质力量的基础上，以东亚一体化为主要活动领域，充分发挥中华文明在一体化进程中的文化同质性作用和文化氛围作用，尝试在周边形成一个和谐共治的文明共同体。同时，要加大中国文化对国际政治文化的适应与改进。这也包括中国战略文化发展在保存优秀文化的基础上，适应国际政治文化的新潮流，进行创造性转换，进而以其独特的本质补充国际政治文化的问题。

第三，实现大国文化成长要与物质性成长的相对平衡发展。要把文化成长与追求硬国力结合起来，首先在那些与军事、经济发展结合得比较紧密的领域加大文化建设，比如加强以个性发展、主动意识为基础的军事文化，以经济信用为基础的经济文化建设。

第四，中国文化成长的目前阶段，还是要注意特殊性与普遍性的结合。文化成长既需要弘扬中国古代的经典文化，也需要考虑国际政治文化对于中国文化的要求，这是一个方向。中国文化只有在一定程度上与世界文化的前进方向相一致，即十分注重国际法的基本准则，讲人权、讲自由、讲世界正义，中国文化的成长才有未来。从这方面上讲，新儒家的前进方向应该成为我们建设新文化的重要参考。

最后，发挥政治家群体在大国形象塑造中的作用。要坚持毛泽东同志提出的“国际主义”原则、国际义务论和世界贡献说，本着“中国应当对于人类有较大的贡献”[①] 精神，把文化成长作为未来中国世界贡献的最大来源之一，同时坚持邓小平同志关于四种国际形象的论述，即保持与发展中国的和平力量的形象、改革开放形象、安定团结形象以及独立自主形象。为此，需要加大合法性战争的研究与实施，要适时适当地显示大国的战略意志，不失时机地强化现代国际身份，增强大国的特殊责任的意识，并在国际与区域危机管理中发挥更加积极的作用。

三、实施以增强软实力为主的“软硬兼施战略”

在社会主义优越性没有充分发挥出来之前，中国总体上处于软硬兼防状态，而美国等国则长期处于进攻状态。美国对华新一轮战略较已往更加高明，其要义是把中国拉入国际体系来进行

① 毛泽东：《纪念孙中山先生》，引自《毛泽东选集》第五卷，人民出版社，1977 年版，第 311—312 页。

“体制内斗争与合作”，其根本目标是“软遏制”。应对“软遏制”的主要战略是“软硬兼施”，其重点是提高软实力，“以软制软”；难点是软硬两手都要有。“软硬兼施”战略的实施原则是：总体上的“以软制软”，辅之以局部上的“以硬制硬”；全球层面的软实力战略，辅之以个别地区层面的硬实力战略；多数情形下的软硬防御，辅之以少数情形下的软硬进攻。“软硬兼施”要以和平发展大战略、中国传统战略文化以及世界政治发展规律为限。和平发展大战略，有着内在统一而又有不同侧重的若干具体国际战略的支撑。而由于中国大国成长的阶段性因素，各个战略又有着积极与消极、防御与进攻之分。从硬实力理论的角度观之，新中国的国际战略总体上是防御性的，在硬实力上追求足够的国家安全需要的军事防御战略以及经济发展战略；从软实力理论的角度观之，新中国的国际战略总体上也是防御性的：除了“文化大革命”前后 10 多年的“革命外交”中有强烈的意识形态输出的进攻态势之外，50 多年的当代国际战略史是对内不断创造发挥社会主义优越性的历史条件，对外防止西方资本主义发达国家“和平演变”的历史。在一波又一波的反对“全盘西化”与“和平演变”的政治运动中，我们实际上承认了美国的软实力具有强大的优势地位，过去所谓的美国“物质文明昌盛而精神文明贫乏之说”在理论上是站不住脚的。[①] 至少说明了我们总体上处于对西方发达国家的软硬兼防状态，而美国等西方国家则长期处于进攻状态。在中国处于大国成长的关键时刻，西方对华的进攻态势实质上没有变化，但在形式上有了新的样式。

1. 软硬两种国际环境的基本矛盾与“软遏制”的新态势

中国的大国成长处于一个新的历史转折点上，在这个新的时

---

① 资中筠：《冷眼向洋 百年风云启示录》上卷，三联书店，2000 年版，第 7—8 页。

代，既残留着旧时代的强权政治与霸权主义的种种因素，也滋生出新时代的开放共赢与全球共治的种种风尚。它之所以是转折点，就在于旧时代的强权政治再也不能占据国际关系的主导方面，还在于强权政治与霸权主义即使想要在它的历史合理性未完全消失之前苟延残喘甚至兴风作浪也要采取合乎历史进步性的形式。因为，全球化、核威胁、石油危机、经济相互依赖特别是全球变暖等全球性危机的到来，国际政治的社会性猛烈增强，已经把强权政治和霸权主义的活动空间挤压得很小，只等着国际社会迈向转折点的门槛。这个门槛在考验国际社会，只要大家齐心协力，形成全球共治的坚强意志，则人类就会进入一个全新的时代。

在这样的一个时代，每一个寻求国际威望与大国地位的民族国家，都必须理性地思考自己政策的合时代性和国际合法性。日本一次又一次地为联合国维持和平行动提供巨额的经费，德国则把自己的国际身份严格地界定在欧洲大家庭中的一员；俄罗斯诸多的军事动作都离不开国际社会反恐和反核两个主题，而且在艰苦地追求自己的市场经济国家地位；重新崛起过程中的中国，理性地选择了这个时代给她的唯一的战略方案——和平发展道路。处于大国稳定成长期的美国，则在维持最低程度的全球均势战略的同时，对于处于成长时期的若干强国同样采取了冠冕堂皇而又息事宁人的国际战略。这反映了中国的国际环境的基本矛盾的微妙变化，变化没有发生在硬实力领域。发达国家群体与发展中国家群体（包括经济转型国家）的硬力量竞争基本上处于僵持状态，虽然发展中国家近年有了普遍的快速增长，但欧美国家仍然在信息产业、服务业等新经济方面处于明显的优势。中国的国际环境基本矛盾变化重点在软实力领域。

矛盾的基本方面和主动方是美国为代表的西方发达国家。“西方作为国际体系的主导者和责任分摊者，与挑战现行体系的新兴大国就权利和义务的分配展开斗争，成为南北关系的新焦点。面对新兴力量的崛起，西方危机感持续上升，在对国际体系掌控难从心愿的情况下，逐步将‘排他式领导’转变为‘合作式协商’，增强体制的开放性和包容性，努力通过规范约束新兴力量，将其纳入西方主导的现行体系和轨道，延长对国际体系主导的掌控。”①美国等国对于发展中大国采取的这种软实力较量战略，不是一般的“软进攻”，而是一种高明的“软遏制”。其根本的特点不是像过去的模式那样向发展中的大国输出意识形态，把崛起中大国推入敌对的意识形态阵营，而是将崛起中大国拉入国际体系来进行“体制内斗争与合作”，其根本目标是“软遏制”。

过去版本的“和平演变”战略，是冷战格局下的产物，也是冷战思维的产物，强调体制外的斗争，通过妖魔化对手，渲染其对国际主流价值观的威胁，将其排出国际体系之外，使之成为国际社会的敌人。与“中国威胁论”等不同，“中国责任论”是“软遏制”的新方式，其行为方式是“软进攻”。对于中国的崛起，硬的进攻（朝鲜战争）失败了，硬的遏制（对越战争、东南亚条约、美蒋共同防御条件、美日同盟等）也失败了，软的进攻（和平演变）也失败了。一种“软遏制”的新形势正在出现在成长中的大国面前。

目前，对于中国而言，这种“软遏制”的主要形式可能就是“中国责任论”了。美国版的“中国责任论”，核心是要求中国在国际公共物品提供上，包括中国周边国际经济安全危机管理（汇率、国际债务减免、维和、联合国经费等）上多做贡献，按照美国的现行国际规则办事，协助美国解决朝鲜核危机、伊朗核危机、达尔富尔危机等。欧洲版的“中国责任论”，核心是要求中国履行WTO的有关国际义务，向欧洲国家开放货物、金融业和服务业的

① 李杰：“从责任论透视国际体系转型”，《国际问题研究》，2008年第1期，第37页。

市场，解决好人民币汇率自由浮动问题。[①]“中国责任论”对于中国来讲，既有其合理性，又有其对中国崛起阻遏的消极作用。由于中国人均国民生产总值仍然很小，普通国民受教育程度很低，国内极化矛盾十分突出，若完全按照美欧大国所设计的责任履行的话，中国一定会像加入美苏军备竞赛的苏联一样把经济拖跨；中国若无条件地与美国合作共治世界，成为国际体系的管理者的话，中国也会像苏联那样在管理世界的疲于奔命中“其兴也勃焉，其亡也忽焉”；中国若超出自己所允许的国力大规模地向国际危机区域进行经济援助或安全支持的话，中国又会在另一次的“革命外交”中失去中国和平发展的也许是最宝贵的一次历史性战略机遇。上述三种情形，都可能招致中国的崛起失败，从而达到了欧美大国所希望的遏制中国的战略目标。

因此，“软遏制”的形势要求我们必须重视国际政治斗争与合作的新特点，并积极提出应对之策略。较之过去的“硬遏制”和“软进攻”来说，“软遏制”既给中国提供了国际合作的机遇，也提供了国际斗争的有利条件，因为国际体系内的斗争总比国际体系外斗争具有更大的回旋余地，也能为国际合作直接创造条件。然而，“软遏制”也有更大的迷惑性和应付困难。因为，美国往往综合运用“软硬遏制”与“软硬进攻”，“不考虑历史背景和各国国情，要求发展中国家与发达国家共同承担气候变化、环境保护、节能降耗、汇率稳定、贸易平衡等国际责任。同时，把所谓‘民主’、‘人权’责任泛化为国际共同责任，将国家利益和战略意图包装成推广民主、防止大规模武器扩散等共同的国际责任，以维护人权为名干涉他国内政，以民主化为旗号践踏他国民主，以反恐、防扩散为借口推行多重标准，甚至使用武力推翻一国政权”。[②]

---

① 刘鸣：“中国国际责任论评析”，《中国外交》，2008 年第 4 期，第 14 至 15 页。

② 李杰：“从责任论透视国际体系转型”，《国际问题研究》，2008 年第 1 期，第 37 页。

在这些方面，中国等新迅速崛起的国家并不熟悉，但又不能像过去那样采取封闭和防御政策。因此，必须考虑转换战略姿态，尝试由“软硬兼防”转向“软硬兼施”。因为软实力战略已经不是遥不可及的战略选择了。

2. 应对“软遏制”要在战略思想上重视软实力战略

美国等西方发达国家的“软遏制”战略，迫使中国必须迎头而上，不能再采用过去的封闭的态度应付之。中国要实行市场经济，要在走出去战略中实现现代化建设，中国对外经济依赖度已超过50%，中国要加入国际社会，都使中国不能简单地采取过去应对“和平演变”的策略了。中国要在战略思想上重视软实力战略。

软实力战略是一种有条件的战略，是大国成长到较高层面上才可以实施的国际战略。自信意味着很可能采取一种对社会交往开放的态度。而缺乏开放意识，则常常体现了不自信。对社会中的其他行为体主体采取封闭态度，以防止其他思想或意识形态的社会化作为主要的政治战略，这显然是一种缺乏自信的表现，也是不具备软实力优势的表现，社会中的个人如此，国际社会中的国家也是如此。中国全面地融入国际社会，愿意多元开放地与国际社会交往，以实现自身的大国崛起，这表明中国具备了实施软实力战略的起码的条件。也就是说，中国的大国社会性成长与整体性大战略为软实力战略准备了难得而必要的历史机遇。

然而，实施一种和平发展大战略，没有软实力战略的支撑，也只能是空中楼阁，因为这种整体性大战略的核心组成是软实力战略。

第一，和平发展大战略的基础是和平发展，而软实力战略与和平发展有着内在的统一。硬实力主要是经济与军事实力，发展军事实力显然是加深了安全困境，更容易引起战争危机，而软实力战略强调的是文化与制度。虽然软实力并不绝对地排除合法性战争，但毫无疑问和平是合法性战争的最高形式。软实力战略对于发展的意义更大。中国要发展，就需要增深与世界各国的经济合作，其前提是互信度的提高。由于中国持久高速的经济发展，导致了不少国家对中国经济威胁论的看法，反而不利于进一步的经济合作。东亚经济一体化的受挫，中美等国的经济战以及西方一些国家对中国经济的时冷时热，体现了这样的一种担忧：如果中国的经济增长令它们感到威胁，则就有可能由经济合作转向经济制裁，这是对和平发展的最大威胁。而软实力才能保证化解国际社会的受威胁感，才能增进中国与国际社会的共同体意识和互信意识，才能优化中国和平发展的国际环境。

第二，软实力战略的重要内容是向世界与国际社会贡献适当的维持和平与促进发展的中国责任，这一点恰恰是和平发展大战略的实在体现。软实力战略的出发点是国家利益，但这种国家利益是国际社会化了的国家利益，是国家利益与国际利益的结合。大国的社会性成长要体现其人类贡献。人类贡献是任何大国社会性成长的基本要素，也是其软实力战略的基本构成。目前，中国的软实力战略显然要担负一定的国际义务，这是党的十七大报告中已经明确了的。中国的软实力战略把适当的国际责任视为重要内容，而国际责任之一就是确保睦邻友好、地区和平与全球稳定。中国对于东南亚的金融危机、东北亚的核危机、中亚的恐怖主义势力、印度洋海啸的积极治理，都体现了中国的软实力。因此，中国的软实力战略是和平发展大战略的实在构成与体现。

第三，中国的软实力战略不是单纯的国际战略，而是国内战略与国际战略的统一体，在这个战略实施综合过程中，有助于培育国内民间社会，发展中国式民主，开辟多种国际交往渠道，为中国多元开放的整体性大战略的实施准备国内社会与国内政治的各种条件。越来越多的国内外学者认识到，由于中国过去较多地把非政府组织视为反政府组织，政治文化中缺乏民间社会的传统，外交实践上过分依赖政府外交，缺乏民间外交，形成了中国软实力的盲点，[①] 削弱了中国的综合国力，也自然影响了中俄关系、中日关系和中国与非洲关系的长远发展。民间社会力量的不足、地方外事的积极性不足、各外交外事部门的机制化程度低下、中国传播文化多样性和文化优越性的信心较弱，等等，都是未来软实力战略需要直面的问题。而问题之解决，正是多元开放的和平发展的整体性大战略实施的过程与条件。

3. “软硬兼施”战略的内涵及其主要实施原则

在国际政治中，大国与小国有着不同的人类使命与行为模式。大国不能一贯追随其他大国，大国不能没有战略意志。在国际斗争之中，大国不能没有战略进攻，大国战略都是进攻与防御。硬实力领域如此，软实力领域也是如此。当然，在大国成长的不同时期和不同时代，这种战略样式的选择是可以不同的。如果我们持一种理想主义的观点，那么在和平与发展成为时代主题的大框架下观察大国成长，似乎可以有这样的判断：在大国成长的准备时期，崛起中的大国更多地考虑实力积累与战略防御，软硬兼防是一个合理的战略选择。在大国迅速成长时期，就不能简单地延续过去的全方位防御战略，而是要实行有选择的“软硬兼施”战略。在大国稳定成长时期，由于个别的大国具备了较强的国际话语权、国际制度能力与国际议事日程安排能力，因此就可能实施全方位而不是有选择的软硬一体化战略。中国目前正处于迅速成长时期，较理性的选择是实行有选择的“软硬兼施”战略。

---

① 陆宜逸：“中国软实力的盲点”，《海峡时报》，2007 年 7 月 9 日。转引自俞新天等：《国际体系中的中国角色》，中国大百科全书出版社，2008 年版，第 316—317 页。

“软硬兼施”战略的重点是“以软制软”。“以硬碰硬”对于中国来说并不陌生，新中国建国以来的60多年里，中国无论在朝鲜战争中，还是在台海危机中，或者在越南问题上，都敢于与世界上最强大的霸权主义国家进行军事上的对抗；中国也敢于在WTO问题上、经济制裁问题上以及核心技术问题上进行经济科学技术方面的竞争。因此，对于“软硬兼施”中的硬实力战略，只要我们坚持自己的国防建设与经济建设不动摇，中国是拥有着较大的自信心的。和平发展大战略之下，硬实力战略是基础，但已不是重点，重点是我们并不自信和并不强大的软实力领域。“以软制软”战略的基础是提升综合软实力。继续改革开放战略，继续融入国际体系，继续树立国际形象，继续全面地增长中国的软实力，有了中国整体上的软实力优势与来势，是应对以美国为首的西方国家“软进攻”或“软遏制”战略的前提。中国已经参加了57个全球性国际组织，参加或实际上接受了300多个全球或地区多边机制，[①] 已经并应继续在朝鲜、伊朗、苏丹等热点问题解决上发挥作用，在联合国改革、世界气候变化应对、多哈发展议程的推进等方面取得令世人认可的成就。

在中国未来的“软硬兼施”战略中，“以软制软”的主要对象应当是美国。美国是现行世界秩序的主导者，是对中国和平发展国际环境影响最大的国家，也是对华“软遏制”战略的主要倡导者和实施者。中国要发展对美国的全方位多领域、机制化的战略合作互惠。扩大合作领域、丰富对话层次、培育利益共同体是目前“以软制软”的基本途径。正如专家指出的，“中美关系正在朝着全方位、战略性和机制化的方向发展，双方的关注点已不仅仅局限于台湾、人权、一般性的市场开放和大规模毁灭性武器与技

---

① 刘鸣、黄仁伟、顾永兴：“转型中的国际体系：中国与各主要力量的关系”，《国际问题研究》，2008年第4期，第21页。

术的扩散等传统性的问题，而是转向建立长期稳定的双边健康互动的经济与金融体制及军事互信与合作机制、转向控制地区性的核扩散与人道主义危机的升级、转向加强全球金融与能源合作、协调反恐合作、推动联合国改革等战略性的合作问题。其中，双方首脑的互访和定期在多边国际场合的会见、中美战略经济对话、中美战略对话、中美最高军事领导人的互访、‘中美年度军事磋商’和中美国防部的‘特别政策对话’是一整套沟通交流机制的核心。它奠定了政治、经济、文化乃至军事安全等全方位的协商合作机制，有利于实现相互依存，共同发展，互利双赢和形成利益共同体”。[①] 结合历史上大国关系发展规律与中美关系的状况，我们认为，中美关系的正常化、中美领导人的热线化、中美合作领域的多元化、中美政府沟通的机制化、中美民间交往的普遍化、中美关系的伙伴化，是衡量中国对美国“以软制软”战略是否成功的六个标准。目前前四个标准已经达到，未来的关键是后两个指标的实现。

“软硬兼施”战略的基本点和难点是在战略机遇期内，坚持和平发展道路的大政方针下，既发展软实力对抗“软遏制”，又要软硬两手都要有，不失时机地显示一定的硬实力。和平发展道路并不是放弃合法性的武力使用，相反，偶尔为之的符合国际法原则和国际社会公意的合法性武力显示，才可能带来真正的和平发展的大好局面。“软硬兼施”战略，首先是因为软实力与硬实力之间本来就是不可分割的。其次是中国有很多软实力和硬实力的盲区，[②] 只有同时发展，双管齐下，才能起到整体提升的作用。最重要的是对于主要的国际竞争对手，在交往或斗争过程中，必须既强调原则，又强调灵活性。如果只有软的一手，过分强调绝对主

① 刘鸣、黄仁伟、顾永兴：“转型中的国际体系：中国与各主要力量的关系”，《国际问题研究》，2008 年第 4 期，第 23 页。

② 陆宜逸：“中国软实力的盲点”，新加坡《海峡时报》，2007 年 7 月 9 日。

义的逻辑与国际合作战略，把共赢与一致性看得过高，就可能失去中国的一部分至关重要的国家利益与战略自主性。如果说软实力战略是制度主义和建构主义战略的话，那么硬实力战略则是现实主义战略。由于国际合作的基础在于国内经济状况，因此，国际合作过程中还是要捍卫民族经济利益。正如俄罗斯战略专家清醒地指出的，“除了坚持本国立场，维护本国生产者（免于限额和反倾销指控等之外）利益外，中国别无其他出路。若要保持经济持续增长，中国需要获得稳定的能源供应，尤其是石油和天然气。但在全球能源吃紧的条件下，做到这一点相当不容易。为了维护本国的石油利益，中国不得不在政治游戏中变得更为强硬，与全球利益制衡体系和集团政治短兵相接”。① 国际政治中的硬实力竞争从来是不可避免的，故软实力战略不可能单骑突进。

根据和平发展大战略的要求，“软硬兼施”战略的基本样式不妨可以总结为以下的三项原则：

一是总体上的“以软制软”，辅之以局部上的“以硬制硬”，即在未来 15 年左右的时间内，中国还是要抓住战略机遇期，总体上以提高软实力为主，以融入国际体系为要务，在融入之中抵制西方的“软遏制”，只在核心主权受到威胁时（如台海危机、朝鲜核危机、民族经济大面积受害、广大国人或华人海外受辱、全球灾难、世界大战等）主动显示自身的硬实力。

二是全球层面上的软实力战略，辅之以个别地区层次的硬实力战略。中国还处于大国成长的第二期（迅速崛起期），国际身份还主要是地区性大国，其合法性武力显示的范围也较适用于地区层次，加之中国传统外交文化和战略文化的影响，中国至多在周边层面上偶尔使用硬实力。除非为了响应国际社会的全球性多边

---

① 宿景祥、齐琳主编：《国外著名学者政要论中国崛起》，中共中央党校出版社，2007 年版，第 370 页。

战争，[①] 中国是不能越自身国际身份规定的国际行为的雷池一步的。在地区层面上，中国的传统及实力决定了“地区”的含义是中国周边，中国的军事经济上的反制措施与权力显示在周边地区具有多重的合理性。

三是多数情形下的软硬防御，辅之以少数情形下的软硬进攻。本文虽以论述“软硬兼施”战略为主题，但并不主张一种进攻型的国际战略，相反，只是强调在大国社会性成长的过程中，不能没有软实力的张扬与硬实力的显示，应该逐步随之国际地位与国际身份的转变而适当转变中国的国际战略姿态。然而，这种姿态的转变要以和平发展大战略的要求为限，要以中国战略文化的要求为限，要以世界政治发展规律为限。多数情形下的防御战略自不待言，而少数情形的进攻尤其需要战略家们仔细推敲。中国国际战略的进攻领域，在软的方面，应该是国际制度建设的空白领域，如太空制度设计、气候变化排放量国际标准细化、南极地带的利治制度等，而硬的方面，可能主要涉及严重失序的周边地区、生死攸关的海外利益、至关重要的国际体系边缘、极端情况的文明交合部以及联合国授权的国际危机发生地等。

① 为了响应国际社会的总体动员，中国应该适时地参加国际多边战争。关于多边战争的定义以及历史上全球性多边战争的情形，请参见郭树勇：《大国成长的逻辑》，北京大学出版社，2006 年版，第 83—90 页。

后记

将建构主义国际关系理论本土化，发展国际政治社会学（IPS）学科，是21世纪头十年中国国际政治学界研究建构主义国际关系思想的重要方向之一，也是我长期以来的学术追求。2001年我发表博士论文《建构主义与国际政治》之后，就固执地投入到IPS的“前店后厂”研究之中。我翻译了美国学者基欧汉教授主编的《新现实主义及其批判》，在博士生相关教学课程开列了IPS相关专题，鼓励青年一代注重对于国际政治的社会研究，并试图用IPS解读国际关系史上大国成功崛起的意义。到了2005年前后，我将学术成果陆续发表，包括在一本小册子里将大国社会性成长分解成合秩序发展、合法性战争、大国形象等几个维度，采用比较历史的方法总结了法国、英国、俄国、德国以及美国、日本近代的社会性成长的规律，但是没有提及中国。2005 年之后，我将更多的精力花在大国社会性成长规律对于中国经验的适用上，发现中国的百年崛起史就是在特定的时间与空间中逐步展开其崛起宏图，于纵横捭阖之际屡屡借助国际社会的力量，运用软实力不断增加国际地位的历史。近几年中央提出和平发展道路，更是为中华民族的复兴提供了实施软实力战略的广阔空间。笔者无力阐述中国整体的软实力运用，只是偏重中国与国际社会的联系方面，从中国融入国际社会和国际社会规制中国等角度，孔见中国软实力的历史使命，以期起到抛砖引玉的效果。

这本书中所载拙者的陋见，大多已经出现在过去五年的学术期刊上，有的篇章已为他处的论著所辑录，这里集中出版无非是给学界朋友们以相对整体和连贯的印象，不致形成关于某些观点的误解。我要感谢那些学术期刊和出版机构，他们对我学术研究的长期支持是我前行的重要动力。就本书而言，第一章的部分内容曾经以《国际政治的社会性》发表于《教学与研究》，以《论国际政治社会化对国际社会发展的推动作用》发表《国际观察》以及发表于北京大学出版社出版的拙著《大国成长的逻辑》中；第二章的部分内容曾经以《中国迈向世界大国外交哲学思维》发表于《中国评论》，以《大国和平崛起的逻辑起点》发表于《大国》；第三章的部分内容曾经以《论中国崛起与世界秩序的关系》发表于《太平洋学报》；第四章的部分内容曾经以《中国崛起的进程与意义》发表于《江海月刊》；第五章的部分内容曾经以《独立自主：中国模式的外交元素》发表于《教学与研究》；第六章的部分内容曾经以《中国的战略文化传统》，编入李少军教授主编、中国社会科学出版社的《中国战略报告》，以《论和平发展进程中的中国大国形象》发表于《毛泽东邓小平理论研究》；第七章的部分内容曾经以《新国际主义与中国软实力外交》发表于《国际观察》；第九章的部分内容曾经以《试论合法性战争与中国崛起》发表于

《太平洋学报》；第十章的部分内容曾经以《论西方对华软遏制战略及其对策思考》等发表于《毛泽东邓小平理论研究》等。

在软实力研究过程中，我得到了多位学术前辈、领导和青年朋友的关心与支持，在这里表示诚挚的感谢。特别要感谢中共中央党校战略研究所和清华大学国情研究中心等学术机构，它们邀请我参加重要的相关学术会议，给了我难得的鼓励和支持。感谢上海哲学社会科学规划办公室在我研究的关键时刻，给予我经费和组织上的支持。上海交通大学国际与公共事务学院重视国际社会研究，有着研究软实力的浓厚氛围，这是我能够取得学术进步的重要条件。最后，时事出版社的领导和编辑精心策划和认真编辑，给了我深刻的印象，祝愿他们的出版事业兴旺发达。

这里要特别提到的一点是，软实力战略不是一“软”到底，而是将实力政治与文明政治结合在一起。本人在研究软实力之初，就反对将它与战争研究完全对立起来，主张把合法性战争（或对战争的合法性限制）作为软实力的一个维度。近年来我进一步提出实行“软硬兼施”的国际战略，但是需作大量细致的研究，本书仅仅开了个头。